150 Jahre SPD

150 Jahre SPD

»Wessen Welt ist die Welt?«

»Wessen Welt ist die Welt?«

Geschichte der Jusos

Thilo Scholle / Jan Schwarz

Mit einem Geleitwort von Andrea Nahles
und Sascha Vogt

vorwärts buch

Stresemannstraße 30, 10963 Berlin. www.vorwaerts-buch.de; Druck: CPI books GmbH.

ISBN 978-3-86602-761-9

Geleitwort

Es waren bewegende Momente, als im Mai 2013 rund 4000 junge Menschen – Jusos, Falken, Gewerkschaftsjugend, den Jusos nahestehende Jugendverbände und über 1000 internationale Gäste aus Partnerorganisationen aus der ganzen Welt beim Workers Youth Festival in Dortmund deutlich machten: Auch nach 150 Jahren bekennt sich die Arbeiterjugendbewegung zu ihren gemeinsamen Werten und kämpft auf dieser Grundlage für eine gerechtere Welt. Bis heute ist die Arbeiterjugend der Welt davon überzeugt, dass eine gerechte und solidarische Gesellschaft möglich ist.

Auch wenn das Gründungsdatum der Arbeiterjugendbewegung in Deutschland in diesem Buch auf das Jahr 1904 datiert wird, hat der 150. Geburtstag der SPD im Jahr 2013 viel mit den Jusos zu tun. Zuerst, weil die Jusos bei aller (oftmals gebotenen) kritischen Solidarität unbestritten die Jugendorganisation der SPD sind. Zum zweiten, weil junge Menschen von Anfang an eine wichtige Größe in der Arbeiterbewegung gewesen sind. Selbstverständlich waren unter den Begründern der Sozialdemokratie Mitte bis Ende des 19. Jahrhunderts auch viele junge Männer und Frauen. Sogar große Teile der Führung wären nach heutigem Verständnis im »Juso-Alter«. Als August Bebel 1869 zusammen mit Wilhelm Liebknecht die Sozialdemokratische Arbeiterpartei gründete, war er gerade 29 Jahre alt!

Wenn in diesem Jahr 2013 also der Geburtstag der SPD gefeiert wird, dann lohnt auch der Blick in die Geschichte der Jusos. Und dazu leistet dieses Buch einen hervorragenden Beitrag. Die Leistung der Autoren ist auch deshalb sehr zu schätzen, weil sie sich dafür nur auf wenige wissenschaftliche Arbeiten stützen konnten. Denn während die Geschichte der Sozialdemokratie mit all ihren Höhen und Tiefen insbesondere im Jubiläumsjahr an vielen Orten und in unterschiedlicher Art und Weise ausgelotet wird, speist sich die Beschäftigung mit der Geschichte des eigenen Jugendverbandes oftmals nur aus mündlicher Überlieferung. Viele Jusos haben sicherlich schon mal von der »Linkswende« in den späten 1960er-Jahren gehört, und die meisten dürften mit diesem Ereignis auch etwas grundsätzlich Positives verbinden. Aber was geschah damals eigentlich genau? Die geschichtlichen Fakten sind den Jüngeren oft nur aus Anekdoten aus der jüngeren Vergangenheit bekannt, die ältere, gerade noch aktive oder ehemalige Juso-Mitglieder in geselliger Runde zum Besten geben – wobei sie das eine oder andere Ereignis in der Rückschau vielleicht dramatischer oder lustiger zeichnen als es tatsächlich war. Das ist nicht verwerflich. Jede Organisation lebt auch von ihren eigenen Mythen. Identitätsbildend für die Jusos dürfte etwa sein, dass sie in ihrem kollektiven Gedächtnis die Erinnerung an einige bedeutsame Ereignisse wach halten, die sie als linken und kritischen, eben sozialistischen und irgendwie radikalen Teil der deutschen Sozialdemokratie verorten und die ihnen deshalb auch für das aktuelle Handeln als »historische Verpflichtung« gelten.

Wer nicht nur einzelne große Ereignisse der Arbeiterjugendbewegung, sondern auch die Zusammenhänge und längeren Entwicklungslinien vom Kaiserreich bis heute nachvollziehen möchte, wird in diesem Buch mehr als fündig. Die Autoren beschreiben kenntnisreich die politischen Ideale, aber auch die Brüche und verbandsinternen Spannungen in den verschiedenen Phasen der Entwicklung. Sie zeichnen nach, wie bestimmte Strömungen entstanden, aber auch wieder verschwunden sind und wie sich im Laufe der Zeit die Bewertungen kapitalistischer Formationen und gesellschaftlicher Problemlagen verändert haben. Sie zeigen aber auch bemerkenswerte Kontinuitäten auf, die in der Tat als »historisches Erbe« der Arbeiterjugendbewegung betrachtet werden können.

Allem voran ist es das kritisch konstruktive Verhältnis zur SPD sowie das Verständnis als politisch eigenständige Organisation. Von wenigen Phasen abgesehen, mussten die Jusos innerhalb der SPD stets für ihre Interessen kämpfen. Aber andererseits verstanden sie sich auch nie als »Plakatklebetruppe« der Sozialdemokratie. Deshalb war übrigens schon die Gründung einer Jugendorganisation innerhalb der deutschen Sozialdemokratie kein Selbstläufer. Letztendlich jedoch stärkte der Erfolg, eigene Arbeitsstrukturen erkämpft zu haben, das Selbstbewusstsein. Ein solches Grundverständnis erzeugt aber auch Reibungen, die bei aller Aufregung, die es im Einzelfall gegeben hat und in Zukunft geben wird, jedoch langfristig produktive Wirkungen haben. Nicht nur lernen junge engagierte Menschen das politische Geschäft mit all seinen Höhen und Tiefen kennen. Reibung bedeutet auch das dauernde

Ringen um die besten Lösungen und damit produktiven Fortschritt. Eigenständigkeit bedeutet zudem, einen eigenen inhaltlich programmatischen Anspruch zu haben. Auch das unterscheidet die Jusos von den eher konservativen Jugendverbänden und auch das durchzieht ihre Geschichte wie ein roter Faden. Zwar mag die eine oder andere theoretische Debatte mit den persönlichen Energien, die in sie gesteckt wurden, in der Rückschau etwas absurd anmuten. Andererseits gilt eben auch hier: Erst durch die Kontroverse findet eine vertiefte Auseinandersetzung mit Themen statt, wird fachliches Wissen erworben und können neue Ideen entstehen, die die Gesellschaft verändern.

Wenn hier von einem eigenständigen politischen Anspruch der Jusos gesprochen wird, so ist dieser doch niemals beliebig gewesen. Selbstverständlich wurden und werden tagesaktuelle Themen genauso behandelt wie neue gesellschaftliche Problemstellungen aufgegriffen. Es zeigt sich aber auch hier eine Kontinuität, die die Jusos nicht nur von konservativen Kräften, sondern auch von anderen Akteuren im linken Lager abgrenzt.

Im Kern sind es drei Themenstränge, die JungsozialistInnen in unterschiedlichen historischen Phasen unter verschiedenen Vorzeichen immer wieder umgetrieben haben. Erstens haben sie immer wieder die kapitalistische Produktionsweise in Frage gestellt und die Bedeutung der Erwerbsarbeit für die politische Auseinandersetzung hervorgehoben. Auch wenn gelegentlich von politischen GegnerInnen süffisant angemerkt wird, dass es angesichts der sinkenden Zahl von ArbeiterInnen ja auch keiner Arbeiterjugendbewegung mehr bedürfe, ist für die Jusos bis heute klar, dass sich zwar die Formen von Erwerbsarbeit verändert haben, aber die Befassung mit ihren Bedingungen und der Kampf für gute Arbeit in einem kapitalistischen System weiter notwendig sind. Zum zweiten haben sich die Jusos stets als eine feministische Organisation begriffen, die für die konsequente Gleichstellung von Frauen und Männern eintritt. Auch hier gilt: Sicherlich haben sich die konkreten Felder dieser Auseinandersetzung verändert und wurden viele Fortschritte erzielt. Von tatsächlicher Gleichstellung kann aber noch längst nicht gesprochen werden. Und drittens haben sich die Jusos immer als eine internationalistische Organisation verstanden, die ihre Grundwerte nicht nur in der eigenen Gesellschaft, sondern weltweit im Verbund mit jungsozialistischen Partnerorganisationen durchsetzen möchte. Dies war in Zeiten der Weimarer Republik so und das ist, wie das Workers Youth Festival eindrucksvoll gezeigt hat, auch heute noch so.

Die Jusos haben in ihrer Geschichte mit einem klaren Kompass und einer Doppelstrategie – sowohl in die Partei hineinzuwirken als auch konkrete gesellschaftliche Bündnisse zu suchen – viele Diskurse in der Sozialdemokratie und in der Gesellschaft anstoßen können. Manche Erfolge mögen auf den ersten Blick gering wirken, manche Erfolge sind auch nicht klar ihnen allein zuzuordnen, weil sie eben das Ergebnis von gesellschaftlichen Allianzen sind. Aber genau das ist es doch, was die Jusos ausmacht: beharrlich für die Idee des Demokratischen Sozialismus einzustehen und dabei konkret für einen an diesem Ziel orientierten gesellschaftlichen Fortschritt zu kämpfen.

Das ist die historische Verpflichtung der Jusos, und das bleibt die Aufgabe für die Zukunft.

Andrea Nahles
Sascha Vogt
Berlin im Juli 2013

Vorwort

Zur Geschichte der JungsozialistInnen in der SPD existieren bislang nur wenige Gesamtdarstellungen. Zu einzelnen Abschnitten der Verbandsgeschichte – der Weimarer Republik, der Entwicklung bis zur »Linkswende« im Jahr 1969 sowie zu den 1970er-Jahren liegen zwar einzelne Monografien vor. Von einer wissenschaftlichen Aufarbeitung der Verbandsgeschichte insgesamt sind wir aber noch weit entfernt.

Die Geschichte der Jusos ist vor dem Hintergrund der Debatten über die Sozialdemokratie als Ganzes in den jeweiligen Epochen zu betrachten. Viele Debatten über das Für- und Wider der jeweils zeitgenössischen SPD-Politik lassen sich auch in den Debatten der JungsozialistInnen wiederfinden. Hinzu kommt: Gerade in der SPD der Bundesrepublik wurden Debatten über frühere Epochen, vor allem über die Weimarer Republik, oft vermischt mit Debatten über aktuelle Verortungen und Positionierungen. Aktuelle Auseinandersetzungen in historischen Gewändern zu führen, liegt nicht in unserem Interesse.

In den letzten 50 Jahren sind mehrere hunderttausend Menschen bei den Jusos und in der SPD aktiv gewesen. Alle haben ihre eigene Geschichte und Wahrnehmung der Geschichte. Alle sind bis heute geprägt durch ihre Juso-Zeit – im Guten wie im Schlechten. Manches Erzählte eignet sich eher für Abende am Lagerfeuer: Wer zu welcher Tages- oder Nachtzeit unter widrigsten Bedingungen einen Beschluss gegen die Partei durchgesetzt hat, wer mit welcher öffentlichkeitswirksamen Aktion den Gang der (Lokal-) Geschichte auf Jahre geprägt hat; wer mit wem wann was besprochen hat, was später in der Partei zum Allgemeingut wurde. Andere Erinnerungen sind auch für die fundierte Befassung mit der Juso-Geschichte spannend und wichtig. Doch der Umgang mit Zeitzeugenberichten ist grundsätzlich schwierig: In der Erinnerung scheint oft manches anders, als man es möglicherweise zum Zeitpunkt der Handlung selbst wahrgenommen hat. Da werden politische Biografien im Nachhinein gerade gerückt, aus heutiger Perspektive Absurdes geleugnet oder in einen anderen Kontext gestellt, die Motivation des eigenen Handelns oder desjenigen anderer anders eingeschätzt oder schlicht Dinge vergessen und bei der gedanklichen Rekonstruktion anders zusammengesetzt.

Und nicht zuletzt: Schon in der jeweiligen Epoche selbst sind identische politische Sachverhalte völlig unterschiedlich eingeschätzt worden – und das selbst von Leuten, die sich politisch nahestanden. Warum ein bestimmter Beschluss gefasst oder nicht gefasst wurde, warum eine bestimmte Mehrheit auf einem Kongress zustande kam oder auch nicht, um was es bei einem taktischen Winkelzug »eigentlich« ging, all dies muss nicht nur in der Rückschau unterschiedlich eingeschätzt werden.

Mit einer wissenschaftlich fundierten Gesamtdarstellung wie auch mit Zeitzeugenberichten soll und will dieser Band nicht konkurrieren. Ziel des Buches ist es, einen Weg durch über 100 Jahre Geschichte der Jusos zu ebnen. Ausgangspunkt der Darstellung sind dabei die Veröffentlichungen der Jusos selbst: Kongressbeschlüsse, Artikel in Verbandszeitschriften, Zeitungsartikel sowie die vorhandene Literatur zur Entwicklung der Jusos. Die JungsozialistInnen haben sich über Generationen hinweg meist als Verband verstanden, der Diskussionen über politische Theorie und die grundsätzlichen Begründungen von politischer Arbeit ernst nimmt. Dies wollen auch wir als Autoren.

Neben den Jusos existierten und existieren weitere Jugendverbände, die Teil der SPD sind oder ihr zumindest nahestehen: so in der Weimarer Republik die Sozialistische Arbeiterjugend (SAJ) und die Roten Falken oder in der Bundesrepublik Studierendenverbände wie der Sozialistische Deutsche Studentenbund (SDS), der Sozialdemokratische (später: Sozialistische) Hochschulbund (SHB), die Juso-Hochschulgruppen sowie die Sozialistische Jugend Deutschlands – Die Falken. An einigen Stellen werden wir auf diese Verbände Bezug nehmen. Im Mittelpunkt soll jedoch eine Geschichte der Jusos stehen, da die Jusos im Laufe der Parteigeschichte am intensivsten einen eigenen politischen Anspruch vertreten haben, den sie vor allem mit der SPD umsetzen wollten.

In der Geschichtsschreibung zur SPD stehen oft alte, mächtige Männer im Mittelpunkt, die im Laufe ihres Lebens hohe und höchste politische Ämter inne hatten. Doch die Geschichte der Partei ist wesentlich vielschichtiger. Zum einen gilt es, das Handeln eingebettet in die jeweiligen ökonomischen, gesellschaftlichen und politischen Kontexte der Zeit zu verstehen. Zum anderen ist die Zahl der interessanten Akteurinnen und Akteure wesentlich größer als es die Reduzierung auf die unmittelbare Parteiprominenz vermuten lässt. Insbesondere junge Frauen und Männer haben sich immer wieder mit großem Enthusiasmus und neuen Ideen in und für die Sozialdemokratie engagiert. Dabei kam es nicht selten zu Auseinandersetzungen mit den »Alten«, die längst nicht nur als Generationskonflikt zu verstehen sind. Im Hintergrund standen oft auch grundsätzliche Unterschiede in der Interpretation der bestehenden kapitalistischen Ordnung und vor allem in den daraus abgeleiteten Vorstellungen von den Aufgaben der Sozialdemokratie. So musste die jeweils junge Generation sich ihren Platz in der Partei stets erkämpfen. Dabei haben sie die Partei immer wieder neu geprägt und neuen Schwung und Veränderung gebracht. Die Geschichte der Jugendorganisationen in der SPD gehört zu den wichtigen Bestandteilen der Parteigeschichte.

In dieser Geschichte hatte die Jugend innerhalb der Partei sehr unterschiedliche Rollenverständnisse und politische Aufgaben. Ein Konflikt, der sich durch alle Epochen hindurch zieht, ist der um inhaltliche und organisatorische Autonomie im Verhältnis zum jeweiligen SPD-Vorstand. Wichtig war die Frage, inwieweit das tatsächliche Handeln der Parteiführung den programmatischen Zielen der Partei entsprach. Zugleich entwickelte sich die Parteijugend vor allem in der Weimarer Republik sowie in der Bundesrepublik seit dem Ende der 1960er-Jahre auch zu einem Ort massiver interner Auseinandersetzungen zwischen unterschiedlichen Flügeln, die sich teilweise auch auf die inhaltliche Ausrichtung der SPD selbst auswirkten. Zugleich wirkte die Arbeiterjugend seit den 1920er-Jahren als eine der zentralen Sozialisationsinstanzen für den Parteinachwuchs. So kannten sich beispielsweise viele der führenden Personen der SPD nach dem Ende der Nazi-Diktatur noch aus ihrer Zeit bei der Sozialistischen Arbeiterjugend oder bei den Jungsozialisten in den 1920er-Jahren. Ein weiteres klassisches Beispiel ist die Kohorte der »Enkel« Willy Brandts aus den Juso-Flügeln der 1970er-Jahre bis hin zu aktuellen Bundestags- und SPD-Parteivorstandsmitgliedern.

Ein Blick auf die Geschichte der Parteijugend lohnt daher aus mindestens drei Gründen: Zum einen lassen sich für die Entwicklung der Sozialdemokratie wichtige politische Debatten auch an den Diskursen der Jugend nachzeichnen – interessant sind hier beispielsweise die Frage nach dem Agieren in der Weimarer Republik – oder die Suche nach einem Verhältnis der Sozialdemokratie zu den »neuen sozialen Bewegungen« seit den 1970er-Jahren. Zum anderen lassen sich auch die Hintergründe der politischen Sozialisation wichtiger Persönlichkeiten der

Die Autoren Thilo Scholle und Jan Schwarz mit dem Juso-Bundesvorsitzenden Sascha Vogt in der Mitte (2010).

Sozialdemokratie nachzeichnen. Und drittens verdient es das Engagement hunderttausender junger Menschen in der SPD schlicht für sich ernst genommen und beschrieben zu werden. Zu berücksichtigen sind aber auch die Debatten über politische Theorie und Strategie in der Sozialdemokratie selbst sowie auf der politischen Linken insgesamt, die oft über die Jusos Eingang in die innerparteilichen Diskussionen fanden.

Zum Schluss möchten wir unseren persönlichen Hintergrund offenlegen. Wir schreiben nicht als unbeteiligte Zuschauer, sondern sind seit Ende der 1990er-Jahre bei den Jusos aktiv. Thilo Scholle war Vorsitzender des Juso-Unterbezirks Unna, Beisitzer im Landesvorstand der Jusos NRW sowie beratendes Mitglied im Juso-Bundesvorstand. Aktuell ist er als Vertreter der Jusos Vorsitzender des bundesweiten Informations- und Dokumentationszentrums für Antirassismusarbeit (IDA) e.V. mit Sitz in Düsseldorf. Jan Schwarz war Bezirksvorsitzender der Jusos in Braunschweig, und ist, mit einer Unterbrechung, seit 2007 stellvertretender Bundesvorsitzender der Jusos. Wir beide engagieren uns in der linken Juso-Strömung »Netzwerk linkes Zentrum« (NWLZ). Das NWLZ sieht sich in der politischen und organisatorischen Tradition der »Juso-Linken«. Wir sind daher bei unserem Blick auf die Geschichte des Verbandes nicht frei von eigenen Erfahrungen, Wahrnehmungen und tradierten Verbandsgeschichten.

Beweggrund dafür, sich an dieses Buchprojekt zu machen, war vor allem der Respekt vor den Aktiven, die über die letzten hundert Jahre immer wieder und auf völlig unterschiedliche Art und Weise versucht haben, die Sozialdemokratie politisch weiterzuentwickeln – um einer Welt näherzukommen, in der individuelle Freiheit und gesellschaftliche Solidarität verwirklicht sind.

SOLIDARITÄTSLIED (1931)

Worte: Bertolt Brecht (1898–1956)
Melodie: Hanns Eisler (1898–1962)

Auf, ihr Völker dieser Erde, einigt Euch in diesem Sinn:
dass sie jetzt die eure werde. Und die große Näherin.
Vorwärts und nie vergessen, worin unsre Stärke besteht!
Beim Hungern und beim Essen, vorwärts, nicht vergessen:
Die Solidarität!

Schwarzer, Weißer, Brauner, Gelber, endet ihre Schlächterein,
reden erst die Völker selber, werden sie schnell einig sein.
Vorwärts und nie vergessen, worin unsre Stärke besteht!
Beim Hungern und beim Essen, vorwärts, nicht vergessen:
Die Solidarität!

Wollen wir es schnell erreichen, brauchen wir noch dich und dich.
Wer im Stich lässt seinesgleichen, lässt ja nur sich selbst im Stich.
Vorwärts und nie vergessen, worin unsre Stärke besteht!
Beim Hungern und beim Essen, vorwärts, nicht vergessen:
Die Solidarität!

Unsre Herrn, wer sie auch seien, sehen unsre Zwietracht gern,
denn solang sie uns entzweien, bleiben sie doch unsre Herrn.
Vorwärts und nie vergessen, worin unsre Stärke besteht!
Beim Hungern und beim Essen, vorwärts, nicht vergessen:
Die Solidarität!

Proletarier aller Länder, einigt euch, und ihr seid frei:
Eure großen Regimenter brechen jede Tyrannei!
Vorwärts und nie vergessen, und die Frage konkret gestellt!
Beim Hungern und beim Essen: Wessen Morgen ist der Morgen,
wessen Welt ist die Welt?

Wessen Welt ist die Welt?

Vorwärts, und nie vergessen,
und die Frage konkret gestellt!
Beim Hungern und beim Essen:
Wessen Morgen ist der Morgen,
wessen Welt ist die Welt?

Mit diesen Zeilen beendet Berthold Brecht das »Solidaritätslied«, das er für den Film »Kuhle Wampe« Anfang der 1930er-Jahr gemeinsam mit Hanns Eisler geschrieben hat. Der Film skizziert eindrücklich das Schicksal junger Arbeiterinnen und Arbeiter im Berlin der Weltwirtschaftskrise.

Bertolt Brecht stand in den politischen Debatten der Weimarer Zeit den Kommunisten nahe, Verbindungen zur Sozialdemokratie gab es nur wenige und meist eher indirekt. So bezeichnete Brecht den parteilosen marxistischen Volkswirt Fritz Sternberg als einen seiner Lehrer. Sternberg spielte im linken SPD-Bezirk Breslau und darüber hinaus bei den Jungsozialisten eine wichtige Rolle als Wanderlehrer in ökonomischen Fragen. Das Solidaritätslied und viele andere Texte und Lieder von Brecht gerieten über die Studentenbewegung der 1960er-Jahre auch in den gemeinsamen Liederschatz von SPD und Jusos.

Vor allem der zornige Ausruf am Schluss des Liedes – »Wessen Welt ist die Welt?« – drückt eine Leitfrage der Arbeiterbewegung insgesamt aus: Wem gehört die Welt? Das Gefühl, dass die Verteilung des gesellschaftlichen Reichtums ungleich ist, dass die Welt eben nicht allen gehört, dass diese Ordnung der Dinge falsch ist. Und deutlich wird der Anspruch zu verstehen, warum dies so ist. Dabei kommt man immer wieder zu den gleichen grundsätzlichen Fragen: Welche ökonomischen und gesellschaftlichen Zusammenhänge und Machtkonstellationen bestimmen das eigene Leben? Wie kann die Gesellschaft verändert werden? Was wollen wir bewegen? Mit wem und für wen machen wir Politik? Wie stehen wir zu Krieg und Frieden? Die unterschiedlichen Protagonistinnen und Protagonisten der Arbeiterbewegung haben diese Fragen immer wieder leidenschaftlich diskutiert.

Es fanden sich immer wieder Menschen, die die bestehenden Verhältnisse nicht einfach akzeptieren wollten, die an einen Wandel zum Wohle aller glaubten. Im Verlaufe dieser Zeit bezogen sich immer Menschen auf die Grundwerte der Französischen Revolution, auf Freiheit, Gleichheit und Solidarität. Es ging um die Emanzipation des/der Einzelnen, um das Ziel, gemeinsam eine bessere Gesellschaft zu erreichen. Was jedoch zu verschiedenen Zeiten verschiedene Gruppen und einzelne Parteimitglieder genau darunter verstanden und welche Forderungen sie daraus ableiteten, ist immer unterschiedlich gewesen.

Was Karl Marx im Kommunistischen Manifest forderte: »Proletarier aller Länder vereinigt euch!« hieß bei Bertolt Brecht: »Einigt euch und ihr seid frei«. Diesem Geist fühlen die Jusos sich noch heute verbunden. Die Grundsatzerklärung von Potsdam aus dem Jahr 1991 beschreibt diese Idee mit folgenden Worten: »Wir Jusos wollen, dass die Menschen auf eine andere Art als heute, zusammenleben und arbeiten können. Deshalb treten wir für eine andere Gesellschaftsordnung, den Sozialismus, ein.«[1]

Zum Anspruch der Jusos gehört es, dieses Bekenntnis immer wieder den gesellschaftlichen Verhältnissen anzupassen. So hieß es auch im Leitantrag des Bundesvorstandes auf dem Bundeskongress der Jusos im Jahr 2011: »Wir erleben eine Zeit der Umbrüche und der Widersprüche. Die Welt und Europa stecken in einer Krise, die noch längst nicht überwunden ist. Der Siegeszug des Neoliberalismus ist obwohl er als Ideologie in Bedrängnis geraten ist, in der tatsächlichen Politik keineswegs gestoppt.

Unsere Gesellschaft spaltet sich immer deutlicher. Viele werden ausgegrenzt. Viele haben sich auch zurückgezogen und innerlich Abschied von der Demokratie und der Politik genommen. Einige, weil sie es sich leisten können, andere, weil sie den Glauben an die Veränderbarkeit gesellschaftlicher Verhältnisse verloren haben. Das betrifft auch und gerade junge Menschen. Trotz aller Lippenbekenntnisse sind wir von gleichen Chancen für alle noch weit entfernt. Diese Gesellschaft lässt viele junge Menschen auf der Strecke zurück. Und die, die von Haus aus reich an Chancen sind, gehen häufig lieber ihren eigenen Weg, anstatt andere mitzunehmen.

Wir Jusos bekennen uns zur Idee des Demokratischen Sozialismus, zur Idee einer Gesellschaft, in der alle Menschen frei und gleich sind und solidarisch füreinander einstehen.«[2]

»Eigentlich haben die Jusos die Partei gegründet« Die junge Bewegung in Kaiserreich und Revolution

»Der Arbeitsgemeinschaft der Jungsozialisten und Jungsozialistinnen gehören die Mitglieder der SPD an, die das 35. Lebensjahr noch nicht vollendet haben.«[3] Damit ziehen die Richtlinien des SPD-Parteivorstandes eine klare Grenze, wer Juso ist. Gerade in den ersten Jahrzehnten der Partei war dies aber nicht so eindeutig.

Ein Grund lag darin, dass »Jugend« für junge Menschen aus der Arbeiterklasse lange Zeit ein Fremdwort war. Noch im Kaiserreich existierten beispielsweise in der preußischen Rheinprovinz Arbeitsverhältnisse in der Industrie für Kinder- und Jugendliche ab dem Alter von neun Jahren. Erst der Protest aus dem Militär, das seine Rekrutierungsziele aufgrund der bereits früh zerrütteten Gesundheit der jungen Leute in Gefahr sah, führte zu leichten Verbesserungen der Lage. Trotzdem wurden bis zum Ende des Kaiserreichs arbeitende Personen über 16 Jahren in den behördlichen Statistiken nicht mehr als jung gewertet. Die Herausbildung einer eigenen Jugendarbeit war auch vor diesem Hintergrund unrealistisch. Hinzu kam die besondere Situation der Lehrlinge im Handwerk, die vereinzelt und in völliger Abhängigkeit von ihrem Lehrherren lebten. Allerdings wurde bereits seit Anfang der 1870er-Jahre auf Parteitagen immer wieder über besondere Maßnahmen zur politischen Bildung von jungen Männern und Frauen debattiert.

Die Jusos selbst beziehen sich bei ihrer Gründung auf die ersten Lehrlingsvereine aus dem Jahr 1904. Dementsprechend feierten sie im Jahr 2004 im Berliner Willy-Brandt-Haus ihren 100. Geburtstag. Dort stellte der damalige SPD-Parteivorsitzende Franz Müntefering in seiner Ansprache fest: »Und als sie sich in Eisenach trafen, Bebel und Liebknecht. Da war dieser Bebel 29 Jahre alt. Eigentlich ist es so – liebe Genossinnen und Genossen – die Jusos haben die SPD gegründet.«[4]

Und nicht nur Bebel war einer jener Protagonisten, die schon im »Juso-Alter« eine wichtige Rolle in der entstehenden Arbeiterbewegung spielten. Knapp 20 Jahre vorher hatten die beiden »Twens« Karl Marx und Friedrich Engels 1848 das »Manifest der Kommunistischen Partei« veröffentlicht. Dieser Text und das Denken von Marx und Engels übten in den folgenden Jahrzehnten großen Einfluss auf die Arbeiterbewegung in Deutschland und darüber hinaus aus. Größere Bedeutung erlangte das Manifest allerdings erst, als es im Rahmen eines Hochverratsprozesses gegen August Bebel und Wilhelm Liebknecht als Beweisstück für »umstürzlerische Ziele« durch die Anklagebehörde in das Verfahren eingeführt wurde – und damit auch öffentlich als Teil der Prozessakten verbreitet werden durfte. Die Geschichte der gesamten Sozialdemokratie ist ohne die Auseinandersetzungen um die Interpretation der Ideen von Karl Marx und Friedrich Engels nicht zu verstehen. Die Marx'schen Theorien hätten ohne das Aufgreifen und Popularisieren durch Intellektuelle in der SPD nie ihre Bedeutung erlangt. Karl Marx war von den Anfängen der deutschen Sozialdemokratie bis zu seinem Tode ihr kritischer Begleiter und Kommentator. Er und Engels standen zu vielen Parteiführern in regem Briefkontakt und ließen kaum einen Vorgang unkommentiert. Gerade in den Briefen von Marx und Engels untereinander wird deutlich, dass sie zumeist unzufrieden mit der Entwicklung der deutschen Arbeiterpartei waren und auch von vielen Parteifunktionären nicht allzu viel hielten. Auch wenn die Rezeption der Schriften von Marx und Engels im Laufe der Jahre innerhalb der Sozialdemokratie und der Jusos nachließ, gehört das Kommunistische Manifest doch immer noch zu den wirkmächtigsten politischen Texten der Gegenwart.

Von einer organisierten Arbeiterbewegung mit klar erkennbaren politischen Forderungen lässt sich zu der Zeit des Wirkens von Marx und Engels allerdings noch nicht sprechen. Auch eine »Kommunistische Partei« – von der das Manifest immerhin schon im Titel spricht – gab es nicht. Die bestehenden Organisationen wie der »Bund der Kommunisten« umfassten wenige Mitglieder, die sich aufgrund der repressiven politischen Situation in Deutschland oft in anderen europäischen Ländern befanden.

Mit der Gründung des Allgemeinen Deutschen Arbeitervereins (ADAV) durch Ferdinand Lassalle war die Geburtsstunde der Sozialdemokratie in Deutschland gekommen. Am 23. Mai 1863 wurde in Leipzig der ADAV und am 7. August 1869 in Eisenach von Bebel und Liebknecht die Sozialdemokratische Arbeiterpartei (SDAP) gegründet. Aus

Der zwanzigjährige August Bebel (1860).

diesen entstand auf dem Gothaer Parteitag im Mai 1875 die Sozialistische Arbeiterpartei (SAP). Obwohl die Partei bei Wahlen zunächst nur wenige Mandate erringen konnte, wuchs sie stetig und wurde von den damaligen politischen Eliten bald als Gefahr für ihre Stellung erkannt. Das umgangssprachlich »Sozialistengesetz« genannte »Gesetz gegen die gemeingefährlichen Bestrebungen der Sozialdemokratie« verbot der Partei zwischen 1878 und 1890 ein öffentliches Auftreten. Möglich blieb jedoch die Teilnahme an Wahlen durch Einzelkandidaten. Trotzdem wurde die SPD noch unter den Sozialistengesetzen zur mitgliederstärksten Partei im Kaiserreich und war in den Parlamenten immer stärker vertreten.

Zum Ende der Sozialistengesetze kam es zum ersten Mal zu so etwas wie einem Konflikt zwischen den Generationen. Die »Jungen« opponierten gegen die defensive politische Strategie der Parteiführung. Sie sahen dieses Vorgehen als Verrat an den Grundwerten der Sozialdemokratie an. Sie forderten von der Parteiführung Abkehr vom Parlamentarismus und Reformbemühungen zu Gunsten einer aktiven Revolutionsstrategie. Dabei vertraten sie die Position, dass die Revolution aktiv vorangetrieben werden müsste, und wichen damit von der Parteilinie mit ihrem deterministischen Revolutionsbegriff ab. Dieser ging davon aus, dass der Kapitalismus an seinen eigenen Widersprüchen auseinanderbrechen würde und es dies abzuwarten gälte. Darüber hinaus verlangten die »Jungen« eine radikale Demokratisierung der eigenen Partei. Der Streit eskalierte im Umfeld des Erfurter Parteitages 1891 an der Frage, wie radikal der 1. Mai als Kampftag genutzt werden sollte. Nach dem die »Jungen« im Widerspruch zu Partei- und Gewerkschaftsführung zu flächendeckenden Arbeitsniederlegungen am 1. Mai aufriefen, wurden ihre Wortführer aus der Partei ausgeschlossen. Dies war das erste, aber nicht das letzte Mal, dass der Parteivorstand zu diesem Mittel griff, um die aufbegehrende Jugend still zu halten.

In dieser Zeit setzte sich nicht nur eine marxistisch orientierte Linie des Parteizentrums durch, sondern es gab auch die ersten Erscheinungen einer Jugendbewegung. Dabei sind folgende Entwicklungen von Bedeutung: zum einen das Aufkommen von bürgerlichen Jugendgruppen und zum anderen das Aufblühen der Arbeiter-Kultur- und -Sportvereine.

Der Weg zur Selbstbestimmung

Immer mehr bürgerliche Jugendliche wollten das von ihrer Elterngeneration vorgegebene Leben mit starren Verhaltensvorgaben und vorbestimmtem Lebensweg nicht einfach nachvollziehen. Schule, Kirche und

Familie ließen mit ihren strengen Regeln und Werten keinen Raum für die eigene Entfaltung. Sie schufen sich Räume der eigenen Autonomie und gründeten Gruppen mit neuen Idealen wie Gemeinschaft und Naturverbundenheit. Sie veranstalteten Ausflüge und Wanderungen, pflegten Geselligkeit und schwelgten in der Romantik. Sie wollten sich zwar den Werten und der Bevormundung der Erwachsenen entziehen, nicht aber Staat und Gesellschaft umgestalten. Diese Gruppen bestanden zumeist aus Gymnasiasten und Studenten. Es war nicht der Ort, wo sich zu dieser Zeit Arbeiterkinder aufhielten, aber die hier entwickelten Ideen und Praktiken sollten später zu Vorbildern ihrer Lebensweise werden.

Wichtiger waren die Arbeiter-Kultur- und -Sportvereine. Mit der um sich greifenden Nationaleuphorie nach der Gründung des Deutschen Reiches 1871 und erst recht nach dem Beschluss der Sozialistengesetze wurden viele Sozialdemokraten aus den bürgerlichen Turn- und Sängervereinen ausgeschlossen, oder sie verließen sie selbst. An immer mehr Orten wurden Arbeiterkulturvereine gegründet, die auch Sänger- und Turnabteilungen hatten. Wenn sie auch teilweise dazu dienten, das Organisationsverbot der Sozialistengesetze zu umgehen, ging es doch vor allem darum, dass Arbeiter und Arbeiterinnen ihren Interessen in der Freizeit nachgehen konnten. Gerade die Vereine mit Sportangeboten wurden von Jugendlichen getragen. Das Besondere an den Arbeiterkulturvereinen war, dass die Mitglieder schon ab 14 Jahren das volle Stimmrecht hatten. So hatte die Arbeiterjugend zwar noch keine eigene Organisation, war aber mitbestimmender Teil eines der wichtigsten Elemente der Verbreitung der Sozialdemokratie. Nach dem Ende der Sozialistengesetze blühte diese sozialdemokratische Vereinskultur immer mehr auf. 1893 wurde der reichsweite Arbeiter-Turnerbund (ATB) gegründet. Dieser steigerte seine Mitgliedszahlen bis 1914 auf 1,4 Millionen. Lange waren dort Sportarten wie Leichtathletik und Fußball verpönt, weil Wettkampf und die Brutalität solcher Mannschaftsspiele abgelehnt wurden.

Die ersten Ansätze eigener Organisationsformen für Jugendliche in der Arbeiterbewegung stammen aus Österreich. 1895 wurde in Wien die erste Gruppe der Naturfreunde gegründet, ein Tourismus- und Freizeitverein, der sich mit seinen Anliegen von Naturerfahrung und »sittlicher Erziehung der Jugend« an den bürgerlichen Vereinen orientierte. Dementsprechend stieß er innerhalb der Sozialdemokratie auf Ablehnung.

Die Befürchtung war insbesondere, dass die Konzentration auf Freizeit von der eigentlichen Aufgabe, dem Klassenkampf, ablenken würde. Der Ansatz setzte sich in Österreich aber dennoch durch. Zum ersten gab es immer größeren Zulauf. Zum zweiten gelang es den Initiatoren um ihren Ersten Sekretär, den späteren österreichischen Bundespräsidenten Karl Renner, entscheidende Parteigrößen von dem Konzept zu überzeugen, die junge Generation über den Umweg der Naturfreunde an die Partei heranzuführen und sie zum kritischen Denken zu erziehen. Diese Line fand im Deutschen Reich keinen Widerhall in der Partei. Dort dominierte die Ausrichtung auf den Klassenkampf. Diese sollte erst im Revisionismusstreit in der Sozialdemokratie aufgeweicht werden und einen anderen Umgang mit der Jugend zulassen.

Auf dem ersten Parteitag nach dem Auslaufen der Sozialistengesetze 1890 gab sich die Partei den Namen, den sie bis heute trägt – Sozialdemokratische Partei Deutschlands, SPD. Ihr Siegeszug hielt an, sie entwickelte sich zur Massenpartei und wurde auch bei Reichs-, Landes- und Kommunalwahlen immer erfolgreicher. In der Folge entstand ein Paradox innerhalb der Sozialdemokratie – zwischen reformpolitischer Praxis in den Parlamenten und dogmatischer Revolutionstheorie. Die daraus entstehende Auseinandersetzung wurde dann um die Jahrhundertwende herum im Revisionismusstreit offen ausgetragen. Dabei stand die Frage im Vordergrund, ob der Kapitalismus durch eine große Revolution oder allmähliche Reformen überwunden werden könnte. Dahinter verbarg sich aber auch ein Streit über die Bewertung der aktuellen Situation und die zu erwartende Entwicklung des Kapitalismus. Gilt es sich auf den historischen Augenblick vorzubereiten, an dem der Kapitalismus an seinen eigenen Widersprüchen zusammenbricht, oder müssen die Lebensverhältnisse der Arbeiter immer weiter und weiter verbessert werden?

Der Revisionismusstreit hat für die Arbeiterbewegung eine besonders große Bedeutung, weil die drei damals vertretenen grundsätzlichen Ausrichtungen immer wieder eine wichtige Rolle spielten. An ihnen spaltete sich die Partei in unterschiedliche Flügel. Stellvertretend für die unterschiedlichen Positionen standen Eduard Bernstein, Karl Kautsky und Rosa Luxemburg. Der Streit begann mit Eduard Bernsteins Schrift »Die Voraussetzungen des Sozialismus und die Aufgaben der Sozialdemokratie«, in der er die Abschaffung des Kapitalismus durch

Klassenkampf als durch die Realität überholt ansah, da dieser sich als krisenfest und anpassungsfähig erwiesen habe. Die SPD könne nur im Rahmen der bestehenden Produktionsweise durch Sozialreformen Verbesserungen für die Arbeiter und damit den Weg zu einer sozialistischen Gesellschaft erreichen. Diese Ansicht mündete in seinem Ausspruch: »Der Weg ist mir alles, das Ziel ist mir nichts.«[5] Dem stellte sich sowohl die Parteilinke unter Luxemburg – die an der revolutionären Überwindung des Kapitalismus durch die Massen festhielt –, als auch das marxistische Zentrum um August Bebel und Karl Kautsky entgegen. Der Streit zwischen den Freunden Bernstein und Kautsky drehte sich vor allem um die unterschiedliche Bewertung des Zustandes des Kapitalismus aus der dann verschiedene Strategien folgten. So stellte Kautsky fest, es sei »jeder ein Revolutionär, der dahin strebt, dass eine bisher unterdrückte Klasse die Staatsgewalt erobert. Er verliert diesen Charakter nicht, wenn er diese Eroberung durch soziale Reformen, die er den herrschenden Klassen abzuringen versucht, vorbereiten und beschleunigen will. Nicht das Streben nach sozialen Reformen, sondern die ausgesprochene Beschränkung auf sie unterscheidet den Sozialreformer vom Sozialrevolutionär.«[6] In der theoretischen Debatte setzten sich bei diesem immer wiederkehrenden Streit bis in die Mitte der 1920er-Jahre die Vertreter des orthodoxen Marxismus durch, obwohl vielerorts eine andere politische Praxis vollzogen wurde.

Für die eigenen Rechte eintreten

Es sollte noch bis zum Jahr 1904 dauern, bis auch im Deutschen Reich eigene Jugendorganisationen in der Arbeiterbewegung entstanden. Der Auslöser war der Selbstmord des 15-jähren Schlosserlehrlings Paul Nähring am 3. Juni 1904 im Berliner Grunewald. Nähring erhängte sich, weil er die Demütigungen und Misshandlungen seines Dienstherrn nicht mehr ertragen konnte.

Dieses Ereignis verdeutlichte die allgemeine Situation der Lehrlinge zu jener Zeit. Lehrlinge wurden als billige Arbeitskräfte eingesetzt und kosteten praktisch nichts. Sie wurden entweder in kargen Sammelunterkünften oder irgendwo an ihrem Arbeitsplatz untergebracht. Freizeit war ein unbekannter Luxus. Obwohl es gesetzlich festgeschrieben war, dass der Arbeitstag maximal zehn Stunden haben durfte, waren 16 bis 18 Stunden Arbeit am Tag eher die Regel als die Ausnahme. Sie waren sowohl in der Fabrik als auch in Handwerksbetrieben das unterste Glied in der Hierarchie und mussten alles hinnehmen, was ihnen aufgetragen und zugemutet wurde. Die Prügelstrafe gehörte zur Routine. Die Lehrzeit konnte bis zu sechs Jahre betragen. Damit traf die Beschreibung von Friedrich Engels über die Situation von Lehrlingen nach wie vor zu, die er bereits knapp 60 Jahre zuvor in seinem Werk »Die Lage der arbeitenden Klasse in England« gegeben hatte: »Sie wurden gemeinschaftlich logiert und bekleidet und waren natürlich die vollständigen Sklaven ihrer Brotherrn, von denen sie mit der größten Rücksichtslosigkeit und Barbarei behandelt wurden.«[7] Dies waren die Erfahrungen, die fast alle jungen Arbeiterinnen und Arbeiter einte, über alle regionalen und konfessionellen Unterschiede hinweg.

Für die SPD und die Gewerkschaften spielten die Belange der Jugendlichen und Auszubildenden kaum eine Rolle. Im Gegenteil: Immer wieder wurden ihre Erfolge auf Kosten der Lehrlinge durch die Unternehmen und Betriebe kompensiert. In der »erwachsenen« Arbeiterbewegung herrschte ein traditionelles Arbeitsbild. Die Jugend sollte die Ausbeutung der Lohnarbeit erfahren, um ein proletarisches Klassenbewusstsein zu entwickeln und sich gehorsam auf Parteilinie einzureihen. Immer wieder wurden einzelne Ansätze für eigenständige Jugendangebote abgebügelt. Es wurde nicht nur auf dem Dresdener Parteitag 1903 der Antrag auf eine Jugendzeitschrift zurückgewiesen, sondern in einer Debatte auf dem Bremer Parteitag im September 1904 auch der Forderung von Karl Liebknecht nach einer eigenständigen Organisation und antimilitaristischen Erziehung der Jugend eine deutliche Abfuhr erteilt. Für den Parteivorstand antwortete Hermann Molkenbuhr auf Liebknecht: »Die Schaffung einer besonderen Jugendbewegung könnte schließlich zu ganz erheblichen Gegensätzen führen. Hätten wir eine solche Bewegung, so müssten wir sie bekämpfen, denn das Streben der Partei geht auf Zentralisation und größere Einheitlichkeit.«[8] So musste die Jugend selbst aktiv werden und gegen den Widerstand von Gesellschaft und Partei für ihre Rechte und Interessen eintreten. Diese Bewegung ging insbesondere von zwei Orten aus, Berlin und Mannheim.

Über den Selbstmord Paul Nährings wurde in der sozialdemokratischen Presse berichtet, und es gab zahlreiche empörte Leserbriefe und eine öffentliche Diskussion über die Situation der Lehrlinge. Der Sozialdemokrat und Anwalt James Broh rief in einem Artikel im »Neuen Montagsblatt« zur Gründung eines Berliner Lehrlingsvereins auf. Nach einem Vorbereitungstreffen im September trafen sich am 10. Oktober 24 Teilnehmer zur Gründung des »Vereins der Lehrlinge und jugendlichen Arbeiter Berlins«. Der erste Vorsitzende wurde der 21-jährige Gewerkschaftsfunktionär Helmut Lehmann. Der Berliner Verein organisierte gesellige Runden zum Austausch eigener Erfahrungen, Vorträge und große Veranstaltungen zur Werbung für die eigene Sache. Gerade diese hatten großen Zulauf. So kamen zu solchen Anlässen bereits Anfang 1905 bis zu 1500 Lehrlinge und junge Arbeiterinnen und Arbeiter zusammen. Daneben bot er Rechtsberatungen an. Ab 1905 erschien auch ihre eigene Zeitung, »Die Arbeitende Jugend«, die ihre Auflage bis zu ihrem Verbot im Jahr 1910 auf 10 000 Exemplare steigern konnte. Durch diese Zahlen wird deutlich, welch regen Zulauf die junge Arbeiterjugend hatte. An immer mehr Orten in Norddeutschland entstanden weitere Lehrlingsvereine. Neben Berlin gab es Hochburgen in Hamburg, Bremen und Bernau. Ende 1906 schlossen sich unter Federführung der Berliner die norddeutschen Arbeitervereine in der Dachorganisation »Vereinigung der freien Jugendorganisationen in Deutschland« zusammen, um ihre Arbeit zu koordinieren und weitere Neugründungen zu initiieren.

Von Beginn an stand die junge Organisation unter Beobachtung der Polizei und christlicher Jugendverbände, die immer wieder versuchten, die Veranstaltungen zu verbieten oder zu stören. Das Engagement der jungen Arbeiterinnen und Arbeiter stand unter der restriktiven Gesetzgebung in Preußen. Dessen Vereins- und Gewerberecht verbot jede politische Organisation für Jugendliche, so dass sie unparteilich auftreten mussten. So durften sie sich nur für die Einhaltung bestehender Gesetze, zum Beispiel beim Jugend- und Arbeitsschutz, einsetzen, diese selbst aber nicht kritisieren oder andere Gesetze fordern.

Eine andere, aber nicht weniger erfolgreiche Entwicklung vollzog zeitgleich die Arbeiterjugendbewegung in Süddeutschland. Da dort die Gesetzgebung wesentlich mehr Spielräume ließ, gab es von Beginn an eine engere Anbindung an die Partei und eine politischere Ausrichtung. Während die Gründung in Berlin spontan von der Empörung über den Selbstmord Nährings und den Zuständen in den Lehrbetrieben ausgegangen war, kann die Entstehung des »Vereins Junger Arbeiter« im September 1904 in Mannheim vor allem auf die Initiative von Ludwig Frank zurückgeführt werden. Der weitere Verlauf ähnelte dem in Berlin. Der Mannheimer Verein wuchs und diente als Vorbild für viele weitere Vereine in Süddeutschland. Im Februar des Jahres 1906 wurde deren Dachorganisation »Verband der jungen Arbeiter Deutschlands« aufgebaut. Er wurde aber schon im September desselben Jahres umbenannt, da er sich auch für Frauen öffnete. Er hieß nun »Verband junger Arbeiter und Arbeiterinnen Deutschlands«. Zu diesem Zeitpunkt verteilten sich 3000 Mitglieder auf 37 Vereine; diese Zahlen erhöhten sich im Laufe des nächsten Jahres auf knapp 5000 Mitglieder in über 70 Vereinen. Auch die Süddeutschen gaben eine eigene Zeitung heraus. Ab 1907 erschien »Die junge Garde«, die wegen ihrer politischeren Ausrichtung auch im Norden verbreitet wurde. Der entscheidende Unterschied zu den norddeutschen Vereinen war nicht nur die Möglichkeit, sich parteipolitisch zu bekennen, sondern den Anspruch, die Jugend zum Sozialismus zu führen, auch offen artikulieren zu können. Zudem orientierten sich in den liberaleren norddeutschen Stadtstaaten wie in Hamburg auch Jugendvereine am süddeutschen Modell, so dass eine Zeitlang beide Vereinsstrukturen nebeneinander standen.

Neben der politischen Arbeit und der Interessenvertretung für die eigene Generation bildet sich eine eigene Freizeit- und Identifikationskultur heraus. Dazu gehörte auch ein eigenes Liedgut. In diesen ersten Jahren wurde das Lied »Dem Morgenrot entgegen« vom Bremer Lehrer Heinrich Eildermann zur Hymne der Arbeiterjugend.

Karl Liebknecht forderte als Mitglied des Parteivorstandes: »Wir können die Arbeiterjugend kein »Eia popeia« singen lassen (...) wir müssen ihr eine starke, aufrüttelnde Kost (...) eine Kampfeskost geben.«[9] Der Text des Liedes versprüht Stärke und Aufbruchsstimmung und suggeriert eine immer weiter anwachsende Bewegung, die letztlich durch ihr kollektives Handeln den Sieg erringen wird.

DEM MORGENROT ENTGEGEN (1907)

Worte und Melodie: Heinrich Arnulf Eildermann (1879–1955)

Dem Morgenrot entgegen,
ihr Kampfgenossen all.
Bald siegt ihr allerwegen
bald weicht der Feinde Wall.

Mit Macht heran und haltet Schritt,
Arbeiterjugend, will sie mit?
Wir sind die junge Garde
des Proletariats!

Wir haben selbst erfahren
der Arbeit Frongewalt
in düstren Kinderjahren,
wir wurden früh schon alt.
Sie hat an unserm Fuß geklirrt,
die Kette, die nur schwerer wird.
Wach auf, du junge Garde
des Proletariats!

Die Arbeit kann uns lehren,
sie lehrte uns die Kraft,
den Reichtum zu vermehren,
der unsre Armut schafft.
Nun wird die Kraft, von uns erkannt,
die starke Waffe unsrer Hand!
Wir sind die junge Garde
des Proletariats!

Wir reichen euch die Hände,
Genossen all, zum Bund.
Des Kampfes sei kein Ende,
eh' nicht im weiten Rund
der Arbeit freies Volk gesiegt
und jeder Feind am Boden liegt.
Vorwärts, du junge Garde
des Proletariats!

Die umstrittene Organisation der Jugend

Sowohl im Norden als auch im Süden wurde die Bewegung zumeist von Reformern dominiert, trotzdem erfuhren die Jugendvereine auch vom linken Parteiflügel eine große Unterstützung. Stellvertretend und im besonderen Maße für die Jugend engagiert waren dabei die schon erwähnten Ludwig Frank und Karl Liebknecht. Beide vertraten innerhalb des Spektrums der SPD oft die entgegengesetzten Positionen. Beide spielten sowohl bei der Entstehung der deutschen als auch der internationalen Arbeiterjugendbewegung eine wichtige Rolle. Ludwig Frank, im Mai 1874 in Baden geboren, trat wahrscheinlich im Jahr 1900 der SPD bei. Er vertat eine Koalitionspolitik mit liberalen Parteien, um Reformen zum Wohle der Arbeiterschaft durchzusetzen, dabei legte er einen Schwerpunkt auf die Beseitigung des diskriminierenden Wahlrechts. Diese Politik setzte er in Baden um, scheiterte aber immer wieder bei dem Versuch, sie reichsweit durchzusetzen. Ab 1907 war er Reichstagsabgeordneter. Er meldete sich als Freiwilliger für den Ersten Weltkrieg und fiel schon im September 1914. Karl Liebknecht, der Sohn des Parteimitbegründers Wilhelm Liebknecht, wurde im August 1871 in Leipzig geboren und trat ebenfalls im Jahr 1900 der SPD bei. Er gehörte zum linksrevolutionären Flügel der SPD um Rosa Luxemburg, war vier Jahre im Reichstag und gehörte zu jenen, die sich von der Fraktionsmehrheit abspalteten. Er ist Mitbegründer des Spartakusbundes und der KPD. Am 9. November 1918 rief er die »freie sozialistische Republik« aus. Im Januar 1919 wurde er von Freikorps in Berlin ermordet.

Am deutlichsten wird der politische Unterschied zwischen den beiden in ihrer Haltung zum Ersten Weltkrieg. Noch bis zum Juni 1914 vertraten beide die antimilitaristische Grundposition der Jugendvereine und sprachen dafür auch auf Kundgebungen. Aber während sich Frank dann im August vehement für die Burgfriedenspolitik und die Bewilligung der Kriegskredite einsetzte, war Karl Liebknecht der erste aus der SPD- Reichstagsfraktion, der am 2. Dezember 1914 den Kurs nicht mehr mittrug.

Beide setzten sich in und für eine autonome Jugendarbeit in der Arbeiterbewegung ein. Sie waren erfolgreich bei der Werbung. Obwohl die Haltung des Parteivorstandes weiter ablehnend war, wuchs die Zahl der Befürworter. So befürwortete der Parteitag 1906 die Lehrlingsvereine und beschloss 1907 sogar die Schaffung einer eigenen sozialdemokratischen Jugendorganisation.

Nur folgten daraus keine Konsequenzen. Dies hatte vor allem zwei Gründe. Zum einen wurde die Kritik an der Eigenständigkeit von Partei- und Gewerkschaftsführung aufrechterhalten. Zum anderen wurde das deutsche Vereinsrecht reichsweit einheitlich gestaltet. So wurde das Jahr 1908 zum ersten Schicksalsjahr der noch jungen autonomen Arbei-

Die Mitbegründer und Förderer einer eigenständigen Jugendbewegung in der SPD Ludwig Frank (1910) und Karl Liebknecht (1913).

terjugendbewegung. Am 19. April 1908 wurde in Deutschland gegen die Stimmen der SPD ein neues Vereinsrecht, verabschiedet, dessen § 17 gerade auch den Zweck hatte, die Arbeiterjugend wieder zu zerschlagen: »Personen, die das 18. Lebensjahr noch nicht vollendet haben, dürfen nicht Mitglieder von politischen Vereinen sein und weder in den Versammlungen solcher Vereine, sofern es nicht um Veranstaltungen zu geselligen Zwecken handelt, noch in öffentlichen politischen Versammlungen anwesend sein.«[10] Damit war es auch mit der Freiheit der süddeutschen Vereine vorbei, und sie mussten sich entscheiden, ob sie sich auch unparteiisch organisieren oder selbst auflösen wollten. Die Mannheimer wählten die Auflösung und fanden einen Kompromiss mit den Gewerkschaften, nach dem der Dachverband in der Gewerkschaftsorganisation aufgehen sollte, die örtlichen Vereine selbstständig als unpolitische Gruppen weiterbestehen könnten und die Zeitschrift »Junge Garde« weiterhin erscheinen sollte. Doch die Gewerkschaften waren nicht gewillt, diese Vereinbarungen einzuhalten. Kurz darauf wurde auf dem Hamburger Gewerkschaftskongress deutlich, was sie von eigenen Jugendorganisationen hielten – nichts. Ihnen missfiel die Einmischung der Jungen in ihre Tarif-Angelegenheiten, und sie führten an, dass die die Einheit der Partei unter Führung der Parteispitze nicht gefährdet werden dürfte. Dies wollten sie auch auf dem SPD-Parteitag als Antrag einbringen. Es ist sehr wahrscheinlich, dass der Parteivorstand dieses Ansinnen mindestens stillschweigend mittragen wollte. Noch eine Woche vor dem Nürnberger Parteitag unternahmen die Norddeutschen in Zusammenarbeit mit einigen Vereinen aus dem Süden den Versuch, die Bewegung am Leben zu erhalten. Sie gründeten unter dem Motto »Hoch die Selbstständigkeit« einen neuen Dachverband, den »Verband der arbeitenden Jugend Deutschlands«. Diesem kam aber keine Bedeutung mehr zu. Wie es weitergehen sollte, musste der Parteitag im September entscheiden. Doch obwohl Partei- und Gewerkschaftsspitze eine vollständige Auflösung anstrebten, hatten die Jugendlichen und ihre Unterstützer so erfolgreich Eigenwerbung betrieben, dass das Abstimmungsergebnis auf dem Parteitag offen gewesen wäre.

Deswegen wurde eine Kommission eingerichtet, die einen Kompromiss erarbeitete, der dann auch einstimmig vom Parteitag beschlossen wurde. Dieser beinhaltete zwar die Aufhebung der Selbstständigkeit der Jugendarbeit, ermöglichte aber die Fortschreibung eines Großteils der bisher geleisteten Arbeit. Schon im Oktober wurden die bisherigen Dachverbände aufgelöst. Örtliche Jugendausschüsse wurden gegründet. Diese waren drittelparitätisch mit Vertretern der zuständigen Parteivorstände, Gewerkschaftskartelle und Jugendlichen, die über 18 Jahre alt sein mussten, besetzt. Lokale Vereine durften selbstständig weiter existieren, verloren aber schnell an Bedeutung, weil die mit der Unterstützung des gesamten Parteiapparates ausgestatteten Jugendausschüsse für viele attraktiver waren. Die Aktivitäten wurden über eine »Zentralstelle für die arbeitende Jugend« beim Parteivorstand lose koordiniert, ihr saß bis 1918 der zeitweilige Parteivorsitzende und spätere Reichspräsident Friedrich Ebert vor. Eine direkte Einmischung in politische Diskussionen und Lohnkämpfe wurde untersagt, die Arbeit der Jugendausschüsse bestand nun hauptsächlich in der Organisation kultureller Zusammenkünfte und der Durchführung von Diskussions- und Bildungsveranstaltungen in Absprache mit den jeweiligen Bildungsausschüssen der Partei. Die Interessenvertretung der Jugend in den Betrieben musste sich auf das Sammeln und Dokumentieren von Missständen beschränken. Dies diente als Vorarbeit für die Gewerkschaften. So entstand keine wirkliche Jugendorganisation der Partei, sondern es wurde vielmehr gewährleistet, dass Freizeit- und Bildungsangebote organisiert wurden.

Mit dieser Lösung konnte ein Vorgehen des Staates gegen die Arbeiterjugend verhindert werden. Durch die losen Organisationsformen gab es kaum Verbindlichkeiten, keine Mitgliederlisten, Statuten oder Vorstände. Mit anderen Worten, es gab nichts, was einfach verboten werden konnte. Die Polizeibehörden hatten nur die Möglichkeit, gegen jede einzelne Veranstaltung gesondert vorzugehen. Dies taten sie auch immer wieder, konnten damit aber die Arbeit nur vereinzelt behindern und den weiteren Aufschwung der Sozialdemokratie in der jungen Generation nicht aufhalten. Wegen der unklaren Strukturen lassen sich auch nur ungenaue Schätzungen darüber abgeben, wie viele junge Menschen sich in der Arbeiterjugend engagierten. So gibt es nur einige Anhaltspunkte für eine erfolgreiche Entwicklung. Die Leserzahlen für die vom Parteivorstand herausgegebene neue Zeitschrift »Die Arbeiterjugend« steigerten sich von circa 45 000 im Jahr 1910 auf über 100 000 im Jahr 1914. Es gab 1909 in 311 Ortschaften Jugendausschüsse; bis 1913 wurden es 655. Des Weiteren entstanden in dieser Zeit fast 300 Jugend- und Freizeitheime. Gerade diese waren für viele Arbeiterkinder besonders attraktiv, waren sie doch die einzige Möglichkeit, aus den Städten herauszukommen und so etwas wie Unabhängigkeit zu erfahren.

Die Jugendarbeit der Partei nach dem Nürnberger Kompromiss konnte nicht alle Erwartungen erfüllen. Ein grundsätzliches Problem blieb. Es gab keinen wirklichen Übergang vom Engagement in der Arbeiterjugendbewegung in die Partei. Während die Jüngeren die Freizeit- und Bildungsangebote der Jugendausschüsse gerne annahmen, strebten die über 18-Jährigen weiter nach Autonomie und suchten eigene politische Erfahrungen. Durch die engen Handlungsmöglichkeiten beschränkt fanden sie nicht den Weg in die SPD, sondern bauten im Gegenteil eher Misstrauen und Ablehnung gegen die Vereinnahmung durch die Parteispitze auf. Sie wuchsen aus den Arbeiterjugendvereinen heraus, fanden aber keinen wirklichen Anschluss an die SPD. Von diesen Jugendlichen ging die jungsozialistische Bewegung aus. Sie forderten eine eigene Organisation für die Arbeiterinnen und Arbeiter zwischen 18 und 25 Jahren. Auch in der Partei wurde dieses Problem erkannt. So wurde 1912 auf dem Chemnitzer Parteitag beschlossen: »(...) durch geeignete Maßnahmen die jungen Arbeiter und Arbeiterinnen im Alter von 18 bis 21 Jahren für die Arbeitsorganisation zu gewinnen. Er hält es in erster Linie für die Pflicht der Bildungsausschüsse, die jungen Arbeiter und Arbeiterinnen durch bessere Propaganda zu den bildenden und belehrenden Veranstaltungen heranzuziehen und sie durch planmäßige Schulung zu dauernden und aufgeklärten Mitgliedern zu machen.«[11] Auch wenn der Wortlaut des Beschlusses nur ergänzende Angebote der Jugendausschüsse enthielt, diente er doch als Grundlage für das Entstehen einzelner neuer Strukturen von älteren Jugendlichen, die sich unabhängig von den bestehenden Vorgaben politisch betätigen sollten.

Die Datenlage zu solchen Bestrebungen ist sehr unzureichend. Dokumentierte Initiativen gab es in München, Kiel, Berlin, Halle und Hamburg. Eine besondere historische Bedeutung kommt in diesem Zusammenhang der Münchener »Jugend-Sektion« zu. Sie wurde im Februar 1914 von ihrem späteren Vorsitzenden Felix Fechenbach gegründet und zeichnete sich nach den Worten Fechenbachs durch »starkes geistiges und politisches Eigenleben«[12] aus. In einem Artikel verwendete er erstmals das Wort »Jungsozialisten«, ein Antrag diesen Namen zu nutzen, wurde jedoch vom Parteitag abgelehnt. Fechenbach wurde am 28. Januar 1894 in Bad Mergentheim als Sohn eines Bäckerei-Besitzers geboren. Er wurde zum Kaufmann ausgebildet, arbeitete später aber für die Gewerkschaft und als Journalist. Während der Räterepublik 1918 war er Mitglied im Arbeiter- und Soldatenrat München sowie im provisorischen Nationalrat in Bayern. Nach der Novemberrevolution arbeitete er als Sekretär für den Ministerpräsidenten Kurt Eisner.

Hoch die internationale Solidarität

Die Arbeiterjugendbewegung war von ihrem Beginn an noch mehr in der Idee der internationalen Solidarität verwurzelt als die SPD selbst. So verwundert es nicht, dass es zur gleichen Zeit wie in den Nationalstaaten auch auf internationaler Ebene Bemühungen gibt, die Arbeiterjugend zu formieren. Dabei spielen insbesondere Protagonisten aus der deutschen Bewegung eine wichtige Rolle. Zu einer ersten Debatte über die Einrichtung von Jugendorganisationen kommt es auf dem internationalen Sozialistenkongress im September 1900 in Paris. Rosa Luxemburg forderte, »dass die sozialistischen Parteien überall die Erziehung und Organisierung der Jugend zum Zweck der Bekämpfung des Militarismus in Angriff zu nehmen und mit größtem Eifer zu betreiben haben.«[13] Dies wurde später als Gründungsaufruf einer Jugendinternationale interpretiert.

Es sollte aber noch vier weitere Jahre dauern, bis ein erster wirklicher Versuch unternommen wurde, diesen Appell in die Tat umzusetzen. Im August 1904 trafen sich einige Jugendliche und junge Erwachsene aus europäischen Arbeiterorganisationen in Amsterdam, unter ihnen auch Ludwig Frank aus Mannheim. Er wurde von diesem Treffen zur Gründung des ersten Lehrlingsvereins inspiriert. Es hieß zwar Kongress, aber davon kann kaum die Rede sein. Erich Ollenhauer berichtete in einer Festschrift zum 2. Internationalen Sozialistischen Jugendtreffen vom 12. bis zum 14. Juli 1929 in Wien, was ihm von dieser Zusammenkunft später berichtet wurde. Das Treffen »(...) fand (...) in dem Kämmerlein eines holländischen Genossen statt, in dem ein Bett und ein Stuhl die einzigen Sitzgelegenheiten waren, so dass die internationalen Vertreter in drangvoller Enge ihre Beratungen erledigen mussten. Es wurde viel geredet und berichtet, es wurden auch Beschlüsse gefasst, aber sie wurden wohl nicht einmal zu Papier gebracht. Es blieb bei der ersten engen Fühlungnahme, denn noch fehlten in wichtigen Ländern die Voraussetzungen für eine leistungsfähige Jugendinternationale, die Jugendverbände.«[14]

Auf Initiative des süddeutschen »Verbandes junger Arbeiter und Arbeiterinnen Deutschlands« konstituierte sich im März 1907 ein provisorisches Büro in Stuttgart zur Intensivierung der internationalen Zusammenarbeit sozialdemokratischer Jugendverbände. Henrik de Man aus Belgien bereitete mit Karl Liebknecht und Ludwig Frank die Gründung der »Internationalen Verbindung sozialistischer Jugendorganisationen« vor. Vom 24. bis zum 26. August 1907 war es dann soweit: Im Stuttgarter Gewerkschaftshaus kamen wohl 21 Personen aus 13 Ländern zusammen (Österreich, Böhmen, Deutschland, Ungarn, Italien, Spanien, Belgien, Holland, England, Schweden, Dänemark, Schweiz, Australien), wobei die Zahlen und Länder in unterschiedlichen Berichten leicht schwanken. Sie wählten Karl Liebknecht zu ihrem ersten Präsidenten, beschlossen die Einrichtung eines Büros in Wien und eine Resolution über ihr Selbstverständnis und die zu verfolgenden Ziele: »Die jungen Arbeiter empfinden das Bedürfnis, sich zum Klassenkampf vorzubereiten durch Erwerbung derjenigen Kenntnisse und durch Stärkung derje-

Victor Adler und August Bebel auf dem Treffen der Sozialistischen Internationalen in Stuttgart (1907).

nigen sittlichen Eigenschaften, die sie in den Stand setzen, jenen Kampf mit größerer Kraft zu führen. (...) Die sozialistische Erziehung der jungen Arbeiter geschieht am besten und zweckmäßigsten in eigenen Organisationen. (...) Die Aufgaben der Organisationen sind: Die Verbreitung von Wissen, in erster Linie von dem Wissen, das dem Proletariat unentbehrlich ist, um den Klassenkampf mit vollem Nachdruck führen zu können.«[15] Des Weiteren beschäftigten sie sich mit Vorträgen zu den wichtigsten Themen der Arbeiterjugendbewegung. Gyula Alpari, Vertreter der Sozialdemokratischen Partei Ungarns, forderte in seinem Referat einen besseren Jugendarbeitsschutz mit einem Verbot der Beschäftigung jugendlicher Arbeitskräfte vor dem vollendeten 16. Lebensjahr unter gleichzeitiger Ausdehnung der Schulpflicht bis zu diesem Alter. Für alle Arbeiter bis zum 18. Lebensjahr sollte ein Maximalarbeitstag von sechs Stunden, ein Verbot der Nachtarbeit und eine 36-stündige ununterbrochene Sonntagsruhe gelten. Das vierstündige Hauptreferat hielt Karl Liebknecht über »Militarismus und Antimilitarismus«. Nachdem er die wachsende Kriegsgefahr in Europa erklärt und die ökonomischen und nationalistischen Ursachen in den einzelnen Staaten analysiert hatte, endete er mit einem Appell an seine Zuhörer:

»Die Jugendorganisation selbst aber hat ihre Agitation nicht nur auf die Mitglieder zu beschränken, sondern in einen möglichst weiten Kreis hinauszutragen. Sie hat sich an die Gesamtheit der jugendlichen Arbeiter zu wenden. Ihr liegt es auch ob, die älteren Arbeiter in der oben beschriebenen Weise heranzuziehen. Durch die Presse, durch Flugblätter, Broschüren, allgemeine Versammlungen, öffentliche Vorträge, künstlerische Veranstaltungen, Feste und dergleichen, die sowohl für die Jugend im allgemeinen wie für die Erwachsenen zu veranstalten sind, und bei denen diese für die antimilitaristische Jugendagitation zu gewinnen sind, ist systematisch zu wirken. Die Rekrutenabschiede und Demonstrationen aller Art, wo sie zulässig sind, müssen dem gleichen Zweck dienen. (...) Die proletarische Jugend muss von Klassenbewusstsein und von Hass gegen den Militarismus systematisch durchglüht werden. Der jugendliche Enthusiasmus wird die Herzen der jungen Proletarier einer solchen Agitation begeistert entgegenschlagen lassen. Die proletarische Jugend gehört der Sozialdemokratie, dem sozialdemokratischen Antimilitarismus. Sie wird und muss, wenn alles seine Schuldigkeit tut, gewonnen werden. *Wer die Jugend hat, der hat die Armee.*«[16]

Die neu entstandene »Internationale Verbindung sozialistischer Jugendorganisationen« war keine straffe Organisation, sondern mehr ein loser Zusammenschluss weniger Funktionäre. Es gab keine Anbindung an die Internationale der Mutterparteien, und es fehlten schlicht die technischen Voraussetzungen für einen regen Austausch. Trotzdem gab es zahlreiche Aktivitäten und Publikationen gegen den sich immer deutlicher abzeichnenden Krieg. 1910 in Kopenhagen und 1912 in Basel wurden weitere Konferenzen durchgeführt. Die vierte Konferenz war für 1914 geplant, sie fand aber aufgrund des Krieges nicht mehr statt. Der damalige Sekretär Robert Danneberg hing ein Schild »Wegen Krieg vorübergehend geschlossen« an die Tür des Wiener Büros. Damit war das Büro aufgelöst, nicht aber die Idee der internationalen Solidarität. Schon kurz nach Kriegsausbruch wurde unter Federführung der Schweizer Jungsozialsten und dem aus Deutschland immigrierten Willi Münzenberg die Arbeit reaktiviert. Noch im April 1915 wurde ein internationales Treffen organisiert. Wenn die Teilnehmer auch überwiegend aus neutralen Ländern kamen, wurde doch der »Liebknecht-Fonds« initiiert, aus dem antimilitaristische und antiimperialistische politische Arbeit in den Kriegsländern unterstützt wurde. Eine der wichtigsten Aufgaben war die Versorgung der Arbeiterjugend im Untergrund. Zu diesem Zweck wurde die Zeitung »Jugendinternationale« gegründet, die in großer Auflage ins Deutsche Reich geschmuggelt wurde. Nach dem Weltkrieg vollzog sich auch in der internationalen Arbeiterjugendbewegung die Spaltung in drei Teile. Ergebnis war die Gründung der kommunistischen Jugendinternationalen 1919 und 1923 der sozialdemokratisch orientierten »International of the Socialist Youth« mit Sitz in Berlin. Ihr Sekretär wurde Erich Ollenhauer, der dieses Amt bis 1933 innehatte.

Krieg, Spaltung und Revolution

Noch am 25. Juli 1914 wurde der immer wahrscheinlicher werdende Kriegsausbruch im »Vorwärts«, dem Zentralorgan der SPD, vehement abgelehnt: »Das klassenbewusste Proletariat erhebt im Namen der Menschlichkeit und der Kultur flammenden Protest gegen dies verbrecherische Treiben der Kriegshetzer. (...) Die herrschenden Klassen, die euch im Frieden knebeln, verachten, ausnutzen, wollen euch als Kanonenfutter mißbrauchen. (...) Wir wollen keinen Krieg! Nieder mit dem Kriege! Hoch die internationale Völkerverbundenheit.«[17] Doch keine zwei Wochen später stimmte die SPD-Reichstagsfraktion geschlossen für die Kriegskredite. Ausgerechnet der Parteivorsitzende und Gegner der Kriegskredite, Hugo Haase, musste für die Fraktion eine Erklärung abgeben: »Wir stehen vor einer Schicksalsstunde. (...) Jetzt stehen wir vor der ehernen Tatsache des Krieges. Uns drohen Schrecknisse feindlicher Invasionen. (...) Wir lassen in der Stunde der Gefahr das eigene Vaterland nicht im Stich.«[18] Er hatte noch am Tag zuvor in der Fraktion dagegen votiert. Doch er unterwarf sich wie alle Kritiker der Fraktionsdisziplin. Gründe für die Zustimmung gab es viele, vom Hurra-Patriotismus über die Angst vor Repressionen, die Überzeugung von einem notwendigen Verteidigungskrieg gegen den russischen Zaren bis hin zum Glauben an ein Umschlagen des imperialen Krieges in eine proletarische Revolution. Doch im Verlauf des Krieges bröckelte diese Einheit immer weiter. Karl Liebknecht machte schon im Dezember 1914 den Anfang und stimmte als erster Sozialdemokrat gegen neue Kriegskredite. Ihm schloss sich Otto Rühle an, und ab 1915 wurde die Front der Kriegsgegner schnell breiter, mit Hugo Haase, Karl Kautsky und Eduard Bernstein lehnte nun auch ein Teil der Parteispitze die Fortführung des Krieges offen ab. Nachdem im Dezember nur noch 66 der 110 Fraktionsmitglieder für weitere Kriegskredite stimmten, wurde die ablehnende Minderheit im März 1916 aus der Fraktion ausgeschlossen. Damit begann die Spaltung der deutschen Arbeiterbewegung. Rosa Luxemburg und Karl Liebknecht initiierten die Spartakus-Bewegung, weitere Abspaltungen regionaler und politischer Natur folgten. Als große Blöcke bildeten sich die verbleibende Mehrheitssozialdemokratie (MSPD) und die Unabhängigen Sozialdemokraten (USPD). Dabei verlief die Spaltung fast ausschließlich an der Kriegsfrage, was besonders eindrücklich dadurch illustriert wird, dass sich die beiden Hauptantipoden im »Revisionismusstreit«, Kautsky und Bernstein, der USPD anschlossen.

Der Krieg und die Entscheidungen von SPD-Parteivorstand und Reichstagsfraktion hatten auch gravierende Auswirkungen auf die sozialdemokratische Jugendbewegung. Die Aktiven waren in der Kriegsfrage gespalten, wobei die Zentralstelle klar die Position des Parteivorstandes vertrat. Schon kurz nach dem Beginn des Krieges kam es von Älteren in der Arbeiterjugend zu einigen Versuchen, ihre Gruppen und Vereine von der SPD abzulösen. Hinzu kamen Boykottaufrufe gegen die Zeitung der Zentralstelle. Je länger der Krieg dauerte, desto heftiger wurde die Auseinandersetzung um dessen Unterstützung und umso mehr Aktive wandten sich von der Vorstandslinie ab. Nicht nur in der SPD-Fraktion, sondern auch unter den jugendlichen Arbeiterinnen und Arbeitern wuchs der Unmut. Dies führte dazu, dass sich einzelne Gruppen stärker politisierten und mit offenem Widerspruch in Veranstaltungen und Schriften reagierten. Hinzu kam, dass sich die Lebensverhältnisse und die Situation in der Kriegsproduktion verschlechterten. Die Jungen mussten in den Fabriken die Plätze der eingezogenen Soldaten besetzen, bekamen aber nur ein Bruchteil des Lohns. So kam es wieder häufiger zu Forderungen nach besseren Arbeitsbedingungen und höherem Lohn. Beides wurde von den Parteivorständen und Gewerkschaftskartellen nicht toleriert. Aber über das gesamte Land betrachtet nahmen die Aktivitäten deutlich ab, was vor allem daran lag, dass immer mehr Funktionäre zum Kriegsdienst eingezogen wurden.

Abgestoßen von der Haltung der Partei zum Krieg und den Auseinandersetzungen über ihren Handlungsspielraum kam es ab Anfang 1916 sowohl zur Auflösung einzelner örtlicher Gruppen als auch zu freiwilligen Abspaltungen von der Partei. Zum Beispiel ordnete der Hamburger SPD-Vorstand die Einstellung der Arbeit ihres Jugendbundes an.

Daraufhin gründeten die betroffenen Jugendlichen eine eigene freie Organisation. In München organisierte die »Jugend-Sektion« einen unabhängigen Diskussionskreis, um sich mit Antikriegspolitik zu beschäftigen. Die Zentralstelle hingegen verfolge ihren Kurs unvermindert weiter. Auf einer Konferenz der Jugendausschüsse im Juni 1917 wurde nochmals deutlich klargestellt, dass nur Partei und Gewerkschaft für politische und wirtschaftliche Belange zuständig wären. Die Jugendausschüsse sollten sich ausschließlich mit der Jugendpflege befassen. Dies bedeutete Freizeit- und Bildungsangebote, die auch dazu dienen sollten, vom Krieg abzulenken. Darüber hinaus sollte Werbung für die Zustimmung zur SPD-Kriegspolitik als staatstragende Partei gemacht werden.

In der Folge spaltete sich auch die Jugend der Arbeiterbewegung. Nicht alle Kriegsgegner verließen die Partei, eine Mehrheit verlieb in der MSPD. Noch im letzten Kriegsmonat gründeten oppositionelle Jugendliche die »Freie sozialistische Jugend« (FSJ). Auch wenn sie sich an den Grundsätzen des Spartakusbundes von Liebknecht und Luxemburg orientierten, blieben sie zunächst parteiunabhängig, sie sollten sich erst später der KPD anschließen. Die USPD-nahen Mitglieder gründeten im Dezember 1919 in Halle die »Sozialistische Proletarierjugend« (SPJ). Im Zuge der Spaltung wurden Zentralstelle und Jugendausschüsse neu besetzt. Die Gewerkschaften schieden aus, da sie nach der Spaltung der Arbeiterbewegung parteipolitisch neutral bleiben wollten. Die Ausschüsse bestanden nun je zur Hälfte aus Vertretern der Parteivorstände und jungendlicher Vertrauensleute.

Die militärische Lage hatte sich für das Deutsche Reich immer weiter verschlechtert. Zwar gelang es nach der Oktoberrevolution in Russland 1917, der neuen Regierung einen Siegfrieden abzupressen, der den Krieg im Osten zunächst beendete und bedeutende Landgewinne für das Kaiserreich festschrieb. Im Westen wurde der Obersten Heeresleitung aber immer bewusster, dass die Front auf Dauer nicht mehr zu halten war, und sich die Notwendigkeit zu Waffenstillstandsverhandlungen abzeichnete. Zugleich wurde die Versorgungslage in Deutschland immer schlechter. Als die kaiserliche Admiralität einen letzten Anlauf unternahm, die Flotte gegen England auszusenden, meuterten die Matrosen. Die Unruhe breitete sich schnell im Land aus. Die kaiserliche Regierung lief den Ereignissen hinterher und versuchte, durch die Aufnahme von Sozialdemokraten in die Regierung die Lage wieder zu beruhigen. Doch die Situation eskalierte weiter, so dass der bisherige Reichskanzler Max von Baden am 9. November 1918 die Regierungsgeschäfte an Friedrich Ebert übergab und die Abdankung des Kaisers verkündete. Der Mehrheitssozialdemokrat Philipp Scheidemann rief daraufhin vom Reichstag die Republik aus, kurze Zeit später proklamierte Karl Liebknecht vom Stadtschloss aus die »Sozialistische Republik«. Am 11. November 1918 trat ein Waffenstillstand in Kraft; der Weltkrieg war vorbei. Etwa zehn Millionen Soldaten und sieben Millionen Zivilisten waren tot, darunter viele junge Menschen, viele zum Teil schwer verwundet oder verstümmelt. Der Einsatz neuartiger Waffen, wie Panzer und Giftgas – und die Erlebnisse in den Schützengräben wirkten prägend auf eine ganze Generation.

Die Mischung aus Revolution und Revolte wurde zum Ausgangspunkt für bittere Auseinandersetzungen der verschiedenen Parteien der Arbeiterbewegung. Schnell zerbrach die ursprüngliche Einheit durch den »Rat der Volksbeauftragten«, und es kam zu blutigen Auseinandersetzungen, vor allem in Berlin. Auf Seiten der von der Mehrheitssozialdemokratie dominierten Reichsregierung wurde ein Bündnis mit den alten Eliten in Militär und Verwaltung gesucht, um die Rückführung mehrerer Millionen Soldaten von der Front und die Aufrechterhaltung der Versorgung der Zivilbevölkerung sicherzustellen. Zugleich waren viele sozialdemokratische Parteiführer auf die neue Situation überhaupt nicht eingestellt. Sie hatten es sich in der Situation des langsamen Machtgewinns eingerichtet und nahmen die neue Lage als Chaos wahr, das es zunächst zu ordnen galt. Demgegenüber stand eine Linke, die zwar in den letzten Monaten enormen Zulauf von ehemals nicht politisch organisierten Arbeitern erhalten hatte, aber jenseits des Ziels, die Veränderungen weiter zur sozialen Revolution zu treiben, nicht einig war. Mit der Rätebewegung entwickelten sich örtliche demokratische Strukturen, die auch politischen Einfluss auf Reichsebene geltend machen wollten. Obwohl mehrheitssozialdemokratisch dominiert, versuchten die Parteiführer der MSPD schnell, die Bewegung einzudämmen und auf die Entwicklung einer parlamentarischen Demokratie zu orientieren.

An Silvester 1919 gründete sich in Berlin die Kommunistische Partei Deutschlands (KPD). Gegen den Willen Rosa Luxemburgs lehnte die Partei eine Teilnahme an den Wahlen zur verfassunggebenden Versammlung ab. Am 15. Januar 1919 wurden Rosa Luxemburg und Karl Liebknecht von Freikorps-Soldaten ermordet. Es sollten nicht die letzten politischen Morde in Deutschland bleiben.

Aus den Wahlen zur verfassunggebenden Nationalversammlung am 19. Januar 1919 geht die MSPD mit 37,9 Prozent der Stimmen als Sieger hervor, braucht zur Regierungsbildung aber eine Koalition mit dem katholischen Zentrum (19,7 Prozent) sowie der linksliberalen Deutschen Demokratischen Partei (DDP), die auf 18,5 Prozent gekommen war. Im Februar wählt die Nationalversammlung Friedrich Ebert zum Reichspräsidenten. Im August des Jahres tritt dann die neue von der Nationalversammlung ausgearbeitete Weimarer Reichsverfassung in Kraft.

Noch 1918 wurde der bisherige Vorsitzende der Zentralarbeitsstelle für die arbeitende Jugend, Friedrich Ebert, durch Heinrich Schulze abgelöst und damit begonnen, die Arbeit wieder zu beleben.

Mit der Weimarer Republik änderten sich die Voraussetzungen für die Jugendarbeit. Die staatlichen Repressionen hörten auf, das Verbot der politischen Betätigung galt nicht mehr, und das Wahlalter wurde von 25 auf 20 Jahre gesenkt. Aus der Zentralstelle wurde im Frühjahr 1919 der »Verband der Arbeiterjugendvereine Deutschland« (VAJV), der damals circa 70 000 Mitglieder hatte. Es kam aber auch wieder verstärkt zu Autonomiebewegungen und Neugründungen von jungsozialistischen Gruppen. Damit flammten die Probleme der Vorkriegsjahre wieder auf: Was dürfen die Jugendlichen selber entscheiden und welchen Zweck sollten sie verfolgen. Es kam regional zu sehr unterschiedlichen Ergebnissen. So setzte sich die Frankfurter Gruppe weitgehend durch und konnte ihr Streben nach dem Sozialismus selbstständig vorantreiben, während es in Hamburg zu einem Statut kam, das ausschließlich einen Bildungszweck beinhaltete. Das größte Problem blieb aber der Übergang von der Jugendorganisation in die Partei.

Die SPD reagierte auf ihrem Parteitag vom 10. bis zum 15. Juni 1919 in Weimar mit neuen Beschlüssen zur Jugendarbeit. Allerdings setzten sich hier nochmal die Skeptiker durch. Die Parteikontrolle und die Beschränkung auf politische Bildung wurden fortgeschrieben. So hieß es in dem Antrag: »Das Ziel der Jugendbewegung ist die Erziehung der Jugend zur sozialistischen Weltanschauung und zur selbstständigenpolitischen Bestätigung. Ferner hat sie den Zweck, einen wirksamen Jugendschutz zu fördern. Dagegen ist die Jugendorganisation keine Kampforganisation mit parteipolitischen Zielen; ihre Aufgaben sind vorwiegend erzieherischer Natur.«[19] Obwohl die Zentralstelle forderte, die Altersgrenze auf 20 Jahre festzulegen, wurden nur noch Jugendliche bis 18 zugelassen. Auch das Ansinnen, ein gezielteres Angebot für die Älteren ab 17 Jahren zu machen, wurde abgelehnt.

Trotz der Entscheidungen in Weimar gründeten sich immer mehr jungsozialistische Gruppen. Diese wurden dann vom Parteitag in Kassel 1920 endgültig legitimiert. Ebenso wurde die Verfasstheit der Jungsozialisten festgelegt. »Der Parteitag verpflichtet daher die Parteiorganisationen, die Bestrebungen der Jungsozialisten tatkräftig zu unterstützen. Insbesondere sind dort, wo sich genügend jüngere Parteimitglieder finden, im Rahmen der Parteiorganisation, deren Beschlüssen sie unterstehen, jungsozialistische Gruppen einzurichten.«[20] Konkret bedeutete dies, dass die Jungsozialisten die aktive Teilnahme am Parteileben und Bildungsangebote für 18- bis 25-Jährige ermöglichen sollten. Dafür erhielten sie ein weitgehendes Selbstverwaltungsrecht, nur noch ein Parteifunktionär vertrat die Partei in den Juso-Vorständen. Der Organisation wurde die Zusammenarbeit mit den Bildungsausschüssen auferlegt. Die Jungsozialisten waren damit offiziell gegründet.

Zwischen Nation und Revolution Die Jungsozialisten in der Weimarer Republik

Arbeiterjugend und Lebensreform

Am 10. Januar 1920 trat der Versailler Vertrag in Kraft. Die Lage in der jungen Republik blieb unruhig. Im Januar 1920 kam es am Tag der zweiten Lesung des Betriebsrätegesetzes vor dem Reichstag zu schweren Auseinandersetzungen zwischen Anhängern der USPD und Sicherheitskräften, bei denen es Tote und Verletzte gab.

Am 8. März 1920 öffnete die wichtigste Weiterbildungseinrichtung für junge Angehörige der Arbeiterbewegung die Pforten zu ihrem ersten Kurs: Die Heimvolkshochschule Schloß Tinz bei Gera. Der Geraer Arbeiter- und Soldatenrat hatte das ehemals fürstliche Schloss nach der Revolution enteignet. Durch ein Abkommen mit dem Land Thüringen entstand so die Heimvolkshochschule, die durch das Land sowie kleine Erträge aus einem zum Schloss gehörenden Gut finanziert wurde. Die politische Ausrichtung der Schule war überparteilich. Die Mehrzahl der Kursteilnehmerinnen und Kursteilnehmer kam aus der Sozialdemokratie und den Gewerkschaften, es nahmen aber auch Kommunisten und Angehörige anderer kleiner linker Gruppen an den Schulungen teil.

Der erste Leiter der Heimvolkshochschule, Gustav Hennig, formulierte das Kursziel so: »Ihr Ziel ist, ohne je ein Endziel aufstellen zu wollen: Zunächst eine Anzahl Menschen so zu fördern, dass sie nicht nur sozialistische Lese- und Redemeister werden, sondern durch ihr sozialistisches Lebensbeispiel andere zur Nacheiferung anreizen. Aus der Schule sollen geläuterte Menschen hervorgehen, deren Ideal nicht materieller Besitz ist.«[21]

Jährlich fanden zwei Kurse statt, vom 15. Januar bis zum 15. Juni sowie vom 1. August bis Weihnachten. Von 1920 bis zur Schließung durch die Nationalsozialisten 1933 besuchten etwa 1350 junge Männer und Frauen die Schule. Das Teilnehmeralter betrug 18 bis 30 Jahre. Ziel war, talentierten jungen Arbeiterinnen und Arbeitern über die Kurse Wissen zu vermitteln, das ihnen sonst aufgrund ihres sozialen Status verwehrt ge-

Unterricht im Park der Heimvolkshochschule Schloss Tinz (1921).

blieben wäre. Das Bewerbungsverfahren war aufwändig, und die Plätze waren begehrt; neben einer Teilnahmegebühr musste beispielsweise auch ein Aufsatz geschrieben werden. Zu beachten ist auch, dass die mehrmonatige Teilnahme an einem solchen Kurs fast immer die komplette Aufgabe der Arbeitsstelle voraussetzte. Kursteilnehmer blieben nach Abschluss der Schule oft noch lange arbeitslos. Innerhalb der sozialdemokratischen Ortsvereine genossen die Schülerinnen und Schüler von Schloß Tinz zudem den zweifelhaften Ruf, sich nach Abschluss des Kurses zu Meinungen in nahezu allen Fragen befähigt zu halten, und so den anderen Mitgliedern des Ortsvereins mächtig auf die Nerven zu gehen.

Neben drei festangestellten Lehrern gehörte eine wechselnde Gruppe von Lehrbeauftragen zu den Lehrenden der Schule. Die Liste der Namen liest sich wie ein kleines Who is Who der kritischen Intellektuellen in und neben der Weimarer Sozialdemokratie. Im Mittelpunkt des Fächerkanons standen Ökonomie, Geschichte und Kulturlehre. Alfred Braunthal unterrichtete Nationalökonomie, Otto Jenssen Geschichte und Soziologie. Kulturlehre – Literatur, Musik, bildende Kunst – wurde von Oskar Greiner vertreten. Weitere Lehrerinnen und Lehrer waren unter anderem der spätere Berliner Regierende Bürgermeister Otto Suhr, der marxistische Philosoph und Rechtstheoretiker Karl Korsch, Georg Engelbert Graf, der später auch bei den Jungsozialisten wichtige Funktionen übernehmen sollte, der Sexualreformer Max Hodann, der Verfassungsjurist Ernst Fraenkel, der Nestor der sozialdemokratischen Theoriebildung Karl Kautsky, die Gründerin der Arbeiterwohlfahrt Marie Juchaz und die Pädagogin Anna Siemsen.

Im März putschen die reaktionären Kräfte um den hohen Verwaltungsbeamten Wolfgang Kapp und den Reichswehrgeneral Walther von Lüttwitz. Die Reichswehr erklärte sich neutral, die Regierung musste aus Berlin flüchten. Trotzdem brach der Putsch in wenigen Tagen zusammen – vor allem weil der Aufruf von Gewerkschaften und Sozialdemokratie zum Generalstreik erfolgreich war und die Unterstützung für den Putsch aus der Bevölkerung insgesamt geringer ausfiel als von den Putschisten gedacht.

Bei der Reichstagswahl am 6. Juni musste die Sozialdemokratie Verluste hinnehmen. Die SPD erreichte 21,7 Prozent, die USPD gewann hinzu und kam auf 17,9 Prozent. Der neugebildeten Reichsregierung gehörte die SPD nicht mehr an, Reichskanzler Fehrenbach (Zentrum) bildete eine Minderheitsregierung aus Zentrum, DDP und DVP. Im Mittelpunkt der öffentlichen Diskussionen, auch der politischen Linken, stand die Frage nach dem Verhältnis zur Republik und nach konkreten politischen Tagesfragen wie dem Umgang mit dem Militär und dem Schutz der Republik vor Angriffen sowohl von rechts- wie auch von linksaußen.

Vor diesem Hintergrund überraschen die politischen Schwerpunkte in der Arbeiterjugend auf dem Arbeiterjugendtag im August 1920 in Weimar. Etwa 1000 Arbeiterjugendliche aus ganz Deutschland versammelten sich im August in Weimar. Der Ort war mit Bedacht gewählt, wurde hier doch ein Jahr zuvor die neue Verfassung der deutschen Republik beschlossen. Weimar hatte jedoch auch aus einem anderen Grund Bedeutung: Die Stadt stand als Chiffre für die deutsche Klassik in Kunst und Literatur, für den Anschluss an Goethe und Schiller. So zogen denn auch die Mehrzahl der Arbeiterjugendlichen fröhlich und Lieder singend durch die Stadt. Am Denkmal für Goethe und Schiller wurde ein Kranz niedergelegt. Als das Gerücht umging, ein Trupp nationalistischer Jugendlicher hätte den Kranz entwendet, wurde aus frischem Grün flugs ein neuer Kranz geflochten und in feierlicher Prozession zum Denkmal getragen.

Die Anreise bedeutete für die meisten Teilnehmenden finanziell eine große Bürde, hinzu kam, dass die Urlaubstage knapp waren, zum Teil auch deshalb, weil die Arbeitgeber Streiktage zur Niederwerfung des

Kapp-Putsches einfach als Urlaub anrechneten. Die Stimmung auf dem Arbeiterjugendtag war friedlich und größtenteils von der Begeisterung über Natur, Gedichte und Lieder geprägt. Die Mehrzahl der teilnehmenden Jugendlichen wollte nicht über tages- oder gar wirtschaftspolitische Forderungen diskutieren. Im Gegenteil, das Programm mit einem starken Fokus auf Tanz, Musik und Laientheaterspiel legte den bewussten Schwerpunkt auf die Veränderung des Menschen, nicht auf die Veränderung der gesellschaftlichen Umstände.

Damit brach sich ein neues Lebensgefühl Bahn, das die »verkrusteten Strukturen« der erwachsenen Arbeiterbewegung ablehnte und mit dem eigenen Habitus bewusst Kontrapunkte legte. »Nicht so sehr Marx, Engels und Bebel, sondern vor allem Goethe und Schiller beflügelten nun die Hoffnungen der jungen Sozialisten. (...) Auf dem Jugendtag suchten die Jugendlichen einen neuen Zugang zu den »Großen der Dichtkunst«. Ihr mystisch geladenes Verhältnis zur Natur und ihre seelischen Beweggründe fanden sie in den Werken der Klassiker als ewige Menschheitsfragen ausgedrückt.«[22]

Mit Habitus und Ausdrucksformen näherten sich die jungen Sozialisten stark der bürgerlichen Jugendbewegung an. Zugleich gab es auch das Gegenbild: Statt kurzer Hose und Schillerkragen wurden Ausgehanzug und Hut vorgeführt.

Erich Ollenhauer, der damals 19-jährige Sprecher der Magdeburger Arbeiterjugend, hielt am Goethe-und-Schiller-Denkmal die Hauptrede. Erich Ollenhauer wurde 1901 in Magdeburg geboren. Nach einer kaufmännischen Lehre wurde er Volontär bei der »Volksstimme« in Magdeburg. Schon bald nach seinem Parteieintritt 1918 übernahm er wichtige Ämter in der Arbeiterjugendbewegung. Neben der Sprecherposition bei den Magdeburgern wurde er ab Dezember 1920 Zweiter Sekretär beim Verband der Arbeiterjugendvereine Deutschlands sowie ab 1921 Sekretär der Arbeiterjugendinternationale. 1928 übernahm Ollenhauer auch den Vorsitz der Sozialistischen Arbeiterjugend. Während der NS-Diktatur im Exil in Prag und London, übernahm er dort wichtige Funktionen bei der Aufrechterhaltung und Neuorganisation der Sozialdemokratie im Exil. 1946 kehrte Ollenhauer nach Deutschland zurück. Der erste SPD-Parteitag nach dem Krieg wählte ihn zum stellvertretenden Vorsitzenden, nach Kurt Schumachers Tod 1952 übernahm er dessen Ämter als Partei- und Fraktionsvorsitzender. 1953 und 1957 unterlag Ol-

Reichsjugendtag der Arbeiterjugend in Weimar (1920).

lenhauer als Kanzlerkandidat jeweils Konrad Adenauer. 1963 wurde Ollenhauer zum Vorsitzenden der Sozialistischen Internationale gewählt, verstarb aber noch im selben Jahr.

Ollenhauer führte auf dem Jugendtag aus: »Nun ist der Tag gekommen, an dem wir uns hier zum ersten Mal ›Aug in Aug‹ gegenüberstehen. Wir sind nach hier gekommen mit frohem Herzen, denn in unsern heimatlichen Bezirken ist unsre Bewegung groß und stark geworden. Tausende stehen zu uns, und bis in den kleinsten Landort sind unsre Ideen gedrungen. Wir sind Arbeiterjugend, emporgewachsen aus der Not des Proletarierlebens, aber trotzdem lebt in uns der Geist eines Goethe und Schiller. Wir sind hergezogen, um an diesem Tag kundzutun, dass wir jetzt und in alle Zukunft unser Bestes daran geben werden, dass die Schätze der deutschen Literatur, geschaffen von diesen Meistern, ins Volk getragen werden, bis zu den Ärmsten der Klasse. Wir wollen aber in dieser Stunde auch der historischen Ereignisse gedenken, die sich vor Jahresfrist in diesen Mauern abspielten. Fast genau ein Jahr ist ins Land gegangen seit dem Tage, an welchem vom Balkon dieses Hauses der Reichspräsident Ebert der Volksmenge mitteilte, dass die Verfassung der jungen deutschen Republik soeben von der Nationalversammlung verabschiedet wurde. An der Geburtsstätte der deutschen Republik wollen wir nicht vergessen, dass sie uns erst unseren Aufstieg und diese

Tagung ermöglichte. Am Geburtstage Goethes wollen wir ihm diesen Kranz darbringen als ein Gelöbnis, seinen Geist und seine Werke in unsern Reihen leben zu lassen, damit aus der Arbeiterjugendbewegung von heute eine neue glückliche Menschheit wächst.«[23]

Auf dem Arbeiterjugendtag machten die Hamburger Genossinnen und Genossen den Teilnehmenden das Lied »Wann wir schreiten Seit' an Seit'« bekannt. Als Reminiszenz an ihre Jugendzeit griffen Sozialdemokratinnen und Sozialdemokraten in der Bundesrepublik das Lied wieder auf. Noch heute werden am Ende von Parteitagen einige Strophen des Liedes gesungen:

WANN WIR SCHREITEN SEIT' AN SEIT' (1914/15)

Worte: Hermann Claudius (1878–1980)
Melodie: Michael Englert (1868–1956)

Wann wir schreiten Seit‹ an Seit‹
und die alten Lieder singen
und die Wälder widerklingen,
fühlen wir, es muss gelingen:
|: Mit uns zieht die neue Zeit! :|
Eine Woche Hammerschlag,
eine Woche Häuserquadern
zittern noch in unsern Adern:
aber keiner wagt zu hadern!
|: Herrlich lacht der Sonnentag. :|
Birkengrün und Saatengrün:
Wie mit bittender Gebärde
hält die alte Mutter Erde,
dass der Mensch ihr eigen werde,
|: Ihm die vollen Hände hin. :|
Mann und Weib und Weib und Mann
sind nicht Wasser mehr und Feuer.
Um die Leiber legt ein neuer
Frieden sich, wir blicken freier,
|: Mann und Weib, uns fürder an. :|

Im Zentrum suchten sie nach den Verwüstungen des Krieges – einige Teilnehmer wie etwa Max Westphal hatten den Krieg nur schwer versehrt überlebt – im eigenen Habitus den neuen, friedlichen Umgang der Menschen untereinander vorzuleben. Max Westphal wurde 1895 in Hamburg geboren. Bereits 1910 schloss er sich einer sozialdemokratischen Jugendgruppe an. Im Ersten Weltkrieg verlor er einen Arm. Zwischen 1919 und 1921 arbeitete er als SPD-Jugendsekretär für Hamburg, 1921 übernahm er den Vorsitz des Verbandes der Arbeiterjugendvereine Deutschlands, 1922 dann den Vorsitz der neugegründeten Sozialistischen Arbeiterjugend. Westphal blieb in seiner Arbeit stark auf den SPD-Parteivorstand orientiert und versuchte, die Arbeiterjugend aus politischen Kontroversen mit der Partei herauszuhalten. Sein Nachfolger als Vorsitzender der SAJ wurde 1928 dann Erich Ollenhauer. Westphal arbeitete als hauptamtlicher Sekretär beim SPD-Parteivorstand und wurde 1933 noch für kurze Zeit in den preußischen Landtag gewählt.

Zugleich manifestierte sich aber auch die Abkopplung des Jugendverbandes von den Arbeitsformen und Diskussionen der SPD selbst. Die Zusammensetzung des Jugendtags war bunt gemischt, neben Angehörigen der Mitgliedsvereine des VAJV nahmen auch viele Jungsozialisten teil. Der Verband führte im Anschluss an den Arbeiterjugendtag auch seine erste Reichskonferenz durch. Auf die Teilnehmerinnen und Teilnehmer selbst muss das dichte Gemeinschaftsgefühl von Weimar jedenfalls sehr prägend gewirkt haben, galt in der Folge doch der »Geist von Weimar« als Chiffre für eine an die bürgerliche Jugendbewegung anknüpfende und sehr in sich und auf das »Innerliche« zurückgezogene Arbeiterjugend.

Ende des Jahres 1920 spaltete sich die USPD über die Frage des Anschlusses an die sowjetisch dominierte III. Internationale. Die Mehrheit schloss sich der KPD an (zwischen 280 000 und 370 000 Mitglieder), etwa 340 000 Mitglieder verblieben in der USPD, und rund 200 000 Mitglieder schieden komplett aus der Partei aus.

Auch nach dem Scheitern des Versuchs der Machtübernahme durch Kapp und Lüttwitz blieb die Bedrohung der Republik von rechts ungebrochen. Noch immer existierten Freikorps und illegale Zusammenschlüsse ehemaliger Soldaten. Mit dem Land Bayern besaßen diese Kräfte sogar einen sicheren Hafen, der dem Zugriff der Sicherheitsbehörden des Reiches weitgehend entzogen war. Am 26. August 1921 wurde der ehemalige Reichsfinanzminister Matthias Erzberger von Angehörigen der rechtsradikalen Geheimorganisation »Consul« ermordet.

1921 verließ mit Paul Levi auch einer der Mitgründer die KPD. Paul Levi war seit 1909 Mitglied der SPD gewesen. Auf dem linken Flügel engagiert, vertrat er Rosa Luxemburg in mehreren Gerichtsverfahren. Gemeinsam mit ihr und Karl Liebknecht gehörte er 1919 zu den Gründern der Kommunistischen Partei und wurde nach der Ermordung Luxemburgs und Liebknechts deren Vorsitzender. Zum Bruch mit der Partei kam es nach den »März-Aktionen« 1921, als ein schlecht vorbereiteter Aufstandsversuch scheiterte, der gegen Levis Willen unternommen worden war. Zunächst mit anderen ehemals kommunistischen Reichstagsabgeordneten in der »Kommunistischen Arbeitsgemeinschaft« organisiert, kam er über die USPD 1922 in die SPD zurück. Hier wurde Levi schnell zum Wortführer des linken Flügels. Seine Zeitschrift »Sozialistische Politik und Wirtschaft« (spw) wurde das Leitmedium des linken Flügels und fand auch Leserinnen und Leser unter den linken Jungsozialisten. Im Reichstag engagierte sich Levi unter anderem bei der Reform von Justiz und Strafrecht. Er starb 1930 unter bis heute nicht ganz geklärten Umständen bei einem Sturz aus dem Fenster seiner Wohnung.

Die Sozialdemokratie versuchte, mit den Realitäten der neuen Republik zurechtzukommen. Die Hoffnungen, durch weitere Steigerungen der Wahlergebnisse politischen Einfluss im Reich ausbauen zu können, hatten sich nicht erfüllt. Lediglich in Preußen gelang es, eine bis Anfang der 1930er-Jahre haltende stabile Mehrheit gemeinsam mit Zentrum und Liberalen zu bilden. Auf Reichsebene blieb die SPD die meiste Zeit der Weimarer Republik in der Opposition. Auf ihrem Görlitzer Parteitag im September 1921 gab sich die SPD ein neues Programm, das versuchte, mit einer starken Betonung des parlamentarischen Wegs und der Gestaltung der Republik Anschluss an die neuen Verhältnisse zu bekommen.

Im Juni verübten Attentäter einen Giftanschlag auf den ehemaligen Ministerpräsidenten und Oberbürgermeister von Kassel, Philipp Scheidemann. Am 24. Juni 1922 fiel Außenminister Walther Rathenau einem Attentat zum Opfer. Ein Ergebnis des zunehmenden Terrors von rechts war die Verabschiedung des »Gesetzes zum Schutz der Republik« wenige Wochen später. Mit diesem Gesetz wollte die Sozialdemokratie der

Justiz eine scharfe Waffe gegen Bedrohungen der Republik von rechts in die Hand geben. Faktisch wurde es vor allem gegen Angehörige der politischen Linken angewandt.

Am 29. und 30. Juli 1921 traten die Jungsozialisten in Bielefeld zu ihrer ersten Reichskonferenz zusammen. Einladung und Tagesordnung stammten vom SPD-Parteivorstand, im Mittelpunkt der Debatten auch mit Vertretern der Parteiführung stand das Verhältnis von jungsozialistischer Bewegung und SPD. Anknüpfend an den »Geist von Weimar« ging es der Mehrheit der Delegierten darum, die Jungsozialisten als eigenen Verband neben der SPD zu etablieren. Er sollte ungestört an der inneren Weiterentwicklung zum sozialistischen Menschen arbeiten können. In der abschließend verabschiedeten Resolution hieß es:

»Die in Bielefeld versammelten Jungsozialisten erklären, dass sie als politisch denkende und handelnde Menschen mit Herz und Hirn der SPD angehören. Darum suchen sie in der jungsozialistischen Bewegung und im unmittelbaren Meinungsaustausch mit Gleichgesinnten eine Bereicherung ihres persönlichen Lebensgefühls und Bewusstseins, wovon sie in weiterer Auswirkung eine Bereicherung des Sozialismus erhoffen.«[24]

In dem als Verbandsleitung fungierenden »Reichsausschuss« wurden mit Bach, Wegner, Wissel, Dahrendorf, Schmidt und Lösche vor allem Vertreter des jugendbewegten Verbandsteils gewählt. Der Arbeiterdichter Karl Bröger wurde zum Schriftleiter der zu gründenden »Jungsozialistischen Blätter« (JB) bestimmt. Der 1886 in Nürnberg geborene Bröger verdiente seinen Lebensunterhalt zunächst als Bauarbeiter. Schon früh begann er literarisch zu arbeiten. Themen wurden die Erfahrungen als Soldat im Ersten Weltkrieg sowie zunehmend Themen der Arbeitswelt. Bis 1933 arbeitete er in der Redaktion der sozialdemokratischen Fränkischen Tagespost in Nürnberg, schrieb für andere sozialdemokratische Zeitungen, vor allem für »Das Reichsbanner«, und veröffentliche Gedichte und Geschichten.

Gustav Dahrendorf, 1901 in Hamburg geboren, schloss sich 1914 der Arbeiterjugendbewegung an. Für verschiedene sozialdemokratische Presseorgane tätig, gehörte er von 1927 bis 1933 der Hamburger Bürgerschaft, von 1932 bis 1933 auch dem Reichstag an. Neben seinen Ämtern bei den Jungsozialisten wurde er auch in Funktionen in der SPD sowie im Reichsbanner gewählt. In der frühen Bundesrepublik erreichte er führende Positionen in der Genossenschaftsbewegung. Er starb bereits 1954. Sein Sohn Ralf Dahrendorf wurde in der Bundesrepublik zu einem der führenden liberalen Intellektuellen.

Durch den Druck von rechts außen kam es zu einer Annäherung zwischen MSPD und USPD. Im September vereinigen sich beide Parteien zur VSPD. Ein kleiner, unabhängiger Flügel der USPD bleibt. In ihm engagieren sich unter anderem der Rechtsanwalt Theodor Liebknecht, Bruder von Karl Liebknecht, und der Weggefährte Rosa Luxemburgs Georg Ledebour. Die Diskussion bei den Jungsozialisten bleibt vor diesem Hintergrund merkwürdig von tagespolitischen Fragen entrückt:

»Jene ›höhere Lebensform‹, die Karl Marx als Frucht einer gänzlichen Umwandlung des Menschen wie der Zustände voraussieht, ist nach unserem festen Glauben ein Leben im Sozialismus. Nicht aus den Zuständen und ihrer Wandlung allein kann der Sozialismus gefolgert werden. Auch Marx setzt vor diese Wandlung der Sachen eine menschliche Wandlung, die damit Hand in Hand gehen muss. (…) Das ist es: Der Sozialismus soll ein Erwecker sein zu Kraft und Adel, zu Heiterkeit, Liebe und Brüderschaft. Aus Leuten, jungen und gesetzten, will er Menschen formen, indem er uns alle erinnert und unser bestes Wesen, das eben darin besteht, Mensch zu sein. Der Mensch kann nicht länger leben ohne Sozialismus, aber auch der Sozialismus nicht werden ohne den Menschen. Einer verjüngt sich aus dem anderen und nur aus dem Bunde des Sozialismus mit dem Menschen, nicht aus einem Verein mit so vielen Leuten, wird die Kraft erwachsen, die uns befähigt, diese Welt zu überwinden durch den Geist eines jungen Sozialismus.«[25]

Sehr idealistisch formulierte diesen Drang des Menschen zum Sozialismus auch einer der führenden Jungsozialisten, August Rathmann: »Das ist das würdigste Zeichen unseres mit- und durcheinander errungenen Wesens, dass wir nicht in Wort und Sehnsucht leben, sondern im Wirken. In Brüderlichkeit verbunden, erfassen wir mit unserer Liebe nicht nur uns, die im wesentlichen eines Denkens sind, sondern strömen die uns gegenseitig geschenkte Kraft auch aus auf die, die sich und uns fremd, gewonnen werden wollen. Von allen Kräften dieser Erde ist die Liebe die größte, und da die von uns erhoffte Welt ganz von ihr getragen sein wird, glauben wir, durch sie dieser Zukunft am besten dienen zu können.«[26]

August Rathmann wurde 1895 in Holstein geboren. Nach der Volksschule absolvierte er eine Tischlerlehre. In Kiel wurde er Mitglied der Arbeiterjugend und 1913 deren Vorsitzender. Nach dem Ersten Weltkrieg, an dem er als Soldat teilnahm, arbeitete er unter anderem ab 1921 als Sekretär beim ADGB in Bochum. Ab 1925 studierte er Jura in Hamburg. Politisch stand Rathmann den religiösen Sozialisten nahe; so gab er 1930 bis 1933 gemeinsam mit anderen die »Neuen Blätter für den Sozialismus« heraus.

Eine Konsequenz einer solchen Haltung war praktisch auch, als Jungsozialisten an der Vervollkommnung des eigenen Lebensstils zu arbeiten, und die tagespolitische Arbeit weitgehend unkommentiert der Partei zu überlassen.

Die Verortung der Jungsozialisten als Teil der Jugendbewegung spitzte August Rathmann noch einmal zu, als er feststellte, alle in der Jugendbewegung stehenden Menschen – also ausdrücklich auch außerhalb der Arbeiterjugend – würden die Berechtigung der sozialistischen Forderung auf gründliche und gerechte Änderung der wirtschaftlichen und gesellschaftlichen Verhältnisse unumwunden anerkennen und von ihrem Standpunkt aus dafür wirken: »Die Jugend unserer Zeit ist wie alles unerschrocken nach Wahrheit und Gerechtigkeit Strebende dem Sozialismus verfallen.«[27] Die sozialistische Jugend sei, wenn sie ihre Stellung recht erfasse, im wachsenden Maße der Kern der Jugendbewegung.

Ein weiterer wichtiger Strang der Debatte um das Wesen des Jungsozialismus war die Verbindung von Sozialismus und Nation. Walter Spengler hielt in einem Beitrag für die Jungsozialistischen Blätter mit dem Titel »Volksgemeinschaft«[28] dies wie folgt fest: Ein wurzelloser Kosmopolitismus sei ein Unding, es gebe keine Internationale an sich. Deutschland sei seiner wesentlichen Werte entblößt: bedingte politische Souveränität, sterbende Wirtschaft, gesteigerte Zivilisation statt Kultur. Eine deutsche Nation habe man zudem eigentlich nie gehabt, immer nur erhofft, erträumt und geahnt. Jede Nation trage das Bewusstsein ihrer besonderen Aufgabe in sich. Die Aufgabe Deutschlands in der Welt sei der Sozialismus. Die sei kein Programm, keine Klassenangelegenheit, keine Parteisache. Es sei eine Idee, die über diesen Dingen stehe: »Wir Deutschen haben Eigenschaften, die zur Realisierung dieser Idee die denkbar besten sind. Opferwille, Hingabe an die Sache, Verantwortungsbewusstsein, einen guten Schuss Weltbürgertum!« Spengler spitzt dies auf die Formel zu: »Für Deutschland gilt: Wahrhaft deutsch ist nur, wer den Sozialismus will. Diese Wollenden und nur diese allein, bilden die deutsche Volksgemeinschaft.[29]«

Andere begründeten den Sinn des Jungsozialismus in Abgrenzung zur »alten« Agitation der Partei, die zu viele Anhänger angezogen hätte, die nur das »Materielle« gesehen hätten. Die Jungsozialisten hätten demgegenüber das Ethische nicht vernachlässigt. »Die Masse der körperlich und geistig Schaffenden kann nicht durch bloße Gehaltsforderungen zum Ziele geführt werden, hier muss der gewaltige Rhythmus der Bewegung durch die seelische Verbindung aller erzielt werden. Es gilt nicht nur die wirtschaftlichen Zusammenhänge zu erkennen, der Sozialismus muss zur Religion werden.«[30] Der Sozialismus sei nicht dann verwirklicht, wenn 50 Prozent und ein Bürger aller Wahlberechtigten sozialdemokratisch wählen. Von diesem Augenblick an beginne erst die Arbeit. Die Jungsozialisten trügen die Grundsteine zum Bau dieser neuen geistigen Verfassung zusammen.

Deutlich wird dies in der Rollenbeschreibung zwischen Partei und Jungsozialisten, nach der die Partei die Schaffung einer sozialistischen Gesellschaftsordnung zur Aufgabe habe, die Verpflichtung der jungsozialistischen Bewegung aber darin bestehe, den vom Sozialismus erfassten Teil des einzelnen Menschen möglichst zu vergrößern, den sozialistischen Geist in Menschen und Handlung stärker und lebendiger werden zu lassen. Daher könne die jungsozialistische Bewegung auch niemals Massenbewegung sein.[31]

Wolfgang Abendroth hat diese idealistische Grundhaltung später so kommentiert, dass es in der Periode nach einer Bürgerkriegssituation Anfang der 1920er-Jahre auch zwischen den Arbeiterparteien durchaus rational gewesen sei, die Jugend zu entpolitisieren, in Orientierung auf die entpolitisierte bürgerliche Jugendbewegung. Abendroth unterstellt kein zielgerichtetes Handeln der SPD-Parteiführung, hält aber die Stützung einer solchen Ausrichtung des Jugendverbandes für das intuitiv Richtige.[32]

Die Vereinigung der Jugendverbände gelang nicht reibungslos. Kurz nach der Vereinigung der Parteien im September 1922 begannen auch die Vorstände des Verbandes der Arbeiterjugendvereine Deutschlands (VAJV) und der Sozialistischen Proletarierjugend (SPJ) zu verhandeln.

Die größere Unabhängigkeit der SPJ von der Partei sowie die wesentlich weiter gehenden politischen Vorstellungen sorgten dafür, dass erst fünf Wochen nach der Vereinigung der Parteien als neuer gemeinsamer Jugendverband für die 14 bis 18-Jährigen die Sozialistische Arbeiterjugend (SAJ) aus der Taufe gehoben wurde. Eine nachhaltige Veränderung der politischen Ausrichtung von SAJ und Jungsozialisten führte zunächst nicht zur Vereinigung. Viele Mitglieder der SPJ scheinen sich anschließend aus der aktiven Arbeit zurückgezogen zu haben. Mit Georg Engelbert Graf, Fritz Bieligk und anderen kamen jedoch einige Aktive zurück zur Sozialdemokratie, die in den folgenden Jahren wichtige Funktionen bei den Jungsozialisten übernehmen sollten.

Ein weiteres weltpolitisches Ereignis warf Schatten voraus: Am 30. Oktober wurde Benito Mussolini nach dem »Marsch auf Rom« italienischer Ministerpräsident. Der Faschismus in Europa war an der Macht angekommen. Die Jungsozialistischen Blätter erreichten bald eine große Verbreitung unter den Jungsozialisten, im Jahr 1923 betrug die Auflage bereits 2500 Exemplare.

Das Verhältnis von jungsozialistischer Bewegung und Sozialistischer Arbeiterjugend war nicht leicht. Zwar waren beide Verbände erst nach dem Ersten Weltkrieg gegründet worden und bezogen sich auf unterschiedliche Altersgruppen. Während die SAJ die Jugendlichen zwischen 14 und 18 Jahren sammelte, sollten die Jungsozialisten die Alterskohorten der 18 bis 25-Jährigen binden und den meist steinigen Übergang in die SPD abfedern.

Außerdem kam den Jungsozialisten eine wichtige Rolle bei der Bildungsarbeit der SAJ zu. Die meisten Aktiven gingen nach ihrer Zeit in der SAJ allerdings nicht in die jungsozialistische Bewegung über, sondern engagierten sich entweder direkt in der SPD oder pausierten mit ihrem politischen Engagement. Anders als oft gedacht, lag dies aber nicht daran, dass die Jusos als Akademiker-Verband für Arbeiterjugendliche nicht attraktiv waren – im Gegenteil, soziologisch rekrutierte sich die Mitgliedschaft der Jungsozialisten ebenfalls ganz überwiegend aus der Arbeiterschaft. Ihre von älteren SPD-Genossen oft als arrogant wahrgenommene politische Bildung bezogen sie aus der eigenen internen Bildungsarbeit, aus Abendschulen, Wochenendkursen und dem Besuch von Heimvolkshochschulen. Die Verankerung der Sozialdemokratie an den Hochschulen blieb auch in der Weimarer Republik marginal. Erst 1923 gelang es einen Zusammenschluss sozialdemokratischer Studenten zu gründen, den »Verband sozialistischer Studentengruppen Deutschlands und Österreichs«.

Von Hofgeismar nach Hannoversch Münden

Am 11. Januar 1923 begann die Besetzung des Ruhrgebiets durch französische und belgische Truppen. Mit dem »Ruhrkampf« begann der passive Widerstand. Arbeiter streikten, die Verwaltung versuchte sich der Zusammenarbeit mit den Besetzern zu entziehen. »Passiv« war nicht gleich bedeutend mit friedlich, es kam zu bewaffneten Auseinandersetzungen mit der Besatzungsmacht, zu Gerichtsverfahren und Verurteilungen. Zudem war das Verhalten der Arbeitgeber ambivalent: Während sie und die ihnen nahestehenden Parteien im Reich den Widerstand forderten und nationale Parolen droschen, waren die Arbeitgeber im Ruhrgebiet durchaus zu Gesprächen mit der Besatzungsmacht bereit – wenn es etwa um die Einschränkung einiger Errungenschaften der Weimarer Republik wie beispielsweise den Acht-Stunden-Tag ging. Im Laufe des Jahres stieg die Inflation immer mehr, im August 1923 beispielsweise betrug die Preissteigerungsrate satte 1457 Prozent. Die Ausgaben für die Unterstützung des Widerstands im Ruhrgebiet und die galoppierende Inflation richteten die Staatsfinanzen zusehends zugrunde: Am 26. September wurde der Ruhrkampf beendet. Die Besetzung des Ruhrgebiets selbst hielt jedoch noch bis Juli/August 1925 an.

Inhaltlich bildete sich mit der Intensivierung der Arbeit der Jungsozialisten auf Reichsebene die Diskussion um die Bedeutung von Volk und Nation als entscheidendes Thema heraus. Hier waren auch Motive der alten freideutschen Jugendbewegung noch erkennbar. So beschrieb ein Artikel in den Jungsozialistischen Blättern 1923 das »Verhältnis von Volk und Führer« so: »Führertum ist Dienst an der Idee. Führer sind diejenigen, die eine nähere, innigere Beziehung zur Idee haben und die Idee ihres Volkes am reinsten verkörpern. (...) Nur Führer, die hoch über den heutigen sogenannten ›Weltanschauungsgegensätzen‹ stehen, die abseits von allem offenen und verdecktem Doktrinarismus allein der zutiefst verstandenen Idee, ›deutsches Volk‹ dienen zu wollen, werden den gewaltig anstürmenden Aufgaben gerecht werden.«[33]

Andere Debattenbeiträge beschreiben »Volk« als »Schicksalsgemeinschaft«. Volk sei gerade keine Interessengemeinschaft, keine Sprachgemeinschaft oder durch Landesgrenzen zusammengefasste Gruppe. Volk sei Kulturgemeinschaft. Das deutsche Volk erleide gegenwärtig eine unaussprechliche Not und eine Knechtung, wie sie selten große Völker in der Geschichte erlitten hätten, und diese Not müsse es ganz allein, als deutsches Volk, auskosten.[34] Und einer der führende Köpfe des späteren Hofgeismarkreises der Jungsozialisten, August Rathmann, schlug in dieselbe Kerbe: Auch wenn die deutsche Republik nicht alle Deutschen umfasse, so müsse sie doch Vorbild für alle Deutschen sein. Die Gebietsverluste nach dem Weltkrieg seien schmerzhaft. Zugleich müsse man anerkennen, dass ein Teil der anderen dort lebenden Völker gegen ihren Willen unter deutsche Herrschaft geraten seien. Rathmann endete mit dem Satz »Die deutsche Morgenröte wird kommen, und wir werden tun was um ihretwegen getan werden muss«.[35]

Karl Bröger, Schriftleiter der Jungsozialisten Blätter und Arbeiterdichter, schloss ein Gedicht in den Jungsozialistischen Blättern mit dem Ausruf ab:

»Mögen wir sterben!
Unseren Erben
Gilt dann die Pflicht:
Es zu erhalten
Und zu gestalten.
Deutschland stirbt nicht.«[36]

Doch schon früh gab es auch Kritik. So schrieb Franz Lepinski, später Reichsvorsitzender und einer der führenden Köpfe des linken Verbandsflügels in den Jungsozialistischen Blättern 1923, er habe für eine Beschränkung auf das »Völkische« keinen Sinn. Zudem seien gerade in Mitteleuropa die Konturen zwischen den einzelnen Kulturen stark verwischt. Ziel sei eine internationale Gemeinschaftsform, eine »übervölkische Volksgemeinschaft«.[37]

Lepinski, 1896 in Ostpreußen geboren, arbeitete zunächst als kaufmännischer Angestellter. Von 1914 an war er Jugendfunktionär der Angestelltengewerkschaft, ab 1921 dann Sekretär beim Vorstand des Zentralverbandes der Angestellten. Seit 1920 in der Arbeiterjugend aktiv, gehörte Lepinski innerhalb der Jungsozialisten zunächst zur Verbandsmitte. Auf der Reichskonferenz in Jena 1925 wurde er erstmals in die Reichsleitung der Jungsozialisten gewählt, der er dann bis 1931 die meiste Zeit als Vorsitzender angehörte. Den Krieg überdauerte Lepinski in Deutschland. Ab 1945 gehörte er in Thüringen wieder der SPD an, ab 1946 der SED. Zeitweilig war er Kulturdezernent in Erfurt. 1950 aus der SED ausgeschlossen, flüchtete er in die Bundesrepublik, wo er zunächst die Heimvolkshochschule Springe leitete – ein bei Jusos auch heute noch beliebter Tagungsort. Von 1956 an leitete er die Pressestelle des DGB und gehörte von 1959 bis 1961 auch dem Geschäftsführenden Bundesvorstand des DGB an. Lepinski starb 1977.

An der Kritik eher marxistisch orientierter Jungsozialisten bleibt vieles nachvollziehbar. So blieb der wirkliche politische Gehalt des Ringens um Volk und Nation unklar. Die Versuche, Sozialismus und Nation aufeinanderzubeziehen, wurden kaum ausbuchstabiert. Einzig das Argument, mit dem Bezug auf das deutsche Volk Gruppen der Arbeiterschaft bei der SPD zu halten, die sonst zu den Deutschnationalen abwandern könnten, scheint etwas Gehalt gehabt zu haben. Allerdings bleibt es unklar, was bei all dem Mystischen nun tatsächlich mit »deutsch« gemeint war.

Die innerverbandlichen Debatten bei den national orientierten führten Jusos zu einem Bedürfnis der Klärung und Begründung der eigenen Positionen sowie zum stärkeren organisatorischen Zusammenschluss. Für Ostern 1923 luden daher vor allem jungsozialistische Gruppen aus dem Ruhrgebiet zu einer Tagung ins hessische Hofgeismar ein. Das Programm der Tagung beinhaltete diverse Referate, die inhaltlich nicht alle in einer Linie standen. So referierten der Marburger Professor Paul Natorp über »Volk und Menschheit« und der Freiburger Nationalökonom Eduard Heimann über »Staat und Wirtschaft«.

Den Auftakt machte ein Vortrag Karl Brögers, der über »Deutscher Mensch und deutscher Geist« sprach: »(...) Was haben wir Jungsozialisten in dieser Zeit zu tun? Sofern es der Sinn aller bisher verlaufenen deutschen Geschichte ist, endlich die Einheit der Nation herzustellen, gibt es für uns keinen Gedanken, der uns mehr verpflichtet als der Gedanke dieser Einheit. Darin erblicke ich die große geschichtliche Bedeutung unserer jungen Republik, dass sie endlich einen ersten Schritt auf dem Wege dieser Einheit getan hat, dass sie bewusst und freudig Trägerin des deutschen Einheitsgedanken ist.«[38]

In der Folge von Brögers Rede kam es zu hitzigen Debatten, bei denen auch Positionen von Internationalismus und von Klassenkampf statt

Deutschtümelei deutlich wurden. Abends zogen die Teilnehmer auf einen nahegelegenen Berg, wo ein Feuer entzündet wurde. Die hitzigen Auseinandersetzungen gehen weiter, auch durch jeweils unterschiedlich gesungenes Liedgut. Die Jungsozialistischen Blätter beschreiben die Stimmung im Anschluss an die Auseinandersetzungen als gedrückt. Während Franz Osterroth den Abend mit den Worten »Es lebe Deutschland!« beendet, rufen andere Teilnehmer »Es lebe die Internationale!«

Walter Koch stellte »Romantischen Sozialismus« einem Sozialismus der Aufklärung gegenüber. Während der Aufklärer einem farblosen Kosmopolitismus huldige, erkenne der Romantiker die besondere Art des Volkes und aller menschlichen Verbände an. Der Satz von Descartes: »Ich denke, also bin ich«, sei durchaus volksfremd. »Das Volk lebt, fühlt, singt, glaubt und gestaltet mystisch, noch nicht wesensfern, gedanklich. (...) Bloße Aufklärung zerfetzt nur, gestaltet nicht schöpferisch.«[39]

Am prägnantesten fasste Alma d'Aigle die politischen Implikationen der Diskussion um das »Volk« zusammen.[40] Volk ist für sie etwas, was man nicht beweisen, sondern nur erleben könne. Volk sei wie eine Ehe Erlebnisgemeinschaft, Arbeitsgemeinschaft, Schicksalsgemeinschaft und Leidensgemeinschaft. Die Deutschen seien durch ihre Geschichte gezwungen, erst Staat zu sein bevor sie Volk werden könnten. Der Weg zur Volkwerdung der Deutschen liege weder im Krieg noch in der Ruhrbesetzung noch in äußerem Druck oder Entbehrungen, sondern im jahrzehntelangen, stillen und lauteren Schaffen dessen, was wir gern Jugendbewegung nennen, was aber in Wirklichkeit eine viel weitere geistige Strömung sei, die überall zu echten und letzten Werten wolle, die die dem Staat Leben geben werde. Im Staat vollziehe sich der Wille, Volk zu sein bzw. Volk zu werden. »Der Weg zur Erfüllung des Staatszwecks? Die Gestaltwerdung der Idee des Volkes im Volk und durch das Volk vermittels seiner Funktion Staat, das heißt uns Demokratie.«[41] Für die Sozialdemokratie folge daraus nicht nur ein Recht zur Macht, sondern eine Pflicht zur Macht.

Hier werden die Gedanken stärker auf die politischen Realitäten bezogen. Trotzdem bleibt es im Angesicht der tatsächlichen Herausforderungen, vor denen die Weimarer Republik wie auch die Sozialdemokratie standen, rätselhaft, was neben einer mystisch verklärten Volksgesamtheit eigentlich Aufgabe der Jungsozialisten und der Sozialdemokratie insgesamt sein sollte.

Wesentlich nüchterner ist das Referat des Rechtsprofessors und ehemaligen Justizministers Gustav Radbruch über »Volk im Staat«.[42] Radbruch beschreibt ausgehend von der Weimarer Reichsverfassung, wie parlamentarische Demokratie letztlich gesellschaftlich unterschiedlichen Interessen Ausdruck geben könne. In Abgrenzung zu marxistischen Ansätzen geht Radbruch nicht von einem Absterben des Staates aus, sondern verweist mit Engels auf die Handlungsmöglichkeiten der Arbeiterbewegung auch im demokratischen Verfassungsstaat. Zugleich habe die Demokratie die gesellschaftlichen Ungleichheiten aber noch nicht abschaffen können. Der demokratische Parlamentarismus reagiere auf die jeweils bestehenden Machtverhältnisse mit feinster Unterscheidungsempfindlichkeit. Demokratie sei nicht nur der Übergang zum Sozialismus, sondern wahrscheinlich auch im Sozialismus die Endform des sozialistischen Gemeinwesens.

Der 1878 in Lübeck geborene Gustav Radbruch war Universitätsprofessor für Strafrecht unter anderem in Heidelberg und Kiel. Gegen Ende des Ersten Weltkriegs schloss er sich der Sozialdemokratie an, für die er von 1920 bis 1924 im Reichstag saß. Zwei Mal gehörte er dem Kabinett als Reichsjustizminister an. In seine Amtszeiten fiel unter anderem die Öffnung der Justizberufe für Frauen. Außerdem engagierte er sich rechtspolitisch für das Recht auf Abtreibung und gegen die Todesstrafe. Innerparteilich gehörte Radbruch zu den die Republik bejahenden ethischen Sozialisten. Sein Büchlein »Kulturlehre des Sozialismus« zählte zu den wichtigsten Schriften dieses Denkansatzes in den 1920er-Jahren. Von den Nationalsozialisten 1933 sofort aus dem Professorenamt entlassen, blieb er in Deutschland. Nach Ende der Diktatur zunächst Mitglied der CDU, schloss er sich 1948 wieder der SPD an. Sein Ruf als Rechtsphilosoph hat bis heute Geltung. Radbruch starb 1949.

Den Abschluss der Tagung bildete ein Vortrag des Arbeitsrechtlers Hugo Sinzheimer.[43] Die Sozialdemokratie fordere den Sozialismus, weil er der Grundaufgabe des Menschen entspreche. Der Wert des Sozialismus liege im Wert des Menschen. Der Sozialismus sei nicht nur eine Veränderung der Dinge, sondern eine Erhebung des Menschen. Die Kraft der sozialistischen Bewegung erwachse nicht nur aus ihr selbst, sondern auch aus dem Umgang mit den Existenzbedingungen, die sie vorfinde. Die sozialistische Bewegung müsse deshalb Staat und Volk nicht nur bejahen, sondern auch Kräfte entwickeln, diese zu tragen und fortzuentwickeln.

Hugo Sinzheimer gilt als Begründer des modernen Arbeitsrechts in Deutschland. 1875 geboren, arbeitete er zunächst als Rechtsanwalt. 1920 wurde er Professor für Arbeitsrecht und Rechtssoziologie an der Universität Frankfurt und beriet unter anderem den ADGB und die Sozialdemokratie in Arbeitsrechts- und verfassungspolitischen Fragen. So gehörte er auch der Weimarer Nationalversammlung an und saß für die SPD im Frankfurter Stadtrat. Nach der Machtübertragung an die Nationalsozialisten floh Sinzheimer in die Niederlande, wo er an verschiedenen Universitäten arbeitete. Ein Fluchtversuch nach England im Monat der deutschen Besetzung der Niederlande scheiterte, so dass Sinzheimer mehrfach von den Deutschen verhaftet wurde. Bis Kriegsende verbarg er sich in Holland im Untergrund und starb kurz nach der Befreiung 1945 an den Folgen der erlittenen Entbehrungen.

Die Hofgeismarer Tagung löste kontroverse Debatten im Verband aus. Der Hannoveraner Jungsozialist Paul Witthöft äußerte sich scharf.[44] Kernvorwurf an die Hofgeismarer Tagung war, dass sie die realen Klassengegensätze der Gesellschaft hinter diffusen und abstrakten Überlegungen zum »Deutschsein« ignoriert hätten. Vor dem Hintergrund völlig unterschiedlicher Reichtumsverhältnisse von einer Volksgemeinschaft zu sprechen sei falsch. »Die besitzende Klasse wird nie die den Sozialismus gestaltende Klasse sein.[45]« Zudem würden der Nation auch in wirtschaftlicher Sicht Aufgaben zugeteilt, die aufgrund der zunehmenden Teilhabe an der Weltwirtschaft von der Nation gar nicht mehr geleistet werden könnten. »Höher als die Nation steht mir die Klasse«. »Ein ›Ideal-Nationalsozialismus‹ zum internationalen Sozialismus Karl Marx«. Als Grundlagen für die Arbeit der Jungsozialisten macht Witthöft den verschärften Klassenkampf und den historischen Materialismus aus. Anders als von Osterroth und anderen auf der Hofgeismarer Tagung unterstellt, ginge es am Thema vorbei zu problematisieren, der historische Materialismus »sei keine Idee«. Das solle er auch nicht, im Kern gehe es um die Feststellung, dass Menschen ihre Welt immer nur im Rahmen der wirtschaftlichen Rahmenbedingungen bestreiten könnten.[46] »Nicht national, sondern international auf dem Boden des Klassenkampfes wollen wir stehen.[47]« Auch die Verbindung zu bürgerlichen und rechten Bünden im Ruhrkampf lehnt Witthöft ab. Zum einen sei die reale Last des Ruhrkampfs einseitig bei den Arbeitern belassen, während die Kapitalseite an einem Ausbau ihrer Macht arbeite, zum anderen gehe es vielen der Bündnispartner gerade nicht um Kritik am französischen Militarismus, sondern um Abwertung der Franzosen insgesamt.

Auch die Frage, inwieweit der Staat Mittel zur Durchsetzung sozialistischer Wirtschafts- und Sozialpolitik sei, sei falsch gestellt. Es gehe um die Frage, inwieweit der aktuelle Staat dies sei. Und hier stellt Witthöft die Dominanz von Stinnes und anderen Kapitalisten fest.

In seiner Erwiderung[48] erklärte Franz Osterroth, sowohl Nation wie auch die Klassen wären Realität. Er sei aber der Überzeugung, dass »das Gesicht der deutschen Nation noch leuchten werde«, wenn der Klassenkampf der Geschichte angehöre. Auch für die Arbeiter gebe es mehr als nur den Klassenkampf, und dies müsse man anerkennen. Sowohl Klassenbewusstsein wie auch Nationalbewusstsein könnten zudem eine krankhafte Übersteigerung erfahren. Viel wichtiger ist für Osterroth aber die Kritik daran, dass auch Witthöft nicht habe sagen können, was denn »schärferer Klassenkampf« genau sei. Osterroth fürchtet, eine stärkere Klassenkampfrhetorik sei etwas, mit dem die breiten Massen nichts mehr anfangen könnten.

Franz Osterroth gehörte zu den Urgesteinen der sozialistischen Jugendbewegung. 1900 als Sohn eines sozialdemokratischen Partei- und Gewerkschaftsfunktionärs und späteren Landtagsabgeordneten geboren, engagierte er sich seit seinem 14. Geburtstag in Arbeiterjugend und Gewerkschaft. Nach Rückkehr aus dem Ersten Weltkrieg wurde er 1919 Jugendsekretär des Bergarbeiterverbandes in Bochum. Später arbeitete er unter anderem in Hamburg als Berufsberater für das Arbeitsamt sowie ab 1928 als Parteifunktionär in Magdeburg. Osterroth gehörte zu den Gründungsmitgliedern des Hofgeismarkreises und redigierte den »Politischen Rundbrief«. Von 1931 bis 1932 war er Bundesjugendleiter des Reichsbanners. Bis 1963 war er in Kiel Parteisekretär und engagierte sich als Historiker für die Geschichte der Arbeiterbewegung. Osterroth starb 1986 in Lübeck.

August Rathmann wurde noch deutlicher: Der Marxismus sei in der Realität richtigerweise schon lange keine Leitidee der Sozialdemokratie mehr gewesen. »Begriffe wie Proletariat, Klassenbewusstsein und Internationale wurden mit einem so starken positiven Gehalte erfüllt, dass der geschichtliche Nachweis ihrer politischen Unwirklichkeit zugleich den inneren Zusammenbruch der Bewegung bedeutete. Andere soziologische Gebilde wie Volk, Staat und Nation wurden nur durch die Brille der Negation betrachtet, so dass man der von ihnen später gestellten Forderung nach Führung nicht nachzukommen vermochte und dadurch die Möglichkeit erfolgreicher sozialistischer Politik verlor.«[49]

Otto Lamm antwortet mit einem emphatischen Bekenntnis zur Internationale: »Der Gedanke an eine Gemeinschaft mit dem Teil des deutschen Volkes, der sich um Hitler, Ludendorff, Westarp usw. gruppiert, ist für uns – das leuchtet doch wohl jedem ein – eine Perversität. Dagegen ist es eine Schicksalsfrage für das deutsche Volk, dass es sich endlich ideologisch von jenen Kreisen loslöst, die mitschuldig sind an dem Verbrechen, das in den Jahren 1914 bis 1918 an der Menschheit verübt wurde. Vielmehr erscheint mir eine Gemeinschaft zwischen den Anhängern einer Völkerverständigung – sowohl in Deutschland wie in den anderen europäischen Ländern (...) – schon eher im Bereich der Möglichkeit zu liegen. Die Vorkämpfer für Demokratie und Weltfrieden müssen sich zusammenschließen gegen die Internationale der Reaktion und des Nationalismus. (...) Der größte Feind des deutschen Volkes steht im eigenen Lande: Es ist der deutsche Nationalismus.«[50]

Scharfe Kritik an der starken Fokussierung auf das »Deutschsein« übte auch Franz Lepinski.[51] Noch sei das Wort »deutsch« nicht von dem Beigeschmack gesäubert, mit dem man es jahrelang verunreinigt habe. Es täten ihm einige Jahrzehnte Schonzeit gut. (...) Deutschland blute in der Tat aus vielen Wunden. Nur zu gerne werde aber vergessen, dass die Reparationszahlungen natürliche Folge des verlorenen Krieges seien, und die eigentliche Frage die sei, wie man als Land insgesamt diese Zahlungen gemeinsam aufbringen könne. Es entstünde aber der Eindruck, dass gerade diese Frage von den Apologeten des Deutschtums von einer ethischen und wirtschaftlichen Frage ins unkontrollierbar Mystische und Philosophische verschoben werde. Damit würde die Kausalität der Dinge verfälscht und zu nationalem Hass aufgepeitscht. Nicht mehr der verspielte Krieg, sondern der Mangel an nationalem Bewusstsein würde als Grund der Not herausgestellt.

Auf was die Suche nach dem »Deutschen« hinauslaufe, könnten zudem auch die Befürworter nicht wirklich sagen. Da werde bei einigen im Anblick deutscher Berge, Flüsse und Seen die »deutsche Idee« offenbart. Nicht bedacht würde, dass die Welt hinter den deutschen Grenzpfählen vielleicht noch schöner sei.

Im Ergebnis plädiert Lepinski für einen »Völkersozialismus«. »Darum heraus mit der nationalen Phrase aus der Politik! Der Ausgangspunkt für die Verwirklichung unserer politischen Ziele ist der deutsche Staat, die deutsche Republik. (...) Aber unsere Ziele gehen über diesen Staat hinaus. Sie sind immer noch übernational, internationalistisch!«

In eine ganz andere Richtung ging der im gleichen Heft der Jungsozialistischen Blätter veröffentlichte Aufruf »Kundgebung der deutschen Jugendverbände an die deutsche Jugend und das deutsche Volk«[52]. Der Aufruf löste im Verband eine große Kontroverse aus, zum einen aufgrund des Inhalts, zum anderen auch aufgrund der Unterzeichner.

Unter der Zwischenüberschrift »Wir lassen uns nicht auseinanderreißen« heißt es unter anderem: »Gerade nun halten wir Herz und Hände fester ineinander verschlungen, schwören unsere Treue zu unserem einen Deutschland aller Stämme und aller Länder. (...) Wir, die Vertreter der deutschen Jugendverbände, wissen, dass Deutschlands Jugend ein ganzes und unversehrtes, starkes und gerechtes Deutschland will. (...) Wir Vertreter der deutschen Jugend, die seit Jahren trotz aller Verschiedenheiten und Gegensätze der Weltanschauungen und Bestrebungen in gemeinsamer Arbeit zum Wohle der gesamten Jugend uns zusammengeschlossen haben, fordern, dass Parteien und Stämme Deutschlands sich dem höchsten Ziel unterordnen: Deutschlands Gesundheit, Einheit und Freiheit!«

Unterzeichnet wurde der Aufruf namentlich neben dem Vorsitzenden des Ausschusses deutscher Jugendverbände, Carl Mofterts, auch von Erich Ollenhauer als Zweiten Vorsitzenden. Zu den unterzeichnenden Verbänden gehörten neben Jungsozialisten und SAJ auch die Jugend des ADGB, evangelische, katholische und jüdische Verbände, Pfadfinder und Wandervogel, aber unter anderem auch der Jungdeutschlandbund und die Bismarck-Jugend der DNVP.

Dieser Aufruf stieß bei mehreren örtlichen Gliederungen der Jungsozialisten auf scharfe Kritik. So formulierten Vertreter des Juso-Bezirks Ostsachsen vor dem Hintergrund der Zuspitzung der wirtschaftlichen Gegensätze sei jede Betonung der innenpolitischen Einigkeit nichts anderes als Unterwerfung unter das Unternehmertum. Zudem forderten die Sachsen, die Zusammenarbeit mit dem Reichsausschuss deutscher Jugendverbände zu lösen, da die unpolitischen Themen der Jugendbewegung auch auf anderen Wegen gewahrt werden könnten. Im Ergebnis in eine ähnliche Richtung ging auch der Bericht von Siegfried Marck über die Beratungen der Breslauer Jungsozialisten. Neben der Vernachlässigung des Klassenkampfgedankens wurde hier auch kritisiert, dass der Aufruf ein klares Bekenntnis zur deutschen Republik vermeide. Karl Bröger wehrte sich in seiner Antwort. Die unterzeichnenden Verbände seien republikanisch, alles andere seien Unterstellungen. Sie seien zudem Teil der deutschen Jugendbewegung, unabhängig von ihren Beschlüssen in anderen Fragen.

Ende Oktober und Anfang November ging die Reichsregierung mit Gewalt gegen die SPD-KPD-Koalitionsregierungen in Thüringen und Sachsen vor. Eine Reichsexekution gegen das kaum noch an Weisungen aus Berlin gebundene Bayern unterblieb demgegenüber. Am 8. und 9. November erlebte München einen Putschversuch der Nationalsozialisten. Die Währungsreform mit der Umwandlung in die »Rentenmark« zum Wert von einer Billion Papiermark trug zur Eindämmung der Inflation bei. Die Reichstagswahlen vom 4. Mai 1924 brachten starke Gewinne für die DNVP, die auf 19,5 Prozent kam, und die KPD, die 12,6 Prozent erreichte. Die SPD blieb mit 20,5 Prozent stabil, fiel aber hinter die letztmaligen Einzelergebnissen von SPD und USPD zurück.

Die in Hofgeismar versammelten Jungsozialisten bildeten keine homogene Gruppe. Während ein Teil klar auf die Sozialdemokratie orientiert war, und dort trotz abstrakter Diskussionen über Staat und Nation durchaus pragmatisch mitarbeitete, drifteten andere weiter nach rechts ab. So bezog sich auch der Gründer der Zeitschrift »Freischar. Blätter der neuen Bereitschaft«, Artur Zickler, positiv auf die Tagung von Hofgeismar. Auch die Autoren der Jungsozialistischen Blätter, Walter Spengler und Walther G. Oschilewski, publizierten hier – neben späteren intellektuellen Wegbereitern der Nationalsozialisten wie Oswald Spengler und Moeller van den Bruck.

Die Tagung von Hofgeismar und die Diskussionen um Volk und Nation bei den Jungsozialisten blieben nicht ohne Resonanz im Verband. In Heft 30 der Zeitschrift »Sozialistische Politik und Wirtschaft« (spw) der SPD-Linken veröffentliche August Bolte im Namen der Jungsozialistischen Vereinigung Hannover einen kurzen Aufruf:

»In Deutschland grassiert die nationalistische Welle, deren Auswirkungen auch innerhalb der jungsozialistischen Bewegung Probleme wie ›Volksgemeinschaft oder Klassenkampf‹ aufgeworfen haben. Die hannoverschen Jungsozialisten planen, zu Pfingsten nach Hannoversch-Münden eine Konferenz einzuberufen, deren Programm ein Bekenntnis zu Marxismus und Klassenkampf sein soll. Die Themata, die zur Diskussion stehen werden, sind folgende: ›Die Vereinigten Staaten von Europa‹, ›Stand und Aufgaben des internationalen Proletariats‹, ›Klassenkampf oder Volksgemeinschaft‹. (...) Alle auf dem Boden des Marxismus stehenden Jugendgenossinnen und -genossen bitten wir im Interesse unserer und der Arbeiterbewegung zum zahlreichen Besuch unserer Tagung.«[53]

Das Unbehagen mit den Diskussionen um »Nation« und »Volksgemeinschaft« hatte sich bei vielen Jungsozialisten seit langem gebildet. Dabei ging es sowohl um die Frage, ob ein gesteigerter Nationalismus im Anbetracht der deutschen Mitschuld am Ausbruch des Ersten Weltkrieges wirklich die richtige Erkenntnis aus der Geschichte sein könnte, vor allem aber um die Frage, ob der Verweis auf die »Volksgemeinschaft« und das daraus folgende Gebot an alle Deutschen, zusammenzustehen, nicht gerade vonseiten der Arbeitgeber und der Deutschnationalen in die öffentliche Diskussion gebracht würde, um den Blick auf die eigentlich bestehenden Klassenauseinandersetzungen zu verstellen. Gerade das harte Vorgehen der Arbeitgeber gegen Gewerkschaften und bislang errungene Rechte unmittelbar nach dem Ende Ruhrkampfes hätte zudem gezeigt, wie ernst es der Kapitalseite wirklich mit der »Volksgemeinschaft« wäre.

Auf der Linken kam es dabei zu einem Bündnis zweier Gruppen, die sich inhaltlich deutlich unterschieden: Neben die marxistisch orientierten Gruppen traten Angehörige des »Internationalen Jugendbundes«, der sich an der neu-kantianischen Philosophie des Göttinger Privatgelehrten und außerordentlichen Professors Leonard Nelson orientierte. Die »Nelsonianer« bildeten einen straff geführten Zusammenhang, der auf Disziplin sowohl in politischen Fragen wie auch bei der persönlichen Lebensgestaltung viel Wert legte: Alkohol und Nikotin waren genauso verpönt wie vegetarische Kost verpflichtend war. Nelson erkannte Marx und Engels als wichtige Theoretiker der sozialistischen Bewegung an. Er machte allerdings im Konzept des »historischen Materialismus« die Vorstellung eines natürlichen Gangs der Geschichte aus, die den Realitäten entgegenstehe. Die Einheit der Arbeiterklasse lasse sich nicht durch das schlichte Bewusstmachen der eigenen sozialen Zusammen-

Hermann Heller im Kreis einer Gruppe Leipziger Jungsozialisten (1924).

gehörigkeit, sondern nur durch die Vermittlung einer sozialistischen Ethik herstellen. Da Nelson andererseits die grundsätzlichen kapitalismus-überwindenden Perspektiven der marxistischen Jungsozialisten teilte und zudem überzeugter Internationalist war, fielen die Schnittmengen für die praktische Arbeit im jungsozialistischen Verband zwischen beiden Gruppen recht groß aus.

Zahlenmäßig war die Anhängerschaft Nelsons nicht groß, aufgrund ihrer straffen Struktur und ihres engen Zusammenhalts konnten sie aber in einigen Bezirken der Jungsozialisten führende Rollen übernehmen. So war der Vorsitzende des Bezirks Hannover, August Bolte, ebenso Nelsonianer wie die aktive Berliner Jungsozialistin Maria Hodann. Willi Eichler, der Privatsekretär Nelsons, spielte ebenfalls eine wichtige Rolle im Verband.

Die Jungsozialistischen Blätter boten wie bei der Hofgeismarer Tagung auch einen eigenen Schwerpunkt mit dem Abdruck der Referate der Tagung von Hannoversch Münden und von weiteren Texten an. In seinem Referat »Vereinigte Staaten von Europa« ging Hermann Kranold vor allem auf die aktuelle weltwirtschaftliche Situation und die Verschiebung ihres Schwerpunkts auf Amerika sowie die Erweiterung um weitere außereuropäische Länder ein. Georg Engelbert Graf versuchte in seinem Referat, die Bedeutung des Klassenkampfes für die politische Strategie und Praxis herauszustellen.[54] Klasse sei ein vorwiegend sozialer, Volk ein vorwiegend politischer Begriff. Der Gedanke des Kampfes zwischen der Klasse, die ihre Macht zu verlieren droht, und der Klasse, die die Macht gewinnen will, sei zentral. Sie werde durch die Bezugnahme auf die Volksgemeinschaft verdeckt. Ein Verzicht auf den Klassenkampf und eine Beschränkung auf die Aufgaben der Volksgemeinschaft bedeute auch den Verzicht auf das treibende dynamische Prinzip der Gesellschaft, bedeute einen Verzicht auf die Dialektik des historischen Materialismus. Demokratie und Republik drohten zu einem Fetisch des Proletariats zu werden. Statt auch den heutigen bürgerlichen Staat zu überwinden, finde man sich mit ihm ab und sei lediglich bestrebt, sich einigermaßen erträglich in ihm einzurichten und die demokratische und kulturelle Emanzipation der Individuen an Stelle der Überwindung der Klassen durch die soziale Revolution zu setzen. Es sei eine bittere Täuschung zu glauben, man könne diesen Staat dadurch erobern, dass man sich in ihn eingliedere. Karl Sperling schrieb, der Kapitalismus habe sich bereits stark internationalisiert, die Arbeiterbewegung müsse dem folgen.[55]

Der Hannoveraner Kreis brachte kurzzeitig auch eine eigene Beilage zur spw heraus, »Der junge Parteigenosse«. Themen waren beispielsweise »Demokratisierung und Parlamentarisierung der Verwaltung« und »Kriegsdienstverweigerung und Pazifismus«. Die Staatsdiskussion bei den Hannoveranern formulierte Karl Sperling in »Der junge Parteigenosse« so: »Die Gesellschaft ist von Klassenkämpfen bestimmt, die Kämpfe innerhalb des Staates finden nicht zwischen ›zufällig zusammengewürfelten‹« Menschengruppen statt, sondern zwischen solchen, die die gleiche Lage haben.[56] Der Staat sei seiner Natur und seinem Wesen nach ein Klassenstaat. Seiner Entstehung nach sei der Staat eine Einrichtung, welche von einer siegreichen Gruppe einer besiegten aufgezwungen wurde. »Der Staat hat also die Form der Herrschaft und sein Inhalt ist die wirtschaftliche Ausbeutung der unterdrückten Klasse.[57]« Die Ausbeutung einer Klasse durch die andere, durch staatliche Gesetze sanktioniert, bestehe weiter. Die Form des Staates sei nicht entscheidend, sondern der Inhalt. Deshalb könne diese Republik nicht Endziel sein. Sie könne und dürfe nur bedeuten: ein besserer Kampfesboden für die viel weiteren Klassenziele zu sein.

Diskutiert wurde in den Jungsozialistischen Blättern im Jahr 1924 zudem das Thema Schulreform. Karl Bröger gab das Amt des Redakteurs im Sommer 1924, durch die innerverbandlichen Auseinandersetzungen entnervt, ab. Kommissarisch übernahm dafür Max Westphal.

Die Hofgeismarer führten eine mit etwa 80 Teilnehmern besuchte »Außenpolitische Woche« im Sommer im hessischen Gudensberg durch. Die Teilnehmenden lauschten Vorträge unter anderem von Theodor Haubach (»Jungsozialisten und Außenpolitik«) und Hermann Heller (»England«) sowie weiteren Vorträgen, unter anderem zu Russland. Mit dem »Politischen Rundbrief« gab der Hofgeismarkreis zudem eine eigene kleine Zeitschrift heraus, die allerdings über fünf Ausgaben nicht hinauskommen sollte.

Am 29. August 1924 billigte der Reichstag den »Dawes-Plan«, der eine Neustrukturierung der Ratenzahlungen für die Kriegsschulden sowie Kredithilfe für Deutschland vorsah. Die vorzeitige Reichstagswahl zum Jahresende stärkte die SPD, die nun auf 26 Prozent kam, während die KPD mit 9 Prozent leichte Verluste hinnehmen musste. Der Anteil der DNVP blieb fast unverändert bei 20,5 Prozent.

Wem nützt die Republik?

Die Vereinigung von USPD und SPD, aber auch die weitere Zurückdrängung des sozialdemokratischen Einflusses im Reich führten zur Verabschiedung eines neuen Programms auf dem Parteitag im September 1925 in Heidelberg. Das »Heidelberger Programm« bedeutete in gewisser Weise eine Rückbesinnung auf die marxistischen Wurzeln der Sozialdemokratie. Mit der Forderung nach den »Vereinigten Staaten von Europa« versuchte die Partei zudem, dem zunehmenden Chauvinismus im Lande eine positive Perspektive entgegenzusetzen.

Neben SAJ und Jungsozialisten entwickelten sich im Umfeld der Sozialdemokratie weitere Jugendverbände. Für die Altersgruppe unterhalb der SAJ bestand die »Reichsarbeitsgemeinschaft der Kinderfreunde«, in der vor allem der bekannte sozialdemokratische Pädagoge und spätere Reichstagsabgeordnete Kurt Löwenstein eine wichtige Rolle spielte. Die jungen Arbeitersportlerinnen und Arbeitersportler organisierten sich im Arbeiter-Turn- und Sportbund (ATSB), und auch die Naturfreunde gründeten eigene Jugendgruppen. Auch das Reichsbanner Schwarz-Rot-Gold baute mit dem Jungbanner eine eigene Jugendarbeit auf. Daneben organisierten sich Jugendliche auch in den weiteren Organisationen der Arbeiterjugend, so bei den Esperanto-Freunden, in der Freidenker-Bewegung oder im Arbeiter-Samariter-Bund (ASB). Eine wichtige Rolle nahm auch die Jugend der Freien Gewerkschaften ein. Hatte bis Anfang der 1920er-Jahre noch ein gemeinsamer Zusammenhang mit den Verbänden der Arbeiterjugend bestanden, so hielten die Jugendverbände im ADAV bedingt durch die verfestigte Spaltung in der Arbeiterbewegung fortan Abstand. Personelle Überschneidungen gab es jedoch an vielen Stellen, so war August Rathmann lange Zeit Sekretär beim Bergbau-Verband in Bochum, während sein politischer Kontrahent Franz Lepinski beim Vorstand des Zentralverbands der Angestellten arbeitete.

Den Daten einer Volks- und Berufszählung aus dem Jahr 1925 zur Folge waren von 32 Millionen Erwerbspersonen 42,1 Prozent im produzierenden Gewerbe, 30,5 Prozent in der Land- und Forstwirtschaft und 27,4 Prozent im Dienstleistungssektor. In Betrieben mit mehr als 50 Beschäftigten war etwa die Hälfte der gewerblichen Arbeitnehmer beschäftigt. Mit 50 Prozent wurde genau die Hälfte aller Beschäftigten als Arbeiter erfasst, 17,3 Prozent als Angestellte und Beamte, 15,6 Prozent als Selbstständige und 17,0 Prozent als deren mithelfende Familienangehörige. Zudem war die regionale Verteilung der einzelnen Gruppen sehr unterschiedlich. Auswirkungen hatte dies auch auf die Hochburgen der Parteien. Während die KPD in industrialisierten Ballungsräumen wie dem Ruhrgebiet deutlich überdurchschnittlich abschnitt, erreichte die DNVP im ländlichen Pommern oft mehr als zwei Drittel der abgegebenen Stimmen.

Am 15. Januar 1925 traten in das Kabinett des Zentrums-Politikers Luther erstmals auch Vertreter der DNVP ein. Die Sozialdemokratie war wieder nicht an der Regierungsbildung beteiligt. Am 8. September 1925 wurde Deutschland in den Völkerbund aufgenommen.

Mit der Konsolidierung zweier Strömungen spitzte sich die inhaltliche Auseinandersetzung im Verband auch organisatorisch zu. Die Reichskonferenz in Jena sollte Austragungsort der politischen Differenzen werden. Am Rande einer Reichsausschusssitzung in Berlin am 18. Januar 1925 wurden dazu die organisatorischen Grundlagen gelegt. Auf einem Treffen von Vertretern beider Strömungen im Vorfeld der Sitzung wurde vereinbart, den bisherigen Reichsausschuss in eine Reichsleitung umzuwandeln, die auch die inhaltliche Führung des Verbandes leisten sollte. Der Reichsauschuss sollte nun mit Vertretern der Bezirke zum Kontrollorgan der Reichsleitung werden. Die Reichsleitung sollte für die Veranstaltungen der Arbeitswochen zuständig sein, eigene Arbeitswochen der Strömungen nur dann abgehalten werden, wenn sie mit dem Terminkalender des Verbandes nicht kollidierten, und wenn für sie zwingende inhaltliche Notwendigkeiten nachgewiesen werden könnten. Keine Einigung konnte in der Frage erzielt werden, ob auch die inhaltlichen Auseinandersetzungen komplett in die Jungsozialistischen Blätter verlegt werden sollten und auf die Herausgabe eigener Publikationen durch die Strömungen nun verzichtet werden sollte.

Auf der Reichsausschusssitzung stellte Otto Lamm die Ergebnisse einer Fragebogenumfrage unter den jungsozialistischen Gruppen vor. Danach hatten sich 90 Gruppen an der Umfrage beteiligt; mit insgesamt 2920 Mitgliedern, von denen 2034 männlich und 886 weiblich waren. Die Organisation der Gruppen sei in vielen Fällen sehr lose, meist bestehe als Führung lediglich ein Vertrauensmann. Die Erhebung eines Mitgliedsbeitrags hielten 30 Prozent der Gruppen für überflüssig, 10 Prozent würden auf freiwilliger Basis bei Gruppenabenden Geld einsammeln, der Rest nehme bei seinen Mitgliedern Beiträge zwischen 15 und 60 Pfennige im Monat. Die Beziehungen zur Partei seien in den meisten Fällen gut, in der Regel seien die örtlichen Aktiven auch Mitglied der Partei. Die Diskussionen auf Reichsebene würden sich auch in den Ortsgruppen wiederfinden: Stellung zum Staat, national und international, Marxismus und Volksgemeinschaft, Kirche und Religion. Gerade die unklare Haltung zur Beitragsfrage sei für den Verband ein Problem, da die Gremienarbeit und größere Veranstaltungen nur mit Unterstützung dritter durchgeführt werden könnten.

Zum Ablauf der Reichskonferenz wurde vereinbart, in den Mittelpunkt der Debatten das Thema »Nation, Staat, Sozialdemokratie« zu stellen. Hauptreferent sollte der den Hofgeismarern nahestehende Hermann Heller, Ko-Referent der den marxistischen Jungsozialisten gewogene Max Adler werden.

Im Vorfeld der Konferenz veröffentlichten die Flügel eigene kurze Texte in den Jungsozialistischen Blättern zu ihren Erwartungen an die Tagung. Franz Osterroth schlug dabei für den Hofgeismarkreis durchaus versöhnliche Töne an. Die Jungen in der Partei müssten gemeinsam um mehr Einfluss kämpfen. Die Grundgedanken des Hofgeismarkreises bewegten sich seit der Gründung um Volk und Staat. Die deutsche

Situation begründe eine gründliche Prüfung der theoretischen Grundlagen des Sozialismus und seiner Praxis. Der Hofgeismarerkreis wolle eine aus »Erkenntnis und Innerlichkeit« kommende, nicht bloß taktisch-opportunistische Bejahung des deutschen Nationalstaats. Mit dieser Haltung seien aber keinesfalls der eigenständige Kampf der Arbeiterklasse und ihre sozialen Ziele aufgegeben. Den Hofgeismarkreis ziehe es mehr zur Tat als zur Kritik. Ältere und jüngere, Hofgeismarer und Hannoveraner könnten alle ihren Platz in der jungsozialistischen Bewegung haben: »Wer von jugendlichem Geist und Wollen getragen ist, wird auch mit den Jungsozialisten anderer politischer Anschauungen sachliche Auseinandersetzung und sachliche Mitarbeit pflegen. Er wird auch mit ihm Schulter an Schulter um das Recht der Jugend in der Arbeiterbewegung ringen.«[58]

Für die »Hannoveraner« griff Maria Hodann zur Feder.[59] Die Jungsozialisten gehörten nicht zur Jugendbewegung: »Wir haben als Sozialisten andere Wege zu gehen als die nationalen, völkischen, demokratischen, klerikalen und politischen Jugendbünde, so viel gemeinsames auch in ihrer aller Lebensform und Lebensgestaltung sein mag.« Letztlich habe die Sozialdemokratie mittlerweile den Einfluss auf die von ihr geschaffene Republik verloren. »Dies ist also nicht unser Staat, und dies ist noch nicht unsere Republik.[60]« »Unser Bekenntnis zum Klassenkampf und zur internationalen Kampffront der sozialistischen Arbeiterschaft ist nicht romantisch wie das Bekenntnis des Hofgeismarkreises zu Volk und Staat es ist. Es ist rational; denn es hält der Kritik des Verstandes, der Analyse der bestehenden gesellschaftlichen Verhältnisse, wie sie Karl Marx uns gelehrt hat, stand. Aber es schöpft seine Kraft nicht aus der Analyse des Verstandes. Das Gefühl der Empörung gegen jede Form der Ausbeutung gibt uns Kraft und verbindet uns mit den Proletariern aller Länder. Wenn wir uns nicht immer wieder, wie 1914, ins Schlepptau einer »nationalen« bürgerlichen Politik nehmen lassen, kann dies Gefühl der Auflehnung gegen die Unterdrückung über alle Grenzen hinaus entfacht und – wenn auch erst in weiter Zukunft – zu einer organisierten internationalen Macht werden.«[61]

Dass die Lage im Verband keineswegs nur auf eine Auseinandersetzung zweier Flügel hinauslief, zeigt der Beitrag »Für die Mitte« von E. Nacken.[62] Die heutige Jungsozialistische Vereinigung sei nicht mehr Bindeglied zwischen Arbeiterjugend und Partei. Die heutige Jungsozialistische Bewegung scheine vielen Außenstehenden aber leider auch vielen Mitgliedern als eine Bewegung mit ganz ausgesprochenen Selbstzwecken, nämlich neben die alte Partei etwas neues, entweder »Nationalistisches« oder »Marxistisches« zu stellen. Würde der Richtungsstreit beendet, würden den Jungsozialisten schnell viele neue Mitglieder zuströmen. Die Scheidelinie sei zwischen den »Richtungen« und der Mitte, zwischen »Jungspezialisten und Jungsozialisten«.

Die 111 Delegierten aus 75 Ortsgruppen sowie die 11 stimmberechtigten Mitglieder des Reichsausschusses traten am 12. und 13. April in Jena zusammen. Beginn der Tagung war am Ostersonntag um 9 Uhr im örtlichen Gewerkschaftshaus.

Der für den Hofgeismarkreis antretende Hermann Heller gehörte zu den wichtigsten sozialdemokratischen Verfassungstheoretikern der Weimarer Republik. Heller, 1891 geboren, hatte sich gegen Kriegsende in Kiel habilitiert. In die SPD trat er unter explizitem Hinweis auf seine Ablehnung des historischen Materialismus sowie des Internationalismus ein. Politisch engagierte er sich vor allem in der Volkshochschulbewegung. Trotz seiner intellektuellen Brillanz wurde er erst 1932 zum ordentlichen Professor für Öffentliches Recht in Frankfurt ernannt. 1933 als Jude und Sozialist aus Deutschland vertrieben, verstarb er noch im selben Jahr im Exil in Madrid. Seine posthum herausgegebene »Staatslehre« gehörte in der frühen Bundesrepublik zu den wichtigsten Anknüpfungspunkten auch für marxistische Verfassungstheoretiker, da Heller dort eine soziologische Staatstheorie entwickelte, die die parlamentarische Demokratie als Boden für die Auseinandersetzung zwischen den widerstreitenden Klassen begriff, und damit die Möglichkeit sozialistischer Veränderungen auch im Rahmen einer rechtsstaatlichen Verfassung aufzeigte. Vor allem Wolfgang Abendroth versuchte unter Bezugnahme auf Heller hier einen Brückenschlag zwischen dem Verfassungsrecht der Bundesrepublik und den sozialdemokratischen Theoretikern der Weimarer Republik zu schlagen.

Hermann Heller begann die Aussprache mit seinem Referat. Thema sei das Verhältnis der Sozialdemokratie zu Staat und Nation, nicht »Staat, Nation und Sozialismus«[63]. Somit handele es sich vor allem um eine praktische Frage der Politik. Unter Berufung auf Lassalle entwickelt Heller sodann ein positives Verständnis vom Staat. Marx und Engels seien mit ihrer Ablehnung des Staates zu überwinden. Es sei die missliche Lage in der deutschen Sozialdemokratie, dass diese – anders als die Parteifreunde in anderen Ländern – durch die Erfahrung staatlicher Unterdrückung des Kaiserreichs geprägt worden seien. Die ganze aktuelle Auseinandersetzung sei zudem problematisch, da sich in der Praxis fast alle Sozialisten zur positiven Mitarbeit im Staate bekannt hätten, so beispielsweise auch die wissenschaftlichen Gewährspersonen der Staatsverneiner Otto Bauer, Rudolf Hilferding und Karl Renner. Daher sei auch unklar, um was der Streit denn tatsächlich ginge. Kein vernünftiger Mensch könne den Staat als Einrichtung ablehnen. Den Klassencharakter des heutigen Staates wolle er nicht leugnen, aber die deutsche Republik sei ein sehr bedeutsamer Schritt zur Verwirklichung der sozialistischen Ziele. »Die Weltgeschichte wartet eben nicht, bis unser Staat auf der Höhe ist. Hier liegt nun das Interesse des Sozialisten am gegenwärtigen Staat.«[64] »Rein juristisch gesehen brauchte auch nicht ein Strich an der Weimarer Verfassung geändert zu werden, um nicht ebenso gut für eine sozialistische Organisation Platz zu bieten. Hier liegt also nicht das Hindernis an der politischen Form, sondern an der mangelnden sozialistischen Macht.«[65] »Politik ohne Staat ist Zuckerwasser ohne Zucker. Jede Politik erstrebt die Umsetzung gesellschaftlicher Machtansprüche in staatliches Recht. (...) Es ist darum falsch zu sagen: Klassenpolitik gegen Staatspolitik. (...) Wir können nichts für die Klasse erreichen, es sei denn innerhalb des Staates.«[66]

Max Adler bekam die Gelegenheit, mit seinem Co-Referat unmittelbar auf Heller zu reagieren.[67] Adler leitete ein, dass der Staat eine Zwangsorganisation sei, sei klar. Dies sei der formale Staatsbegriff. Damit werde aber noch nichts gesagt. Entscheidend sei die Frage: Von was für einem Staat sprichst Du, vom Klassenstaate oder von einer ganz anderen, klassenlosen Gesellschaftsform? Wer vom »Wesen des Staates« spreche, benutze eine unwissenschaftliche, rein ideologische Betrachtungsweise. Der Marxismus sei keine Weltanschauung, sondern eine Soziologie. Entscheidend sei, dass alles gesellschaftliche Leben ein historischer Prozess sei. Ein Marxist werde daher niemals von »der« Gesellschaft, von »dem« Staat, von »der« Nation schlechthin sprechen, weil über den formalen Inhalt hinaus diese Begriffe völlig unbestimmt seien.

Ohne Zwangsordnung sei ein gesellschaftliches Leben nicht möglich. Die wichtigste Frage sei aber, welche Beschaffenheit die Zwangsordnung habe. Bei allen Unterschieden der historischen Entwicklung gebe es im

Wesentlichen zwei grundverschiedene Formen: die solidarische und die unsolidarische. Heute würden wir in einer unsolidarischen Gesellschaft leben, in der Gesellschaft der Klassengegensätze. Wenn die marxistische Theorie von der Abschaffung des Staates spreche, so meine sie die Beseitigung des Klassenstaates und nicht die der Zwangsordnung überhaupt. Auch »Nation« sei ein soziologischer Begriff. Bisher sei Nation zudem immer nur eine Kulturgemeinschaft der herrschenden Klassen gewesen, nur jenseits des Staates könne die Nation verwirklicht werden.

»Unser Reich, unsere Heimat in Staat und Volk ist nicht von dieser kapitalistischen Welt, sonder ist erst zu begründen in der sozialistischen Gesellschaft. Und das ist unsere Aufgabe, das die Grundlage aller sozialistischen Politik: diesen Geist wieder allgemein im Proletariat lebendig zu machen (...).[68]«

Max Adler markierte mit seinem Schaffen den »linken Flügel« des Austromarxismus. Der 1873 in Wien geborene Jurist engagierte sich früh in der Sozialdemokratie und gehörte mit zu den Begründern der Austromarxistischen Theorieschule. In der Weimarer Republik gehörte er auch zu den maßgeblichen Intellektuellen des linken SPD-Flügels. Adler verband in seinen Werken marxistisches Denken mit ethischen Überlegungen, vor allem unter Bezugnahme auf Kant. Sein praktischer Einfluss auf die Politik blieb beschränkt; er hatte nie höhere Staats- oder Parteiämter inne. Die Auseinandersetzung mit Hermann Heller, aber auch mit Hans Kelsen, gehört zu den spannendsten Kapiteln sozialdemokratischer Staatsdiskussion. Adler starb 1937 in Wien.

Die folgende Aussprache war erbittert. Während Vertreter der Hofgeismarer den Vorwurf, den Marxismus abzulehnen und die Klassengesellschaft nicht zu beachten, ablehnten, warfen Anhänger des Hannoveraner Kreises ihnen vor, die Nation über alles zu stellen – bis hin zu völkischen und tendenziell antisemitischen Anklängen. Auf die konkreten Argumente aus den beiden Referaten wurde kaum eingegangen.

Gegen Ende der Aussprache wurde dann eine Resolution eingebracht, die mit den Sätzen begann: »Die Jungsozialistische Reichskonferenz beschließt nach Anhören der Referate Heller (Leipzig) und Adler (Wien): Die Jungsozialisten als politische Jugend lehnen die nationale Romantik des Hofgeismarkreises entschieden ab (...)«.[69]

Der Antrag führte zu großer Aufgeregtheit. Haubach für die Hofgeismarer stellte fest, über das Ergebnis der Diskussion könne man nicht abstimmen, durch Abstimmen könne man doch nicht entscheiden, was richtig oder falsch sei. Willi Eichler für die Hannoveraner entgegnete, man dürfe sehr wohl abstimmen, da es sich um eine Frage der politischen Taktik handele. Die Hofgeismarer hätten wohl Angst vor der Niederlage. Mit der Begründung, die Mandatsprüfungskommission könne nicht mehr rechtzeitig gehört werden, wurde die Abstimmung auf den folgenden Tag verschoben. Die letztendlich verabschiedete Resolution war kurz und knapp:

»Die Jungsozialisten als politische Bewegung lehnen die nationale Romantik in jeder Form entschieden ab. Von der bloßen Betonung der republikanischen Staatsnotwendigkeiten mit den daraus entspringenden Konzessionen an das bürgerliche Denken befürchtet die Reichskonferenz eine Verwässerung des proletarisch-revolutionären Klassenkampfes. Die heutige Demokratie stützt sich nur auf die Gleichwertigkeit des Stimmzettels, läßt jedoch die ökonomische Ungleichheit der Menschen bestehen, sie verschleiert also nur die Klassengegensätze. Die Reichskonferenz ist sich darüber klar, dass das sozialistische Proletariat dem bürgerlichen Klassenstaat gegenüber keine staatspolitische Verantwortung übernehmen darf, wenn dies dem Interesse des internationalen proletarischen Klassenkampfs widerspricht.«[70]

Die Tagung ging weiter. Max Westphal führte in seinem Geschäftsbericht aus, die Organisation sei zwar klein, aber damit sei noch nichts über ihren Geist gesagt. Beim Reichsausschuss seien bis heute 179 Gruppen gemeldet, mit ungefähr 4000 Mitgliedern. Problematisch sei nach wie vor die Zahlungsmoral der Mitglieder, was auch die Jungsozialistischen Blätter betreffe.

Die vom Reichsausschuss vorbereitete Änderung der Organisationsstruktur wurde durch die Konferenz umgesetzt. Die neue Reichsleitung bestand aus sieben Mitgliedern, entsprechend der Vereinbarung zwischen den Flügeln aus je zwei »Hofgeismarern« und »Hannoveranern« sowie aus drei Berliner Vertretern.

Einstimmig gewählt wurden Scholz, Dahrendorf, Osterroth, Lamm, Lepinski, Keller, und Hodann. Als Redakteur der Jungsozialistischen Blätter wurde Georg Engelbert Graf mit 75 zu 42 Stimmen gegen Max Westphal gewählt.

Georg Engelbert Graf, 1881 geboren, hatte zwei Mal das Studium abgebrochen und zunächst als Hilfslehrer gearbeitet. SPD-Mitglied seit

1908, gehörte er nach Kriegsende zunächst der USPD an und kehrte 1922 zur SPD zurück. Von 1919 bis 1921 war er als Lehrer an der Heimvolkshochschule Schloß Tinz tätig, ab 1921 dann Leiter der Bildungsarbeit des Deutschen Metallarbeiter-Verbandes. Daneben lehrte er unter anderem an Volkshochschulen, vor Jungsozialisten und an der Akademie der Arbeit in Frankfurt. Bereits als Mitglied der USPD hatte er die »Zeitschrift der Sozialistischen Proletarier-Jugend« redigiert, so dass die Arbeit an Jugendzeitschriften für ihn nicht neu war. Von 1928 an war er Mitglied des Reichstags und engagierte sich auf dem linken Flügel der Partei. Er schrieb für die Zeitschrift »Der Klassenkampf«.

Am 26. April 1925 wurde Paul von Hindenburg zum neuen Reichspräsidenten gewählt. Im ersten Wahlgang hatten Otto Braun für die SPD 29 Prozent, Ernst Thälmann für die KPD 7 Prozent, Karl Jarres von der DVP 38,8 Prozent erreicht. 14,5 Prozent hatten den ehemaligen Zentrums-Kanzler Wilhelm Marx gewählt. Die SPD-Führung entschloss sich, Marx zu unterstützen, und Braun wieder als preußischen Ministerpräsidenten aufzustellen. Hindenburg wurde mit 48,3 Prozent knapp vor Marx (45,3 Prozent) gewählt. Ernst Thälmann kam für die KPD auf 6,4 Prozent.

Schon bald nach der Reichskonferenz von Jena wurde die Diskussion über die »Nelsonianer« schärfer. Maria Hodann referierte als Mitglied der Reichsleitung der Jungsozialisten und als Mitglied des Nelson-Bundes über Geschichte, Aufbau und Ziele des »Internationalen Jugendbundes«. Alle Mitglieder in Deutschland seien auch Mitglied der SPD, es handele sich gerade nicht um einen Geheimbund. Mit 5 zu 4 Stimmen wurde Maria Hodann im Anschluss als Vertreterin im Exekutivkomitee der Sozialistischen Jugend-Internationale gewählt. Das Wahlergebnis zeigt bereits erste Risse in der Reichsleitung, da hier offensichtlich zwei von drei »neutralen« Mitgliedern trotz der aktuellen Kontroversen um den Nelson-Bund mit den »Hannoveranern« gestimmt haben müssen.

Über Pfingsten setzte der Hofgeismarkreis seine inhaltliche Arbeit fort. Auf einer Arbeitswoche in Hamburg zum Thema »Der Staat in seinen verschiedenen Funktionen« referierten unter anderem Hermann Heller, Gustav Radbruch und Theodor Haubach. Die eigene politische Position fassten die Hofgeismarer noch einmal zusammen:

»Der Hofgeismarkreis erkennt im Staat von heute die Voraussetzung für den Staat von morgen. Der Staat von morgen, der Staat der sozialistischen Gesellschaft, ist und bleibt ihm dabei letztes und entscheidendes Ziel. Nur im Hinblick auf dieses Ziel erhält Arbeit und Kampf um den heutigen Staat Sinn und Richtung. Der Staat ist Schauplatz und Gegenstand zugleich des sozialistischen Machtkampfes. Der Kampf um die sozialen, politischen und kulturellen Rechte der Arbeiterschaft gilt in jedem Falle dem Staat, da er auf seine Gesetzgebung, Verwaltung und Rechtsprechung gerichtet ist. (…) Wir erkennen in den Nationen die natürliche Gliederung der menschlichen Gesellschaft. Die Nation ist uns als historisch gewordene Natur- und Schicksalsgemeinschaft eine theoretisch gültige wie praktisch unleugbare Wirklichkeit. Wir lehnen die nationale wie überhaupt jede politische Romantik ab. (…) Die Klassen sind gesellschaftliche und politische Realitäten. Wir erkennen sie als solche ausdrücklich an. Sie sind nur wirklich innerhalb der national unterschiedenen und staatlich organisierten Gesellschaft. Sie sind also selbst national und staatlich gebunden. Die Internationale dient der Leitung des gemeinsamen Kampfes der nationalen Arbeiterschaften und dem Ausgleich entgegengesetzter Interessen. Das Ziel des Klassenkampfes ist die Überwindung der Klassenherrschaft und die Herbeiführung des klassenlosen Staates (…).«[71]

Eine neue kleine Debatte begann sich mit einem Aufsatz von Maria Hodann in den Jungsozialistischen Blättern abzuzeichnen: »Weibliche Jungsozialisten«.[72] Hodann stellte eingangs fest, dass nach ihrer Erinnerung unter den 130 Delegierten der Reichskonferenz von Jena nur fünf oder sechs Frauen wären. Auch wenn die Frauen im Verband in einer Minderheit wären, würde dies der tatsächlichen Anzahl der Aktiven nicht gerecht werden. Oft kämen Frauen mit ihren männlichen Freunden zu den Jungsozialisten, wenn diese gingen, gingen die Frauen auch. Eigentliches Problem sei aber, dass junge Frauen gesellschaftlich in einer Situation großer Unsicherheit leben würden – gerade in Bezug auf die eigenen Wünsche nach Partnerschaft und eigenständiger Sexualität. Dies würde zu großen inneren Kämpfen führen, die bei Männern nicht in dieser Form vorhanden seien. Man müsse jungen Frauen daher helfen, mit ihrer eigenen Gefühlswelt zu leben, und lernen, ihre Gefühle von Minderwertigkeit zu bekämpfen. Letztlich geht es für Hodann damit um das, was wir heute »Emanzipation« nennen würden.

Eine heftige Reaktion erfuhr diese Stellungnahme durch den Hofgeismarer Walter G. Oschilewski, der auf die »Gegensätze« von Mann und Frau abstellte.[73] Es sei doch etwas Köstliches, sich auf den Beruf der Frau und Mutter vorzubereiten. Wichtig sei gerade nicht die Bewegung zur Gleichstellung mit dem Mann, sondern im Gegenteil die Befreiung von ihm und die Hinwendung auf das Weibliche: »Wir Männer denken, (…) und unsere Form ist der Geist. Das Weib fühlt, und wir sollten diese wohl im Gebrauch abgeleierte, aber doch immerhin einzigartige Begabung, nicht einen Mangel nennen, sie ist ein Vorzug der Natur. Die immer ganz urhafte, aus den Instinkten genährte Bezeugung der Frauenliebe heißt nicht Hörigkeit, sondern Hingabe.«[74] Es gehe nicht darum, das Frauenwahlrecht abzuschaffen oder Frauen ganz aus dem öffentlichen Leben zu verdrängen. Aber es komme darauf an, »zu erinnern, dass die Stärke der Frau darin liegt, Frau zu sein. (…) Denn es gibt Berufe genug, die der rezeptiven Veranlagung der Frau zuzustellen sind. Es gibt soziale Berufe genug, die um die Frau werben. (…) Die Politik, das Kraftfeld kriegerischen Tuns (der Männer) kommt nur insofern infrage, als ihre parlamentarische und verwaltungstechnische Vertretung notwendig ist und im Dienst eben genannter Auswirkungsmöglichkeiten ist.«[75]

Anna Siemsen antwortete, wenn man behaupte, die Frau sei durch ihr Geschlecht ein für alle mal so bestimmt, dass keine Entwicklung möglich sei, so könne man das für den Mann genauso behaupten. Aber: »In einer differenzierten Gesellschaft, wo die primitiven Kräfte des Mannes für kulturelle Leistungen ›sublimiert‹ sind, finden wir auch einen entwickelteren Frauentypus – falls nicht Herrschafts- und Ausbeutungsverhältnisse die Frauen verkümmern ließen. Und hier ist der entscheidende Punkt. (…) Die Frau ist in eine Zwitterstelllung geraten: halb familiengebunden, halb unmittelbar an den gesellschaftlichen Vorgängen in Wirtschaft und Staat interessiert. Damit haben sich neue Aufgaben für die Frau ergeben, und die Frage ist, ob sie imstande ist, sich ihnen anzupassen und in dieser Sachlage ebenso wie bisher Kamerad des Mannes und Kulturträger neben ihm zu sein.«[76]

Anna Siemsen zählte nach den Zeugnissen ihrer Zeitgenossen zu den bedeutendsten Persönlichkeiten der sozialdemokratischen Schul- und Bildungspolitik. Als Tochter eines evangelischen Pfarrers 1882 im heute zu Hamm in Westfalen gehörenden Dorf Mark geboren, studierte sie gegen Widerstände Deutsch, Philosophie und Latein und machte das Lehrerexamen. Nach der Promotion begann sie an verschiedenen

Schulen zu unterrichten. 1919 trat sie der USPD bei und schrieb mit Kurt Löwenstein einen Entwurf für das Schul- und Erziehungsprogramm der USPD. Nach einer Station als Oberschulrätin in Berlin 1921 ging sie 1923 nach Thüringen, wo sie Schulrätin und Professorin in Jena wurde. Siemsen engagierte sich für Schulreform und Bildungsreform. 1928 für die Leipziger SPD in den Reichstag gewählt, übte sie krankheitsbedingt das Mandat nur bis 1930 aus. Bei der SAJ und den Jungsozialisten gehörte Siemsen zu den beliebten Referentinnen, innerhalb der schul- und bildungspolitischen Debatten im Reich nahm sie eine wichtige Rolle ein. Innerparteilich dem linken Flügel zugehörig und regelmäßige Autorin in spw und Klassenkampf, verließ sie im Oktober 1931 die SPD und schloss sich der neugegründeten SAP an. Dort gehörte sie schnell zum »sozialdemokratischen« Flügel, der für eine plurale Massenpartei eintrat, bald aber den Sektierern aus anderen sozialistischen Kleingruppen unterlag. Bereits vor dem Verbot der SAP durch die Nationalsozialisten im März 1933 hatte sie die Partei wieder verlassen. Im schweizerischen Exil engagierte sich Siemsen weiter in der Bildungsarbeit. Nach dem Krieg gehörte sie in Deutschland wieder zu den beliebten Referentinnen der sozialistischen Jugendbewegung. Sie starb 1951 in Hamburg.

Einen interessanten Beitrag zur Diskussion über die Arbeiterbewegung und Europa leistete Georg Engelbert Graf.[77] Graf begründete die Notwendigkeit einer europäischen Einigung sowohl friedens- als auch wirtschaftspolitisch. »Die Vereinigten Staaten von Europa liegen aber auch vor allem im ureigensten Interesse des Proletariats. Das Proletariat braucht, zum Aufbau seiner Organisation, zur Sammlung und Erziehung seiner Klassenangehörigen, eine längere Friedensperiode, um die organisatorischen und ideologischen Wunden zu heilen, die der Krieg geschlagen hat, um vor allem die enge nationale Einstellung zu überwinden, die heute ein Haupthindernis in seinem Kampfe mit dem Kapital ist. Erst auf einer breiteren europäischen Basis wird das Klassenbewusstsein sich wahrhaft machtvoll entfalten, wird die internationale Solidarität sich gegenüber dem internationalen Kapital durchsetzen können.[78]«

Die Kräfte gegen die Nelsonianer setzten sich bald durch. Nach dem Ausschluss spaltete sich die Anhängerschaft. Ein Teil verblieb in der SPD, der größte Teil gründete den Internationalen Sozialistischen Kampfbund (ISK). Den Verband verließ mit Maria Hodann auch ein aktives

Mitglied der Reichsleitung. Der gemeinsame Kampf von »Hannoveranern« und Nelsonianern war bereits vorher beendet worden. Die Stellungnahme der Reichsleitung der Jungsozialisten in den Jungsozialistischen Blättern ist eindeutig: Unabhängig vom Beschluss des SPD-Parteivorstands hätten die Mitglieder des Nelson-Bundes sich für die SPD und die Jungsozialisten entscheiden können. Es ginge für den Einzelnen um nichts anderes als um die Entscheidung, ob er in einer machtvollen politischen Partei für den Sozialismus und die Befreiung der Arbeiterklasse kämpfen oder ob er in politisch bedeutungslosen Zirkeln über eine hoffnungslose Philosophie diskutieren wolle. Da niemand das getan hätte, wäre der Internationale Sozialistische Kampfbund nun politischer Gegner.[79] Der Sozialdemokratie blieben viele Nelsonianer dennoch erhalten: Während der NS-Diktatur kam es im Widerstand zu einer Annäherung, die viele nach dem Krieg wieder in die SPD führten, so beispielsweise Willi Eichler, der einer der Architekten des Godesberger Programms der SPD von 1959 wurde. Weitere Themen in den Jungsozialistischen Blättern im Jahr 1925 waren unter anderem die Schulpolitik und mit einem eigenen Schwerpunkt das Thema »Religion und (Jung-) Sozialismus«.

Ernst Niekisch beschäftigte die Jungsozialisten im Jahr 1926. Der national-revolutionäre Niekisch hatte sich lange im Umfeld des Hofgeismarkreises bewegt. Niekisch, 1889 in Breslau geboren, lehnte einen deutschen Beitritt zum Völkerbund ab, in dem die Solidarität der Kriegsgewinnler des Ersten Weltkrieges gegen die Kriegsverlierer organisiert wäre. Insgesamt vertrat Niekisch revanchistische und auf den Wiederaufbau nationaler Stärke Deutschlands gerichtete Positionen. Während ein Teil des Hofgesmarkreises sich von ihm distanzierte, machten andere die Bewegung nach rechtsaußen mit. Für den linken Jungsozialisten Otto Lamm ging es darum, einen klaren Trennungsstrich zwischen Sozialismus und Nationalismus zu ziehen. Als es auf einer gemeinsamen Sitzung von Reichsausschuss und Reichsleitung zu einem Distanzierungsbeschluss zu Niekisch kommen sollte, betonten die anwesenden Hofgeismarer zwar, dass Niekisch ihrem Kreis nicht angehöre. Gustav Dahrendorf distanzierte sich auch persönlich von Niekischs Ansichten. Nach Beschluss einer kurzen Resolution erklärte dann aber Osterroth, er stimme mit Niekisch überein und verlasse daher die Jungsozialistische Bewegung. Die beiden verbliebenen Hofgeismarer traten ebenfalls von ihren Ämtern zurück. Auch der Vertreter des Bezirks Westliches Westfalen erklärte den Rückzug seiner Gruppe. Diese Position wurde später von der Bezirkskonferenz der westfälischen Jungsozialisten bestätigt.

Kontrovers blieb die Lage zwischen Hofgeismarern und Hannoveranern, wie sich unter anderem an den Diskussionen auf der gemeinsamen Sitzung von Reichsleitung und Reichsausschuss am 31. Januar 1926 in Berlin nachvollziehen lässt. Im Mittelpunkt stand die Frage nach der Entwicklung der Jungsozialistischen Blätter, deren Auflage auf 3030 Stück gesunken war. Je nach Standpunkt wurden dafür die schlechte wirtschaftliche Lage, die Folgen des Ausschlusses der Nelsonianer oder der Konflikt zwischen Hofgeismarern und Hannoveranern verantwortlich gemacht. Den Hofgeismarern wurde vorgeworfen, durch ihren Rundbrief mögliche Abonnenten von den Blättern abzuziehen. Umgekehrt wurde dem den Hannoveranern nahestehenden Redakteur Graf vorgeworfen, die Zeitschrift parteiisch zu redigieren und Artikel aus dem Umfeld der Hofgeismarer ohne Not abzulehnen.

Die Hofgeismarer zogen sich in der Folge aus der praktischen Arbeit im Verband zurück und konzentrierten ihre Arbeit auf die Sozialdemokratie. Rathmann und andere gründeten mit den »Neuen Blättern für den Sozialismus« eine eigene Zeitschrift, die sich vor allem am religiösen Sozialismus Paul Tillichs orientierte.

Konflikthaft entwickelte sich auch das Verhältnis zur SAJ. Hintergrund war die Forderung der SAJ, ihre Altersgruppe bis auf 20 Jahre auszudehnen. In der Debatte um den schwierigen Übergang der meisten Aktiven aus der SAJ zu den Jusos wurden sehr unterschiedliche Gründe ausgemacht: Die Strömungskämpfe bei den Jungsozialisten seien abschreckend, die Partei tue im Gegenzug nicht genug zur Unterstützung der Jungsozialisten, das Reichsbanner fange viele junge Genossen ab.

Auf ihrer Reichskonferenz in Hildesheim beschloss die SAJ dann letztlich, einen Antrag auf Anhebung der Altersgrenze auf 20 Jahre an den Kieler SPD-Parteitag zu stellen. In einer gemeinsamen Aussprache von SAJ- und Jungsozialistenleitung mit Vertretern des SPD-Parteivorstands wurden die Differenzen noch einmal deutlich: Im Kern ging es um die Frage, wie diskussionsfreudig ein Jugendverband sein dürfte und wie weit ein Recht zur Kritik auch an SPD-Partei- und Fraktionsführung bestünde. Im Hintergrund stand als Argument auf beiden Seiten die Frage, wie die SPD bei jungen Menschen wieder besser Fuß fassen könnte. Während die SAJ hier die Strömungskämpfe bei den

Jungsozialisten und die Parteiführung die fehlende Parteidisziplin als Gründe ausmachten, bestand für die Reichsleitung der Jungsozialisten das eigentliche Problem im politischen Kurs der Sozialdemokratie.

Themen in den Jungsozialistischen Blättern waren die Entwicklung des modernen Imperialismus, Parlamentarismus und Demokratie, Sozialisierung, Sozialistische Wirtschaft, Betriebsräte und Sozialisierung, aber auch England, der Kolonialismus und das beginnende Ende des englischen Weltreichs, der Kampf um das Arbeitstempo, Maschine und Mensch. Weitere Themen waren »Der Krieg in der Dichtung« sowie ein Heft zum Thema »Liebe«. Otto Jensen plädierte für eine aufgeklärte und gleichberechtigte, erotische wie auch geistige Partnerschaft zwischen Liebenden, für eine völlige Gleichstellung von Frauen in der Ehe und für die Gleichstellung unehelicher mit ehelich geborenen Kindern.[80] Adolf Koch spitzte zu, dass sich »Kirche und Körperbejahung« gegenseitig ausschließen würden. »1. Jede geschlechtliche Bindung, ob innerhalb oder außerhalb einer Ehe, ist Angelegenheit der betreffenden Partner und solange einer Wertung Außenstehender nicht zugänglich wie Dritte keinen Schaden erleiden. Voraussetzung ist die verantwortliche Gestaltung des Geschlechtsverkehrs. 2. Die Dauer der geschlechtlichen Bindung ist lediglich abhängig von dem Willen der beiden Partner. Gesetze und Moral Andersdenkender haben keinen Einfluss. 3. Die Voraussetzung der körperlichen Bindungen ist geistiges Verstehen. (...) Manche Menschen können zu mehreren Anderen geistige Beziehungen haben – und darum auch körperliche Bindungen.«[81]

Nach längerem Zögern engagierte sich auch die SPD für die Volksinitiative zur Fürstenenteignung. Der Volksentscheid im Juni 1926 erreichte zwar 14,5 Millionen Ja-Stimmen, für einen Erfolg wäre aber die absolute Mehrheit aller Wahlberechtigten (fast 20 Millionen Stimmen) notwendig gewesen. 36,4 Prozent der Wahlberechtigten waren trotzdem ein politisches Signal. Am 16. Juli 1927 beschließt der Reichstag das Gesetz zur Einführung einer Arbeitslosenversicherung.

Der Kieler Parteitag 1927 brachte nicht nur die Wehrfrage und die Frage nach dem Verhältnis der Sozialdemokratie zur Republik. Die SAJ hatte einen Antrag eingebracht, die Altersgrenze für die SAJ auf 20 Jahre heraufzusetzen. Damit sollte den Jusos eine wichtige Altersgruppe entzogen werden und ein unmittelbarer Übergang der Aktiven aus der SAJ in die Partei forciert werden.

Interessant ist ein Blick auf die Größen der einzelnen Juso-Gruppen. Zur Reichskonferenz 1927 waren 12 AbonnentInnen der Jungsozialistischen Blätter zur Erringung eines Grundmandats erforderlich. Pro 50 weitere AbonnentInnen wurde ein weiteres Mandat zugeteilt. Ausweislich einer Umfrage der Dresdener Jungsozialisten in deutschen Großstädten hatten im Jahr 1927 die Jungsozialisten in Berlin – verteilt auf 12 Gruppen – 249 Mitglieder. Die übergroße Mehrzahl war im Juso-Alter von 18 bis 25 Jahren (201 Genossinnen und Genossen), nur 31 waren älter als 25. Auch die Geschlechterverteilung war gemessen an der heutigen Verteilung in der Sozialdemokratie nicht schlecht: 158 Männer und 91 Frauen entsprachen Anteilen von 63 bzw. 37 Prozent. 74 Prozent der Jungsozialisten waren zudem Mitglied einer Gewerkschaft. Die Berliner lagen damit etwa im Schnitt der anderen untersuchten Gruppen aus Breslau, Chemnitz, Dresden, Düsseldorf, Hannover, Karlsruhe und Leipzig. Der Anteil von Frauen belief sich allerdings bei den Gruppen in Düsseldorf, Hannover, Karlsruhe und Leipzig mit 20 bis 28 Prozent deutlich niedriger.

Der Bericht über die Dresdner Reichskonferenz der Jungsozialisten am 5. Juni 1927 in den Jungsozialistischen Blättern liest sich sehr ruhig.[82] Am Vorabend der Konferenz fand ein kleiner Empfang durch den ostsächsischen Parteibezirk mit kleinem Kulturprogramm statt. Am Sonntag bereitete dann eine Sitzung des Reichsausschusses die Konferenz vor. Eingeleitet wurde diese durch ein Referat von Alexander Stein mit dem Titel »Die Jungsozialisten und die Arbeiterbewegung«. Stein nahm die Überalterung der SPD – nach seiner Aussage waren noch 17,3 Prozent der Mitglieder unter 30 Jahren, die über 40-Jährigen würden mit 57,4 Prozent die Mehrheit stellen – zum Anlass, die besondere Bedeutung der Jungsozialisten als Brücke zwischen proletarischer Jugend und der Sozialdemokratie zu betonen. In Bezug auf die jungsozialistische Bewegung selbst führte Stein aus, diese sei wie die SPD selbst durch drei Etappen gegangen: Die Romantik der freideutschen Jugend, die Staatsbejahung um jeden Preis, die Rückkehr zum Marxismus und zur politischen Realität.

Die Delegiertenzahl von 81 anwesenden Stimmberechtigten setzte sich zusammen aus 73 Delegierten, 7 stimmberechtigten Mitgliedern der Reichsleitung sowie einem Vertreter des SPD-Parteivorstands. Drei Delegiertenmandate waren für ungültig erklärt worden. Der Reichsleiter Franz Lepinski aus Berlin führte in seinem Rechenschaftsbericht aus, die Jungsozialisten seien nach Überwindung des Ausscheidens der Nelsonianer sowie der Hofgeismarer in einer erfreulichen Entwicklung. Man sei sehr an einer guten Zusammenarbeit mit der SAJ interessiert, allerdings arbeite der SAJ-Hauptvorstand gegen die Jungsozialisten, was unter anderem dann zum Beschluss des Kieler SPD-Parteitags zur Heraufsetzung des SAJ-Alters bis auf 20 Jahre geführt habe. Der einstimmig gewählten Reichsleitung gehörten nun Lepinski aus Lamm, Ott aus Berlin, Gentz aus Dresden, Wiechert aus Hannover, Eisner aus Nürnberg an. Georg Engelbert Graf wurde einstimmig als Schriftleiter der Jungsozialistischen Blätter bestätigt.

Direkt im Anschluss an die Reichskonferenz versammelten sich etwa 100 Jungsozialisten auf Burg Hohnstein zur »Reichsschulungswoche«, die vom 7. bis zum 11. Juni dauern sollte. Der Tagesablauf sah für den Vormittag Referat, für den Nachmittag Wanderungen und für den Abend Diskussionen vor. Eindruck mancher Teilnehmer war, dass gerade zu erschöpfenden Diskussion der Themen zu wenig Zeit geblieben wäre. Georg Engelbert Graf referierte zum Thema »Die angelsächsischen Weltreiche und die imperialistischen Probleme der Gegenwart«. Alexander Stein referierte über »Rußland und den Bolschewismus«, der Führer des österreichischen sozialdemokratischen »Schutzbundes«, Julius Deutsch, behandelte das Thema »Bolschewismus und proletarische Wehrhaftigkeit«. Interessant auch das Referat von Gerhard Seeger mit dem Titel »Militarismus, Abrüstung und Völkerbund«. Seeger reagierte sehr scharf auf die immer weiter steigende Macht der Reichswehr. Diese betreibe unter dem Deckmantel des Sports, der Ausbildung von Flugzeugführern u.a. Kriegsvorbereitung. Diese Politik werde leider weit über das Spektrum der Deutschnationalen hinaus bis in die Arbeiterklasse hinein unterstützt. Man sehe deutliche Tendenzen, dass das Militär nicht allein den Ehrgeiz habe, der Kapitalistenklasse als Machtmittel zu dienen, es wolle selbst politisch eine Rolle spielen. Nötig seien eine scharfe zivilparlamentarische Kontrolle des Heerwesens im Ministerium und eine stärkere Demokratisierung des Militärs. Der Völkerbund müsse weiterentwickelt werden und zu einem Weltparlament werden. Am letzten Tag der Schulungswoche referierte dann das Parteivorstandsmitglied Arthur Crispien über die »Sozialistische Arbeiterinternationale«.

Der inhaltlichen Schulung diente auch die neugegründete »Jungsozialistische Schriftenreihe«, kleine Broschüren im Umfang von etwa 40 bis 100 Seiten. Diese wurden nicht nur im Verband selbst eingesetzt, sondern gehörten auch in sozialdemokratischen und gewerkschaftlichen Bildungseinrichtungen zur Kurslektüre. Die Auswahl der Themen sowie der Autorinnen und Autoren gibt einen Einblick, welche Themen den Verband in den Jahren ab 1926 beschäftigten. Als Herausgeber fungierten für die Reichsleitung der Jungsozialisten Max Adler, Georg Engelbert Graf und Anna Siemsen.

Den Auftakt der Reihe machte ein Text von Franz Lepinski, »Die Jungsozialistische Bewegung, ihre Geschichte und ihre Aufgaben«, es folgten Texte von Max Adler zu »Die Aufgabe der Jugend in unserer Zeit«, Otto Jenssen mit »Der Kampf um die Staatsmacht. Was lehrt uns Linz?« mit einer Analyse zum Programm der österreichischen Sozialdemokratie, dem Breslauer Philosophen Siegfried Marck zu »Reformismus und Radikalismus in der deutschen Sozialdemokratie«, Max Adler mit einem Text »Über psychologische und ethische Läuterung des Marxismus«, Anna Siemsen zu »Religion, Kirche und Sozialismus« sowie über »Politische Kunst und Kunstpolitik«. Themen der internationalen Politik, wie etwa »Abrüstung… zum neuen Krieg« von Ernst Reinhard, »England am Scheidewege« von Georg Engelbert Graf, »Die amerikanische Arbeiterbewegung im Lichte amerikanischer Kritik« von A.W. Calhoun und Horst Berenz sowie Themen an der Schnittstelle zwischen Innen- und internationaler Politik wie »Arbeiterschaft und Kolonialpolitik« von Dora Fabian und »Rund um den Youngplan« von Bernhard Düwell, ökonomische Arbeiten wie »Die Entwicklungstendenzen der kapitalistischen Wirtschaft« von Alfred Braunthal und Aufstieg und Niedergang der kapitalistischen Gesellschaft« von Klaus Zweiling rundeten das Spektrum ab. Auch die aktuelle Lage in der Weimarer Republik wurde angeschnitten, so von Alexander Stein mit »Jungsozialismus und Arbeiterbewegung«, Heinz Hornung »Zur Soziologie der Bürgerfunktionäre« und mit Ernst Fraenkel »Zur Soziologie der Klassenjustiz« und Otto Kirchheimer mit »Weimar… und was dann?« Die beiden letztgenannten gehörten auch nach dem Ende der NS-Diktatur zu wichtigen Protagonisten der wissenschaftlichen Diskussionen in der Bundesrepublik. Die Auswahl der Themen und Autoren zeigt, dass die Jungsozialisten keineswegs isoliert diskutierten. Die Autoren gehörten zu wichtigen Akteuren der Debatten sowie der politischen Schulungsarbeit innerhalb der Sozialdemokratie und der Gewerkschaften.

Siegfried Marck wurde 1889 in Breslau als Sohn einer national eingestellten bürgerlichen jüdischen Familie geboren. In Berlin und Freiburg studierte er Philosophie und wurde 1911 promoviert. Noch überzeugt national eingestellt, veröffentlichte er 1916 ein den preußischen Militarismus feierndes Büchlein zum Thema »Staatsgesinnung«. 1917 selbst an die Front eingezogen, machte er erstmals Bekanntschaft mit Arbeitern sowie mit den Ideen des Sozialismus. Durch die Kriegserfahrung und die Kontakte zum Pazifisten und Sozialisten geworden, schloss er sich der Sozialdemokratie an und wurde Mitglied des örtlichen Soldatenrats. In dieser Funktion nahm er auch am Arbeiter- und Soldatenkongress 1918 in Berlin teil und unterstütze den gemäßigten Kurs der Mehrheitssozialdemokratie. Nach seiner Habilitation 1918 ließ er sich als Dozent in Breslau nieder und wurde bald der beliebteste Seminar- und Vortragsereferent der Sozialdemokratie in Schlesien. Kommunalpolitisch aktiv, gehörte er auch zu den Dozenten der örtlichen Volkshochschule. Ordentlicher Professor an der Breslauer Universität wurde er 1930, und das auch nur, weil sich der sozialdemokratische preußische Kultusminister Adolf Grimme über die ablehnende Haltung der Universität selbst hinwegsetzte. Politisch rückte Marck in den 1920er-Jahren immer weiter nach links. Geprägt von Kant – er war in Breslau Vorsitzender der örtlichen Kant-Gesellschaft – näherte er sich doch zunehmend dem Marxismus an. Politisch vertrat er die Synthese von Reform und Revolution und suchte hier den Anschluss vor allem an die im Linzer Programm der österreichischen Sozialdemokratie vorgestellten Positionen.

Die Jungsozialisten in Breslau zählten zu Marcks wichtigster geistiger Diskussionsgruppe. Sie trugen auch zu seiner eigenen zunehmenden Links-Entwicklung bei. Anders als manche »Hannoveraner« lehnte Marck das Konzept eines Nationalstaats zeitlebens nicht ab. Diesen Zusammenhang versuchte Marck für ein breiteres Jungsozialisten-Publikum in der Broschüre »Reformismus und Radikalismus in der Sozialdemokratie« zu skizzieren.

1933 von den Nazis als Jude und Sozialdemokrat sofort von seinem Universitätsposten enthoben, floh Marck zunächst nach Frankreich und dann in die USA. Hier näherte er sich ethisch-sozialistischen Positionen wieder stärker an. Marck starb 1957 in Chicago.

Noch wichtiger für die Bildungsarbeit der Jungsozialisten in Breslau war der bereits erwähnte unabhängige Marxist Fritz Sternberg. 1895 in Breslau als Sohn jüdischer Eltern geboren – der Vater arbeitete als Rechtsanwalt, die Mutter fungierte als Vermögensverwalterin der Familie – interessierte er sich schon als Schüler für sozialistisches Gedankengut und schrieb kleine Artikel für die sozialdemokratische »Volkswacht«. Nach Studium und Promotion in Volkswirtschaft scheiterten seine Bemühungen um eine Habilitation jedoch, so dass sich Sternberg in der Folge darauf beschränken musste, von den bescheidenen Erlösen seiner Publikationen sowie von Vortragshonoraren zu leben. Politisch orientierte er sich zunächst an einem sozialistischen Zionismus, seine Dissertationsschrift behandelte die Potenziale des Genossenschaftswesens in Palästina. Ab Anfang der 1920er-Jahre orientierte er sich jedoch zunehmend auf die politische Situation in der Weimarer Republik selbst. 1926 erschien sein Opus Magnum »Der Imperialismus«, in dem Sternberg der Frage nach der Stabilisierung der kapitalistischen Gesellschaften und den Bedingungen für sozialistische Veränderungen nachging. Das Buch machte Furore, und Sternberg galt als einer der wichtigsten unorthodoxen Vertreter des Marxismus in der Weimarer Republik. In Berlin unter anderem mit Bertold Brecht befreundet und von diesem als ein »Lehrmeister« des Marxismus tituliert, scharrte er später in Breslau eine »Marxistische Arbeitsgemeinschaft« um sich, in der sich Jungsozialisten, linke Sozialdemokraten, Gewerkschafter, Freidenker aber auch kritische Kommunisten trafen. Zur Sowjetunion hielt Sternberg kritische Distanz, schon Ende der 1920er-Jahre erkannte er die Erstarrung des Systems.

Sternberg gehörte weder SPD noch KPD an, galt aber bei der SPD-Führung als »Kommunist«. Auf dem Leipziger Parteitag nahm er als Gast teil. Als Wortführer des linken Parteiflügels sich mit ihm auf der Besuchertribüne unterhielten, nahmen Redner dies zum Anlass, die Parteilinke als von den Kommunisten gesteuert zu denunzieren. Sternberg ging mit in die neugegründete SAP, ohne dort politisch große Erfolge zu erzielen. Nach dem Exil vor allem in den USA kehrte er nach Deutschland zurück, wo er 1963 starb. Sternbergs Analysen des Faschismus – bereits in der Weimarer Republik – sowie seine volkswirtschaftlichen Arbeiten gerieten bald in Vergessenheit, obwohl sie Ausdruck eines unorthodoxen und kreativen Umgangs mit der Marx'schen Theorie waren.

Linker Stachel in der SPD

Die Reichstagswahlen am 20. Mai 1928 brachten Gewinne für SPD (auf 29,8 Prozent) und KPD (auf 10,6 Prozent). Der Abstieg der DNVP im politischen Rechts-Außen-Lager begann, die Partei kam noch auf 14,2 Prozent. Die SPD konnte im Rahmen einer Großen Koalition aus SPD, Zentrum, DDP, DVP und Bayerischer Volkspartei mit Hermann Müller wieder den Reichskanzler stellen. Am 10. August beschloss das Kabinett dann den Bau des »Panzerkreuzers A«. Die Kontroverse um den Bau des Panzerkreuzers beschäftigte auch die Jungsozialisten. So fassten die Jungsozialisten Groß-Berlin eine Entschließung, nach der »die Zustimmung der Reichsregierung zum Bau des Panzerkreuzers ein äußeres Zeichen des wieder erstarkenden deutschen Imperialismus und Militarismus ist und fordert – insbesondere nach den eben erst erfolgten Abrüstungs-Beschlüssen der Sozialistischen Arbeiter-Internationale – die schärfste Opposition des gesamten deutschen Proletariats heraus.[83]«

Die Jungsozialistischen Blätter nahmen sich im Jahr 1928 besonders sorgfältig Schwerpunktthemen vor. Heft 1 beinhaltete Themen des Föderalismus in Deutschland sowie Ehe, Frau im Spiegel des Klassenkampfes und Demokratisierung der Ehe. Ein eigenes Heft war der politischen Karikatur sowie politischen Gedichten gewidmet. In der Auseinandersetzung mit der KPD waren die Positionen klar: Alexander Stein referierte im Rahmen einer Arbeitswoche über »Sozialismus und Kommunismus in der Arbeiterbewegung«, und führte unter anderem aus, der Gegensatz zwischen Sozialdemokraten und Kommunisten lasse sich als Gegensatz zwischen demokratischen und diktatorischem Sozialismus formulieren. Im Vorfeld der Reichstagswahlen befasste sich ein Heft mit den Aufgaben der Jungsozialisten in der Wahlagitation für die SPD. Im Heft wurden sämtliche zur Wahl antretenden Parteien vorgestellt und politisch eingeordnet. Thema in den Blättern war auch die Auseinandersetzung mit dem Faschismus.

Franz Lepinski bezeichnete die Jungsozialisten als den aktivsten und geistig regsamsten Teil der Parteijugend. Die Partei habe allerdings Schwierigkeiten, einen solchen selbstbewussten Kurs zu akzeptieren: Marx, Engels, Bauer und Lenin nicht nur eifrig zu lesen, sondern auch zu versuchen, auf die Tagespolitik anzuwenden. Die Jusos stünden für die proletarische Erziehung und für die Erneuerung der Partei.

Im Jahr 1928 ergab sich auch eine Neuordnung innerhalb der sozialdemokratischen Linken. Die »Sozialistische Politik und Wirtschaft« (spw) Paul Levis vereinigte sich mit der Zeitschrift »Klassenkampf«. Innerhalb der Parteilinken nahm damit der Einfluss der Klassenkampfgründer Max Seydewitz und Kurt Rosenfeld zu. Auch viele Protagonisten der Jungsozialisten wie Georg Engelbert Graf und Anna Siemsen zählten zum engeren Umfeld der neuen Gruppe.

Seit etwa Mitte der 1920er-Jahre entwickelte sich im Verband auch eine kleine linkskommunistische Gruppe, die »Roten Kämpfer«, die vor allem gegen Ende der Dekade größere Relevanz erhalten sollten. Ausgehend vor allem vom ehemaligen KPD-Funktionär Karl Schröder, der nun als Lektor bei der sozialdemokratischen »Büchergemeinschaft« sowie als Wanderlehrer tätig war, gründeten sich vor allem im Rhein- und Ruhrgebiet, in Berlin und in Sachsen kleine Zirkel von meistens nicht mehr als einem Dutzend junger Genossen. Der Vorsitzende des Bezirkes Ostsachsen der Jungsozialisten, Helmut Wagner, gehörte hier zu den treibenden Kräften. Im Ruhrgebiet gehörte unter anderem der spätere nordrhein-westfälische Ministerpräsident Heinz Kühn zum Umfeld. Inhaltlich ging es vor allem um das Ziel einer »Selbstbewusstseinsentwicklung der Massen«, um eine Verschärfung des Klassenkampfes. Aktiv waren die Roten Kämpfer nicht nur innerhalb der Jungsozialisten. Im Westlichen Westfalen hatten sie erheblichen Einfluss innerhalb der SAJ und in der Partei. Hintergrund war hier die ausgesprochen verknöcherte Sozialdemokratie, die politische Debatten kaum zuließ und den linken Parteiflügel konsequent ausgrenzte. Im Jahr 1930 gründete sich aus dem Umfeld der Gruppen die Zeitschrift »Der Rote Kämpfer«, die allerdings nur bis 1931 erschien.

Die Reichskonferenz der Jungsozialisten am 19. Mai 1929 in Hannover löste gemischtes Echo aus. Mit 80 Delegierten war sie schwach besucht. Die Hannoveraner Jungsozialistin Trude Wiechert schrieb in den Jungsozialistischen Blättern, die Sitzungsleitung sei zu straff und die Tagesordnung zu voll für eine nur eintägige Konferenz gewesen. Mit Friedrich Adler sprach dafür ein sehr prominenter Genosse zum Thema »Jugend und Internationale«. Friedrich Adler, 1879 in Wien geboren, war der Sohn des österreichischen Parteigründers Victor Adler. Aus Protest gegen die österreichische Kriegspolitik im Ersten Weltkrieg erschoss er 1916 den Ministerpräsidenten Karl Stürgkh und wurde daraufhin zum Tode verurteilt. Nach der Revolution 1918 amnestiert, war er ab 1923 unter anderem Generalsekretär der neugegründeten »Sozialistischen Arbeiterinternationale«.

Vonseiten der Reichsleitung strahlte die Konferenz die Ruhe der überstandenen Stürme und das Gefühl der innerparteilichen Konsolidierung aus. Neben einer Resolution zur Wehrpolitik und zum Internationalismus wurden eine Reihe von Anträgen an die Reichsleitung überwiesen, so der Antrag, darauf hinzuwirken, dass der Dietz-Verlag die Neuherausgabe der »Klassischen Schriften des Marxismus« vornehme sowie der Antrag, im nächsten Jahr keine Schulungswoche, sondern eine »Internationale Woche« in Frankreich, Belgien oder einem anderen Land zu veranstalten. Die Reichsleitung wurde zudem beauftragt, zum nächstmöglichen Termin eine Werbung unter den Sportorganisationen angehörenden Jugendlichen zu machen, sowie zu erwägen, ob nicht im Rahmen der Jungsozialistischen Schriftenreihe die Herausgabe eines Bändchens zum Thema »Proletarische Jugend und Sport« möglich wäre – was letztlich nicht realisiert wurde. Die neue Reichsleitung setzte sich aus den Jungsozialisten Wendt, Dresden; Gentz, Bremen; Seifart, München; Lewy, Breslau; sowie Lepinski, Seigewasser und Dora Fabian aus Berlin zusammen. Georg Engelbert Graf wurde als Redakteur der Jungsozialistischen Blätter bestätigt.

Auch die Schulungswoche in Mellendorf im Anschluss an die Reichskonferenz war schlechter besucht als in den Jahren zuvor. Das Programm war demgegenüber anspruchsvoll und mit zu einander kontroversen Referenten besetzt. So diskutierten der Parteilinke Heinrich Ströbel und der Parteirechte Carl Mierendorff über die Positionen in der Wehrfrage, die für den kommenden Magdeburger SPD-Parteitag zur Entscheidung stand. Ströbel hatte einen Alternativentwurf mitverfasst, Mierendorff am Entwurf des Parteivorstands mitgewirkt. Im Kern ging es um die Frage, ob das Problem der militärischen »Nebenregierung« eher durch ein schlichtes Einfrieren der Reichswehr auf dem durch den Versailler Vertrag vorgegebenen Level oder eine Neuausrichtung der Reichswehr mit dem Ziel der Abschaffung der militärischen Nebenregierung stehen sollte. Weitere Referate der Tagung behandelten die Themen »Wirtschafsdemokratie und Arbeiterbewegung« sowie »Religion, Kirche und Sozialismus«. Die Wehrfrage sowie die Frage nach Religion und Sozialismus gehörten auch zu den in diesem Jahr in den Jungsozialistischen Blättern intensiv behandelten Themen. Weitere Themen waren die Sozialpolitik und die Würdigung von Gedenktagen, unter anderem für die Ermordeten Rosa Luxemburg und Kurt Eisner.

Die organisationspolitische Stabilisierung der Jungsozialisten ging mit einer gewissen Ermattung der Aktiven einher. Fritz Lewy aus Breslau, Mitglied der Reichsleitung, versuchte deshalb in den Jungsozialistischen Blättern unter der Überschrift »Jungsozialistische Kleinarbeit« einige Anregungen zu geben.[84]

Lewy stellte zunächst fest, dass die Ermattung vor Ort keineswegs nur an der Reichsleitung liege. Vielmehr seien gerade die Gruppen und Gau-Organisationen in der Pflicht, die tägliche Arbeit interessant und spannend zu organisieren. Die Reichsebene könne nur den regelmäßigen Austausch mittels der Sitzungen des Reichsausschusses sowie über die Jungsozialistischen Blätter sicherstellen.

Die Aufgaben der Jungsozialisten ließen sich in Geselligkeit, Agitation und Bildung gliedern. Gerade die Aufgabe der Geselligkeit werde aber zu sehr vernachlässigt. Kaum sei der Sommer vorbei, würden die Fahrten eingestellt und würde einseitig zur Bildungsarbeit übergegangen. Ein Problem sei allerdings anzuerkennen, dass die Ablehnung »bürgerlicher Eß- und Tanzgewohnheiten« die Möglichkeiten »proletarischer Geselligkeit« schwierig machte. Hier seien die Jungsozialisten anderen proletarischen Organisationen noch unterlegen, die weniger zurückhaltend auftreten würden. Trotzdem gebe es Möglichkeiten. So schlägt Lewy vor: »Man stelle zum Beispiel einen Abend aus der bürgerlichen Romantik zusammen: Eine kurze Novelle, zwei charakteristische Gedichte, ein Musikstück aus der reichen Musikliteratur der Romantik sowie ein kurzer Vortrag von 15 bis 20 Minuten Länge über die Romantik ergeben ein schönes Abendprogramm. Daran anschließend ein geselliges Spiel, Denksportaufgaben, gemeinsame Lieder.«[85]

Am 24. Oktober 1929 nahm mit dem Börsenkrach in New York die Weltwirtschaftskrise ihren Ausgang. Im Dezember 1930 stieg die Arbeitslosenzahl auf 4,4 Millionen Personen, im Februar 1931 auf fünf Millionen und damit fast auf ein Viertel der gesamten Arbeitnehmerschaft. Die Gewerkschaften registrierten zudem bei etwa 20 Prozent ihrer Mitgliedschaft eine mit Lohnverzicht verbundene Kurzarbeit. Aufgrund der zeitlichen Begrenzung der Arbeitslosenunterstützung rutschten immer mehr Arbeitslose in die kommunale Wohlfahrt ab. Im Oktober 1931 bezogen nur noch 25 Prozent der Betroffenen Leistungen aus der Arbeitslosenversicherung. Die Weigerung der Reichsregierung, über Ausgabensteigerungen die Konjunktur zu stützen, führte in eine sich immer schneller drehende Deflationsspirale. Im März 1930 zerbrach das Kabinett Müller am Streit um die Finanzierung der Arbeitslosenversicherung. Es war damit das letzte vom Parlament gewählte Kabinett. Mit dem Kabinett Brüning beginnt die Serie von mittels Notverordnung regierender Präsidialkabinette.

Auf der Reichskonferenz der SAJ am 18. und 19. April 1930 in Lüneburg kam es zum Versuch der Linken in der SAJ, den parteivorstandsorientierten Hauptvorstand zu kippen. Bei der Wahl des Vorsitzenden der SAJ trat der Vorsitzende der Jungsozialisten, Franz Lepinski, gegen Erich Ollenhauer an, unterlag jedoch mit 50 zu 93 Stimmen. Dennoch erzielte die linke Opposition mehrere Achtungserfolge: Ein Antrag, der die einseitige politische Ausrichtung der Zeitschrift »Arbeiterjugend« missbilligen wollte, wurde mit 69 zu 55 Stimmen abgelehnt, ein Antrag, der vorsah, dass die Mitglieder des Reichsausschusses und des Hauptvorstands der SAJ auf Reichskonferenzen nur dann stimmberechtigt sein sollten, wenn sie von ihren Bezirken als Delegierte gewählt waren, verfehlte mit 62 zu 52 zwar eine satzungsändernde Mehrheit, machte aber eine breite Stimmung im Verband deutlich.

Die politischen Richtungsstreitigkeiten innerhalb der Sozialdemokratie wurden in der SAJ auch unter der Überschrift der richtigen Erziehung der proletarischen Jugend diskutiert: Wie solle ein Jugendhelfer reagieren, wenn er von seinem »Roten Falken« darauf angesprochen werde, warum die SPD im Wahlkampf gegen den Bau des Panzerkreuzers agitiert hätte, nun dem Bau aber zustimme. Dies ginge doch gerade nur durch die Darstellung der unterschiedlichen Positionen innerhalb der SPD, nicht durch schlichtes Verkünden der Position der jeweiligen Parteivorstandsmehrheit. Außerdem machten Mitglieder aus den mehrheitlich oppositionellen Bezirken, wie etwa in Sachsen, geltend, dass die Partei hier unter der Jugend deutlich höhere Organisationsgrade erreiche als im Reichsdurchschnitt.

Interessant war, dass auf der Konferenz errechnete Durchschnittsalter der etwa 150 Delegierten 25 Jahre betrug – das obere Ende des Jungsozialisten-Alters. Interessant ist demgegenüber auch ein Blick auf die

Teilnehmer der Reichsschulungswoche der Jungsozialisten an Pfingsten 1930 im sächsischen Probstzella. Das Durchschnittsalter der etwa 70 Teilnehmerinnen und Teilnehmer betrug 23 Jahre, ein Großteil von ihnen Industriearbeiter – und mehr als die Hälfte arbeitslos. Fast alle hatten noch weitere Positionen innerhalb der Arbeiterbewegung inne und waren nicht nur bei den Jungsozialisten aktiv.

Abspaltungen und innere Kämpfe erlebten nicht nur die Sozialdemokratie, sondern auch die Kommunisten. Die 1929 gegründete »Kommunistische Opposition« (KPO) lehnte die schroffe Abgrenzung der KPD zur Sozialdemokratie ab und war intern demokratischer strukturiert als die Kommunistische Partei. Kader der KPO suchten gezielt den Kontakt auch zu Jungsozialisten, so dass sich die Reichsleitung am 3. September 1930 bemüßigt sah, die klare Gegnerschaft der Jungsozialisten zur KPO herauszustellen und die Parole auszugeben: »Kein Paktieren, kein Zusammengehen mit der KPO, auch ihr gilt unser schärfster Kampf!«

Der Rückblick des Vorsitzenden Lepinski auf zehn Jahre Jungsozialisten fällt im Jahr 1930 durchaus positiv aus.[86] Die Jungsozialisten seien nicht nur eine Erziehungsgemeinschaft der proletarischen Jugend, sie seien die neue Generation in der Partei. Die Jungsozialisten müssten mit allen vorwärtsdrängenden Kräften an der Erneuerung der Partei arbeiten. Problem sei, dass bei weiten Kreisen der organisierten Arbeiterbewegung eine geistige Verflachung eingetreten sei. Viele der in die Partei einströmenden Mitglieder hätten keine Verbindung mehr mit dem Gedankengut der Sozialdemokratie. Sozialismus sei in den Augen vieler nur noch ein Kampf um Lohn und Arbeitszeit, um Sozialpolitik und Sozialversicherung sowie manchmal ein Streit um Koalitionspolitik. Damit einhergehen würde eine »Verspießerung« von Massen und Führern der Partei. Die Partei sei auch keine Gemeinschaft, da der heutige Parteivorstand keinerlei Kritik oder abweichende Meinung dulden würde. Auch zwischen Theorie und Praxis der Partei lege eine unüberbrückbare Kluft, die es wieder durch stärkere Orientierung der Praxis an der marxistischen Theorie zu schließen gelte. Und die Ausdrucksformen der Partei seien vielfach veraltet. Die sozialistische Jugend müsse ihre Kulturarbeit daher weiter vorantreiben. »Die Jungsozialisten sind der geistig regsamste und aktivste Teil der Partei. Darum müssen sie – und das ist ihre Mission für ihr zweites Jahrzehnt – den politischen Willen der jungen Generation formen, ihre Aufgaben immer schärfer und eindeutiger herausstellen und alle erneuernden Kräfte zur Schulung und zur politischen Wirksamkeit sammeln.«[87]

Weitere Themen in den Jungsozialistischen Blättern waren die Steuer- und Finanzpolitik, das deutsch-polnische Verhältnis, der indische Befreiungskampf, der Bolschewismus und die Lage in der Sowjetunion sowie die Agrarpolitik. Eine Sonderstellung nimmt das Heft 3 des Jahrgangs ein, das vollständig dem im März 1930 überraschend verstorbenen Paul Levi gewidmet war.

Die Reichstagswahlen am 14. September 1930 bescherten der NSDAP ihren ersten großen Erfolg. Sie kam auf 18,3 Prozent und war damit deutlich stärker als die immer erfolglosere DNVP, die nur noch 7 Prozent erreichte. Noch schlimmer traf es die langjährige Regierungspartei DVP, die auf 4,5 Prozent kam. Die SPD konnte sich mit 24,5 Prozent als stärkste Fraktion behaupten.

Im Herbst 1930 spitzten sich die Auseinandersetzungen zwischen Jungsozialisten und Partei weiter zu. In Berlin war es am 21. November im Rahmen einer Veranstaltung der SPD zu Auseinandersetzungen zwischen Angehörigen des Reichsbanners sowie jüngeren Parteimitgliedern gekommen. Die Berliner Parteiführung unterstellte, bei der Gruppe habe es sich um einen von den Berliner Jungsozialisten gegründeten und gesteuerten »Jungordnerdienst« gehandelt. Die Jungsozialisten hätten damit gegen den Beschluss verstoßen, Ordnerdienste nur im Rahmen der SPD-Strukturen zu organisieren. Am 24. November fasste der SPD-Bezirksvorstand von Groß-Berlin den Beschluss, die Jungsozialistische Vereinigung im Bezirk aufzulösen. Begründet wurde dies mit der Bildung eines »Jungproletarischen Ordnerdienstes«. Dies zeige, dass die Jungsozialistische Bewegung als »Partei in der Partei« wirken wolle. Bezug genommen wird in dem Beschluss auch auf den bereits zum SPD-Parteitag 1925 gestellten Antrag der Berliner SPD, die Jungsozialisten aufzulösen.[88]

Für die Leitung der Berliner Jungsozialisten erklärten die beiden Vorsitzenden Seigewasser und Barth, dass es einen »Jungproletarischen Ordnerdienst« in Berlin nicht gegeben hätte. Unter dem Eindruck der Wahlerfolge von Nationalsozialisten und Kommunisten hätte es in einzelnen Kreisen Zusammenschlüsse zu Ordnergruppen gegeben. Diese wären aber nicht von den Jungsozialisten gebildet worden, sondern hätten sich aus älteren Mitgliedern der SAJ, Jungsozialisten und jungen

Parteigenossen, Sportlern und jüngeren Angehörigen des Reichsbanners gebildet. Auf einer auf Einladung des Arbeitsausschusses der Berliner Jungsozialisten am 9. Oktober 1930 einberufenen Versammlung wäre gegen den erklärten Willen der Führung der Berliner Jungsozialisten die Gründung eines Ordnerdienstes beschlossen worden. Mitglieder der Führung der Berliner Jungsozialisten hätten auf die politische Unzulässigkeit eines solchen Vorgehens hingewiesen, und auch abgelehnt, Führungsaufgaben in diesem Ordnerdienst zu übernehmen. Vom Aufmarsch der etwa 80 jungen Genossen bei der Kundgebung, die dann in tätlichen Auseinandersetzungen geendet hätte, habe die Leitung der Berliner Jungsozialisten nichts gewusst. Außerdem wiesen die Jungsozialisten die durch die Bezugnahme auf den Auflösungsantrag von 1925 deutlich gewordene allgemeine Kritik am Verband zurück. Man hätte bei weitem nicht nur Bildungsarbeit betrieben. Mehr als die Hälfte der 500 Mitglieder hätte Funktionen in der Partei gehabt, und trotz dieser kleinen Zahl und der hohen Arbeitslosigkeit hätte man 3500 Reichsmark aus eigenen Mitteln zur Finanzierung von Landagitationsfahrten aufgebracht.[89]

Die Auflösung der Berliner Jungsozialistischen Vereinigung nahm auch der SPD-Parteiausschuss auf Reichsebene zum Anlass, sich mit der Angelegenheit der Jungsozialisten zu befassen. Der Ausschuss billigte den Beschluss der Berliner SPD und stellte darüber hinaus fest: »Da die jungsozialistische Bewegung in ihrer heutigen Form den Anforderungen einer gesteigerten Werbearbeit unter jungen Parteigenossen nicht entspricht, wird der Parteivorstand ersucht, eine Reorganisation dieser Bewegung vorzubereiten, die die Möglichkeit schafft, die Werbungs- und Schulungsarbeit der jungen Parteigenossen auf breiterer Grundlage durchzuführen und eine engere Verbindung zwischen dieser Arbeit und der allgemeinen Tätigkeit der Partei herzustellen.«[90] Der Reichsvorsitzende der Jungsozialisten, Lepinski, versuchte, die Flucht nach vorne anzutreten, und erklärte für den Vorstand, man sei bereit an einer Reorganisation der Jungsozialisten mitzuarbeiten.

Auch in anderen Parteibezirken wurde gegen die Jungsozialisten vorgegangen, so im linken Bezirk Leipzig. Dort wurden die Jungsozialisten nicht aufgelöst, sondern die Gründung einer »Arbeitsgemeinschaft junger Sozialdemokraten« beschlossen, die wesentlich stärker an die Partei gebunden werden sollte, und deren satzungsgemäße Zwecke mit

»a) gesellige Veranstaltungen; b) Wanderungen und körperliche Betätigung; c) Förderung der Bildungsarbeit (Kurse, Besichtigung, usw.); d) Ausspracheabende; e) zentrale Veranstaltungen« umschrieben wurden.[91] In Dresden löste sich die Jungsozialistische Vereinigung aus Protest gegen die Zusammenlegung der sieben Ortsgruppen durch die Partei auf.

Der Reichsausschuss der Jungsozialisten beschloss am 15. Februar 1931, dem SPD-Parteivorstand einen eigenen Vorschlag für die Reorganisation des Verbandes zu unterbreiten, der den Zielen der Partei, die jüngeren Mitglieder stärker zu binden, entgegenkommen sollte. In dem Beschluss hieß es, in jedem SPD-Ortsverein sollten die Jugendlichen bis zum 25. Lebensjahr zu »jungsozialistischen Gruppen« zusammenfasst werden. Diese Gruppe sei dann Teil des Ortsvereins. Ihre Leitung obliege einem jungsozialistischen Obmann, einem Vertreter der Partei und einem Vertreter der SAJ. Der Obmann solle zugleich Mitglied der örtlichen Parteileitung sein. Aufgabe der jungsozialistischen Gruppen sei die Werbung, Schulung und Aktivierung der Jugend. Eine ähnliche Struktur sollte auch auf Bezirksebene verankert werden. Auf Reichsebene wurde die Bildung eines Beirats der Jungsozialisten beim SPD-Parteivorstand vorgeschlagen, der sich ähnlich der bisherigen Reichsleitung der Jungsozialisten zusammensetzen sollte. In jedem zweiten Jahr sollte ein Reichsjugendtag, in jedem Jahr mindestens eine Reichsschulungswoche stattfinden.[92]

Auch in den Jungsozialistischen Blättern wurde die Debatte über die Reorganisationsfrage geführt. Anna Siemsen erkannte das Problem der Sozialdemokratie bei der Jungend an, interpretierte das aktuelle Vorgehen des Parteivorstands aber eher als Versuch einer »Zähmung« der Jugend, obwohl eigentlich gute theoretische Schulungs- und Bildungsarbeit, wie sie die Jungsozialisten betrieben, für die Zukunft der Partei von eminenter Bedeutung wären.[93] Alexander Schifrin sah demgegenüber die große Fehlstelle der Jungsozialisten in ihrer »sektiererischen Abgeschlossenheit«, die verhindert habe, die Aufgabe der Erziehung der neuen proletarischen Generation zu lösen. Schifrin bezog sich dabei vor allem auf die Art des Auftritts und der Verankerung in der Arbeiterbewegung und grenzte sich von Forderungen nach einer auch politisch-ideologischen Reform des Verbandes ab.[94]

Dora Fabian von der Reichsleitung warb für den Kompromissvorschlag des Reichsausschusses: Die Wahl bestünde nur zwischen Einstellen der jungsozialistischen Arbeit und einer Reform, ein Bewahren der hergebrachten Strukturen sei ausgeschlossen. Aufgabe der Jungsozialisten sei nun, zu einer Massenorganisation zu werden, und die marxistische Schulungsarbeit in die Breite der jungen Parteigenossenschaft zu tragen. Diese Aufgabe lasse sich trotz des teilweisen Verlusts der organisatorischen Selbstständigkeit bewerkstelligen.[95]

Aber es gab auch Stimmen, die die Wehrhaftigkeit der Jungsozialisten besonders betonten. So schrieb Clemens Seifert, »die Jungproleten« würden gegen den Feind marschieren wollen, »die Jugend will nicht nur gepflegt sein, sie will ihre und der Partei Organisationen vor dem Faschismus schützen. (...) Es liegt nicht zuletzt an der Parteiführung, ob sie dazu die entsprechenden sozialistischen Formationen schafft und für sich marschieren, oder ob sie das Jungproletariat unter rechts- oder linksradikaler Flagge in sinnlosen und irregeleiteten Aktionen gegen sich marschieren lassen will.«[96]

Die Reichskonferenz der Jungsozialisten an Ostern 1931 sollte Klarheit über die Position des Verbandes in der Reorganisationsfrage bringen. Deutlich wurde, dass eine große Gruppe der Reorganisationsdiskussionen sehr kritisch gegenüberstand. So beschloss die Konferenz zu Beginn, neben dem ursprünglich vorgesehenen Referat des Reichsvorsitzenden und Reorganisationsbefürworters Lepinski auch ein Co-Referat des Breslauer Jungsozialisten Fritz Lewy anzuhören, der für eine Beibehaltung der bisherigen Strukturen plädierte. Auch in der Aussprache zum Eingangsreferat von Alexander Stein zum Thema »Die Jugend in der Partei« wurde von Diskussionsteilnehmern die Position deutlich gemacht, die gesellschaftliche Situation sei auf Klassenkampf eingerichtet, und die Jungsozialisten müssten auch die Sozialdemokratie hin auf eine solche Position treiben.

Franz Lepinski trug für die Reichsleitung noch einmal den Beschlussvorschlag des letzten Reichsausschusses vor. Dem hielt Lewy in seinem Co-Referat entgegen, es wäre nicht gelungen, die Partei jungsozialistisch zu machen.[97] Die vorgeschlagenen Richtlinien zur Reorganisation böten keine größeren Wirkungsmöglichkeiten für die Jungsozialisten und seien daher abzulehnen. In der folgenden Abstimmung wurde der Richtlinienvorschlag des Reichsausschusses mit 37 zu 31 Stimmen abgelehnt. Stattdessen beschloss die Konferenz mit 37 zu 31 Stimmen eine von den Bezirken Brandenburg und Breslau eingebrachte Entschließung:

»Die jungsozialistische Bewegung steht an einem entscheidenden geschichtlichen Abschnitt ihrer Entwicklung, der durch die ökonomische und durch die politische Zuspitzung der Klassengegensätze in Deutschland und durch die politische und programmatische Krise innerhalb der SPD gekennzeichnet ist. Die entscheidende Aufgabe der jungen Generation der sozialistischen Arbeiterbewegung ist in diesem Augenblick die aktive Teilnahme an den Arbeiten und Kämpfen der Partei im Sinne der Heranbildung einer revolutionären marxistischen Politik. Diese Aufgabe erfordert den vollen und ungehemmten Einsatz der Kräfte der jungen Generation innerhalb der Partei selbst. Die Aufrechterhaltung der Jungsozialisten hat nur einen Zweck unter der Voraussetzung, dass diese Organisation nicht zu einem Hemmnis der politischen Arbeit der jungen Generation wird, dass also ihre Bewegungsfreiheit auf dem Boden des Parteiprogramms in vollem Umfange gewahrt bleibt. Die Reichskonferenz lehnt eine Reorganisation der jungsozialistischen Bewegung ab, die die Aufhebung der geistigen Selbstständigkeit der inneren Selbstbestimmung der Jungsozialisten zur Folge hat und deshalb als ein Ausnahmegesetz zur Unterdrückung der politischen Willensbildung der jungen Generation in der Partei betrachtet werden muss.«[98]

Danach wurde durch die Jungsozialisten Düsseldorf der nur wenig abgeänderte ursprüngliche Reorganisationsvorschlag des Reichsausschusses eingebracht und mit breiter Mehrheit angenommen. Nun standen ein aggressiv-ablehnender Beschluss und ein Reorganisationsbeschluss unverbunden nebeneinander.

Nachdem Franz Lepinski nicht mehr für die Reichsleitung kandidierte, wählte die Konferenz Seigewasser, Kreßmann und Breitbach aus Berlin, Suchan aus Düsseldorf, Liljeberg aus Magdeburg, Schuler aus Breslau und Löffler aus Plochingen in die Reichsleitung. Georg Engelbert Graf schied als Redakteur der Jungsozialistischen Blätter aus, erklärte sich aber bereit bis zum SPD-Parteitag im Amt zu bleiben. Eine weitere Resolution, in der den neun SPD-Reichstagsabgeordneten, die gegen die Linie der SPD-Reichstagsfraktion gestimmt hatten, die Solidarität erklärt werden sollte, wurde nach Intervention unter anderem von Otto Jenssen und Georg Engelbert Graf zurückgezogen.

Versuche der neuen Reichsleitung der Jungsozialisten, mit dem Parteivorstand über die Konferenzbeschlüsse und den bevorstehenden Par-

Erich Ollenhauer, Vorsitzender der SAJ (1929).

teitag zu diskutieren, wurden seitens der SPD-Führung ignoriert. An einem Dialog mit dem Ziel, auch den Erhalt der Jungsozialistischen Bewegung zu diskutieren, bestand offensichtlich kein Interesse mehr.

Die Diskussion über die Zukunft der Jungsozialisten wurde auch in parteirechten Kreisen geführt. Wilhelm Soll warb um Verständnis zwischen Alten und Jungen, in dem er darauf verwies, dass viele der Alten in ihrer Jugend selbst viel aktiver gewesen wären und von »großen Geschehnissen« geträumt hätten.[99] Im Kern deutet aber auch Sollmann einen gängigen Vorwurf gegen die Jungsozialisten an: Diese hätten zu wenig Interesse, sich an der eigentlichen Parteiarbeit zu beteiligen.

Der Leipziger Parteitag machte mit den Jungsozialisten kurzen Prozess: Der bislang übliche beratende Delegiertenstatus für ein Mitglied der jungsozialistischen Reichsleitung wurde vom Parteivorstand gestrichen. Nach einem zweistündigen Referat des SAJ-Vorsitzenden Erich Ollenhauer zum Thema »Partei und Jugend« erhielt kein Vertreter der Jungsozialisten das Wort, und die Sache war vorbei.

Dieses Vorgehen wirkte umso brutaler, als sich Ollenhauer in seinem Referat kaum mit der tatsächlichen Politik der Jungsozialisten auseinander gesetzt hatte.[100] In Bezug auf die SAJ beschrieb er als ihre Aufgabe, »die arbeitende Jugend zu organisieren, sie sozialistisch zu erziehen und dann der Partei als Mitglieder zuzuführen«.[101] Eine indirekte Abgrenzung zum Selbstverständnis der Jungsozialisten traf Ollenhauer, als er sich zum Verhältnis von politischer Erziehung und Kritik an der Partei äußerte: »Wir dienen der Jugend nicht, wenn wir in ihr den Glauben wecken und stärken, es sei politische Aktivität, wenn man über jede, auch die schwerste politische Entscheidung der Partei anhand von ein paar Schlagworten urteilt. Die Aufgabe der Parteigenossen, auch der aus der Jugendbewegung kommenden jungen Parteigenossen, ist in erster Linie die, Vermittler zwischen Partei und Jugend zu sein. Sie sollen für die Partei werben. Das kann man nicht, wenn man sich vor der Jugend immer wieder kritisch mit der Partei beschäftigt. Kritik an der Partei üben wir in der Partei, Entscheidungen über die Politik der Partei fällen wir in der Partei. Wenn wir für die Partei werben, dann betonen wir nicht das Trennende, sondern das Gemeinsame, das einigende Ziel.«[102]

Die zentrale Kluft im Selbstverständnis zwischen Jungsozialisten und Partei wird an dieser Stelle noch einmal exemplarisch deutlich. Eine Selbstwahrnehmung der Jungsozialisten als »Motor« der Partei war in diesem Konzept völlig unmöglich. Ziel müsste die unmittelbare, verantwortliche Mitarbeit der Jungen in der Gesamtpartei sein. Diese Aufgabe hätten die jungsozialistischen Gruppen nicht erfüllt. Ollenhauer stellte sodann fest, dass es in der Jugend ein enormes Maß an Proletarisierung und ein Bedürfnis nach Radikalität gebe. Dieses könne die

Sozialdemokratie aber rein strukturell kaum auffangen, da die Partei verpflichtet sei, auf dem Boden der Demokratie praktisch für die Gestaltung ihrer sozialistischen Ziele zu wirken. Die unmittelbare Gestaltung der neuen Welt erfordere aber mehr als jugendlichen Elan, sie erforderte Wissen, Einsicht und Erfahrung. Hier liegt die tiefe Ursache der Spannung zwischen dem Sozialismus und der jungen Generation von heute.[103]« Dies gelte auch unabhängig davon, ob die Partei gerade in der Regierung oder in der Opposition sei. Dass zumindest in ihrem Selbstverständnis viele Jungsozialisten gerade an dieser Spannung ansetzen und sie politisch gestalten wollten, darauf geht Ollenhauer nicht ein. Eine eigene Strategie für die Gewinnung der Jugend liefert Ollenhauer nicht. So bleibt als Quintessenz des Referats übrig, dass die Partei selbst nicht an ihrer fehlenden Attraktivität für junge Leute schuld war.

Exemplarisch für die aufgeheizte Stimmung gegenüber abweichenden Meinungen war auch der Umgang des Parteitags mit der Zeitschrift »Der Rote Kämpfer«. Max Westphal bezeichnete sie für den Parteivorstand als »parteifeindliches Unternehmen«, mit dem die Spaltung der Partei betrieben würde. Angegriffen wurde auch der auf der Besuchertribüne des Parteitags sitzende parteiungebundene Fritz Sternberg, den Westphal als »Sendling der KPD« denunzierte. In der weiteren hitzigen Aussprache steigerte sich der Düsseldorfer Parteifunktionär Georg Richter zu dem Ausruf: »Für mich gibt es keinen Genossen Sternberg, für mich gibt es nur den Sendling der KPD Sternberg. Mit einem derartigen Subjekt haben wir als Partei nichts zu tun und lehnen jede Gemeinschaft mit diesem Zersetzungsapostel ab.[104]«

So blieb den verbliebenen Aktiven der Jungsozialisten nur, in der letzten Ausgabe der Jungsozialistischen Blätter die Argumente für den Erhalt des Verbandes zu referieren. Georg Engelbert Graf warf dem Parteivorstand vor, gerade das Argument, viele Ortsgruppen der Jungsozialisten wären zu den Kommunisten übergelaufen, falle auf die Partei selbst zurück. Bei mehr als einer Millionen SPD-Mitgliedern seien auch 50 000 Mitglieder der SAJ nicht wirklich viel. Nicht die Jungsozialisten hätten es nicht geschafft, die Jugend an die Partei zu binden, sondern der politische Kurs der Partei selbst sei hier zu kritisieren.[105] Otto Jenssen wertete den Umgang der Parteiführung mit den Jungsozialisten als weiteres Zeichen für die Erosion demokratischer Strukturen in der Sozialdemokratie. Zudem gehöre es zum Wesen einer wirklichen

Demokratie, dass sie von charaktervollen, selbstständig denkenden Persönlichkeiten getragen werde. Gerade deshalb ist für Jenssen die demokratische Debatte und Einbeziehung aller wichtig.[106]

Fritz Lewy brachte ein weiteres Argument vor: Die Ableitung der mangelnden Attraktivität der Jungsozialisten für junge Parteimitglieder aus der Tatsache, dass nur etwa 5 bis 8 Prozent der jungen SPD-Mitglieder bei den Jungsozialisten organisiert seien, sei falsch, da auch in den anderen Jahrgängen der Partei kaum ein größerer Prozentsatz der Mitglieder wirklich aktiv sei.[107]

Auch im Umfeld der Parteirechten äußerte sich Kritik. Carl Mierendorff hielt fest, dass der Parteitag in Bezug auf »Partei und Jugend« das eigentliche Thema verfehlt habe, nämlich wie der Jugend eine ähnlich begeisterungsfähige Aufgabe gesetzt werden könne wie den Generationen davor. Dem Wort »Sozialismus« müsse eine sinnlich fassbare und damit mit höchster Anziehungskraft geladene Bedeutung gegeben werden. Ollenhauer habe mit seinem Referat am Thema vorbei geredet, aber er habe ja auch nicht als Anwalt der Jugend gesprochen, sondern wie ein Professor, der einem wissenschaftlichen Kongress das Ergebnis seiner Forschungen an einer neuen Krankheit unterbreite. Sein Referat habe ein Vollbart bis zum Knie getragen, wie Spötter meinten. Der Jungsozialismus von gestern sei tot. »Es lebe der Jungsozialismus von heute! Er wird leben, wenn es ihm gelingt, durch geistige Leistung der Partei zu imponieren und sich unentbehrlich zu machen, was jener nicht vermocht hat.«[108]

Auch wenn die Jungsozialisten am Ende vor allem an sich selbst scheiterten: Ein Großteil dessen lag auch am Unwillen der Weimarer Sozialdemokratie, sich mit abweichenden Meinungen auseinanderzusetzen. Die SPD entwickelte zu keinem Zeitpunkt Verständnis für die Diskussionen im Jugendverband und nahm Loyalität gegenüber der Partei nicht wahr.

Der Umgang war vor allem administrativer Natur – die Stärkung der SAJ durch die Anhebung des SAJ-Alters auf 20 Jahre 1927, die Versuche einer engen Anbindung an die örtlichen Parteistrukturen und letztlich auch die Debatte um die Auflösung der Jungsozialisten auf dem Leipziger Parteitag 1931, bei dem Vertreter der Jungsozialisten keine Chance bekamen, die eigene Position darzulegen. Dabei wurden bei den Jungsozialisten durchaus Themen diskutiert, die nicht nur die Sozialdemokratie, sondern die Arbeiterbewegung insgesamt beschäftigten. Die Organisationsgeschichte der SPD in der Weimarer Republik ist selbst nicht ohne Brüche. Nicht nur die Spaltungen während und am Ende des Ersten Weltkriegs sind hier zu beachten. Auch während der Weimarer Republik blieb die Partei auch Teil der unterschiedlichen Strömungen in der Bewegung. Aus der USPD kehrten Sozialdemokraten einzeln oder in Gruppen zur SPD zurück. Ein großer Teil der späteren Funktionäre war in der USPD gewesen, von den einstigen Kontrahenten im Revisionismusstreit der Jahrhundertwende Karl Kautsky und Eduard Bernstein über den späteren Finanzminister und Theoretiker des sozialdemokratischen Zentrums Rudolf Hilferding bis zum späteren SPD-Reichstagsfraktionsvorsitzenden Rudolf Breitscheid.

Auch nach der Auflösung der Jungsozialisten ließ der Gedanke an die Weiterführung sozialistischer Jugendarbeit einige der Protagonisten nicht los. Georg Engelbert Graf gab das Ziel einer Jugendzeitschrift nicht auf und rief mit der »Sozialistischen Jugend« eine Nachfolgezeitschrift zu den Jungsozialistischen Blättern ins Leben, von der allerdings nur insgesamt fünf Nummern erschienen. Graf versuchte, die Mischung aus politischer Bildung und politischer Debatte weiterzuführen. »Zum Geleit« der ersten Ausgabe schrieb Graf als Ziel eine »Politisierung der Jugend!« fest, die aber gerade nicht heißen solle, die Jugend politisch zu missbrauchen, »ihr Dolch und Revolver in die Hand geben und sie auf lautes Brüllen ›Deutschland erwache!‹ – ›Heil Moskau‹ eindrillen. (...) Politisieren heißt: in der Politik zum Glauben und zum Handeln zu erziehen; aber nicht: Illusionen nachjagen und in Seifenblasen sich selbst zu bespiegeln.«[109] In derselben Zeitschrift machte Graf auch seine entschiedene Ablehnung der Parteispaltung deutlich. Er verwies darauf, dass ein Großteil der Aktiven der neugegründeten SAP nicht aus den Reihen der »vielgeschmähten Jungsozialisten«, sondern der SAJ gekommen wäre, was der SPD-Mehrheit doch zu denken geben müsse. Nötig sei daher eine Vision des Sozialismus, um die Jugend zu packen und für die SPD zu gewinnen.[110]

Auch ein großer Teil der »Klassenkampf-Gruppe« blieb in der SPD und lehnte die Parteispaltung ab. Mit der »Marxistischen Tribüne« wurde eine eigene Zeitschrift ins Leben gerufen, die die Nachfolge des nun als Theoriezeitschrift der SAP fungierenden Klassenkampf antreten sollte. Neben Georg Engelbert Graf gehörten aus dem Umfeld der

Jungsozialisten auch Arkadij Gurland, Fritz Bieligk, Otto Jenssen, Kurt Löwenstein und der ehemalige Vorsitzende der Jungsozialisten, Franz Lepinski, zu diesem Kreis.

Die Sozialistische Jugend konnte sich nicht lange halten. Nach der Einstellung als eigenständige Zeitschrift wurden die Themen in einer gleichnamigen Rubrik in der Marxistischen Tribüne weitergeführt. Fritz Lepinski regte hier die Schaffung von »Arbeitskreisen jüngerer Parteigenossen« an, die die bisherige Schulungsarbeit der Jungsozialisten weiterführen sollten.

JungsozialistInnen unterm Nazi-Terror Zwölf Jahre Verfolgung, Flucht und Mord

Der Terror der Nazis nahm unmittelbar mit der Machtübertragung Ende Januar 1933 neue Dimensionen an. Waren Mitglieder der Arbeiterjugend schon in der Spätphase der Weimarer Republik immer wieder Opfer von Attacken nationalsozialistischer Schlägertrupps, erhielt der Terror nun auch Rückendeckung und Unterstützung durch staatliche Stellen.

Die SAJ blieb in ihrer Mehrheit bei ihrem legalistischen Kurs und versuchte, die eigene Verbandsarbeit fortzusetzen. Innerhalb der Arbeiterjugend spielte sich damit dasselbe Dilemma ab, dass auch die SPD selbst traf: Noch immer hoffte die Partei, den Sturm der Machtübertragung an die Nazis durch Kompromisse und öffentliche Zurückhaltung überdauern zu können. Diesen Kurs wollten aber nicht alle Gruppen mittragen. So gab es beispielsweise innerhalb der Berliner SAJ bereits seit dem Sommer 1932 Pläne, die Arbeit in der Illegalität vorzubereiten. Dies wurde jedoch seitens der Partei verboten, und die beteiligten Aktiven wurden gemaßregelt. Welche Dimensionen der Terror schon sehr bald annehmen sollte, konnten sich die meisten nicht vorstellen. Die Ermordung eines SAJ-Mitgliedes durch SA-Männer am 22. Februar 1933 in Berlin beim Verteilen von Flugblättern sollte nur der Anfang sein.

Nach einer Notverordnung vom 28. Februar konnte die »Arbeiter-Jugend« nicht mehr erscheinen, am 11. März erfolgte in Bayern ein erstes Verbot der SAJ. Die Reichsleitung der SAJ versuchte sich dadurch auf die neue Situation einzustellen, dass die 14- bis 17-jährigen Mitglieder in Jugendgruppen zusammengefasst bleiben sollten, während die älteren Mitglieder in die SPD überführt werden sollten.

In der Schlussabstimmung zum »Gesetz zur Behebung der Not von Volk und Reich« (umgangssprachlich »Ermächtigungsgesetz« genannt) stimmten alle Mitglieder der SPD-Reichstagsfraktion, auch die ehemaligen Jungsozialisten Gustav Dahrendorf und Georg Engelbert Graf, gegen das Gesetz – ein Exponent des rechten und ein Exponent des linken Flügels des Weimarer Jungsozialismus. Nicht an der Abstimmung teilnehmen konnten Kurt Löwenstein und Carl Mierendorff: Kurt Löwensteins Wohnung war am 27. Februar von der SA überfallen worden und der ehemalige Leiter der »Kinderfreunde« war bereits auf der Flucht. Carl Mierendorff war nach einer Wohnungsdurchsuchung am 7. März ebenfalls untergetaucht.

Am 17. April begab sich Erich Ollenhauer mit weiteren Mitgliedern des Parteivorstands der SPD ins Exil. Am 22. Juni 1933 wurde die SPD verboten. Auch ehemalige Angehörige der Arbeiterjugend engagierten sich im aktiven Widerstand. Bis zum Vorabend des Zweiten Weltkriegs gelang es so örtlichen Gruppen, kleine Widerstandsnester zu bilden. Die Reichweite ihrer Aktionen blieb allerdings beschränkt. So wurde mit Fritz Erler ein ehemaliges SAJ-Mitglied und in der frühen Bundesrepublik führender Sozialdemokrat 1938 zu zehn Jahren Zuchthaus verurteilt. Eine aktive Rolle nahmen die »Roten Kämpfer« ein, die noch bis Ende der 1930er-Jahre ihr Netzwerk aufrechterhalten konnten. Für viele bestand die Widerstandsleistung auch schlicht darin zu versuchen, sich den Zwängen und Ritualen der NS-Organisation soweit es ging zu entziehen, und die Kontakte mit Gleichgesinnten zu pflegen.

Ehemalige Mitglieder der Jungsozialisten wurden verfolgt und ins Exil getrieben. In dieser Situation trafen sich Hofgeismarer und Hannoveraner Jungsozialisten wieder. Gerade auf Seiten der ehemaligen Hofgeismarer war der Blutzoll hoch, gehörten sie doch oft dem Reichsbanner und der Eisernen Front an und leisteten aktiven Widerstand.

Felix Fechenbach, der zuletzt als Redakteur der Detmolder »Volkswacht« gearbeitet hatte, wurde im März 1933 verhaftet und in »Schutzhaft« genommen. Auf dem Transport in das Konzentrationslager Dachau am 7. August wurde er von seinen Peinigern misshandelt und anschließend ermordet.

Max Westphal fungierte nach der Machtübernahme der Nazis zunächst als Bindeglied zwischen dem Prager Exilvorstand der SPD und den im Land verbliebenen Vorstandsmitgliedern. Während der NS-Zeit wurde er mehrfach verhaftet und saß im Jahr 1938 zeitweise im KZ Sachsenhausen. Westphal starb 1942 an den gesundheitlichen Folgen der erlittenen Haft. Zu seiner Beerdigung am 2. Januar 1943 kamen mehr als tausend Mitglieder der alten Arbeiter- und Arbeiterjugendbewegung.

Franz Osterroth floh 1934 mit seiner Familie zunächst in die Tschechoslowakei und dann 1938 weiter nach Schweden. August Rathmann blieb in Deutschland und schlug sich während der NS-Zeit als Kleinunternehmer sowie als ziviler Referent für die Holzwirtschaft in den Ostgebieten beim Oberkommando der Wehrmacht durch.

Hermann Heller, auf der Reichskonferenz von Jena Referent für die Hofgeismarer und aufgrund seines sozialdemokratischen Bekenntnisses sowie seiner jüdischen Herkunft erst 1932, gegen viele Widerstände konservativer Professoren, auf einen Lehrstuhl an der Universität Frankfurt am Main berufen, kehrte von einem Vortragsaufenthalt in Großbritannien 1933 nicht nach Deutschland zurück. Auf Einladung des spanischen Kultusministers nahm er eine Gastprofessur in Madrid an. Im September wurde er aufgrund des Gesetzes zur Wiederherstellung des Berufsbeamtentums aus seiner Professur in Deutschland entlassen. In Madrid arbeitete er intensiv an einer Monografie zu seinen staatstheoretischen Auffassungen. Er starb jedoch schon im November 1933 an den Spätfolgen eines Herzleidens, das er sich als Soldat im Ersten Weltkrieg zugezogen hatte. Die »Staatslehre« erschien 1934 aus seinem Nachlass im niederländischen Leiden.

Theodor Haubach gehörte 1933 zu den Mitgründern einer vor allem aus ehemaligen Reichsbanner-Angehörigen bestehenden Widerstandsgruppe. 1934 verhaftet, kam er zunächst ins Konzentrationslager Esterwegen. Nach seiner Entlassung arbeitete er ab 1935 als Versicherungsvertreter und begann, wieder Kontakte zu alten Genossen zu pflegen. Als Mitglied des Kreisauer Kreises 1944 inhaftiert, wurde er am 23. Januar 1945 gemeinsam mit Helmut James Graf von Moltke in Berlin-Plötzensee erhängt.

Gustav Dahrendorf wurde 1933 zunächst für einige Tage in »Schutzhaft« genommen, und im Mai 1933 nach seiner erneuten Festnahme für drei Monate in Hamburg inhaftiert. Seit 1934 betätigte er sich als Geschäftsführer der »Märkischen Brikett-Handelsgesellschaft« und hielt weiterhin Kontakte zu alten sozialdemokratischen Freunden. Dahrendorf gehörte als Mitglied des Kreisauer-Kreises zu den Verschwörern des 20. Juli 1944. Für den Fall des Erfolgs des Attentats auf Hitler war er als kommissarischer Bürgermeister für Hamburg vorgesehen. Zusammen mit den Sozialdemokraten Julius Leber und Adolf Reichwein wurde er für die Beteiligung an der Verschwörung vom Volksgerichtshof zu sieben Jahren Zuchthaus verurteilt. Diese Strafe saß er bis zur Befreiung im April 1945 in Brandenburg ab.

Felix Fechenbach, Gründer der Münchner Jungsozialisten. Er wurde 1933 von Nazis ermordet (1930).

Karl Brögers Rolle im Dritten Reich ist nicht frei von Kontroversen. Am 5. März 1933 war er noch für die SPD bei den Nürnberger Stadtratswahlen gewählt worden. Kurz danach wurde Bröger von der SA misshandelt und in das KZ Dachau verbracht. Anfang September 1933 wird

Bröger entlassen und blieb mit seiner Familie in Nürnberg. Er hielt sich mit kleineren schriftstellerischen Arbeiten über Wasser. Zugleich nutzten die Nazis einige seiner Gedichte zu Propaganda-Zwecken. 1940 nahm er an einer vom Reichspropaganda-Ministerium organisierten Reise nach Frankreich teil. Die dort entstandenen Gedichte sind jedoch von Stille und dem Wunsch nach Frieden geprägt und drücken keine aufgeputschte nationalistische Stimmung aus. 1943 wurde sein Wohnhaus durch Fliegerbomben zerstört, ein Jahr später erlag Bröger einem Krebsleiden. Zu seinem Begräbnis erschien gegen den Willen der Familie die örtliche NS-Prominenz. Die SPD stellte nach dem Krieg fest, Bröger hätte sich nicht mit den Faschisten gemein gemacht, sondern wäre Sozialdemokrat geblieben. Ihm zu Ehren wurde das Nürnberger Parteigebäude zum »Karl-Bröger-Haus« umbenannt.

Der Internationale Sozialistische Kampfbund (ISK) hatte sich anders als die großen Parteien der Arbeiterbewegung auf die Arbeit in der Illegalität vorbereitet. Dabei kam ihm seine straffe Organisation entgegen. So blieben ISK-Mitglieder bis 1938 im Widerstand aktiv, verteilten Flugblätter und verübten kleinere Sabotage-Aktionen. ISK-Aktivisten brachten in der Nacht vor der Einweihung der Reichsautobahn im Jahr 1935 an den Brücken nazifeindliche Parolen an. Erst 1938 gelang es der Gestapo, die Strukturen des ISK in Deutschland weitgehend zu zerschlagen und viele Aktive zu verhaften.

Willi Eichler emigrierte 1933 nach Frankreich, wo er dem »Lutetia-Kreis« angehörte, der unter Beteiligung ehemaliger Funktionäre von SPD, SAP und KPD eine Volksfront gegen Hitler zusammenzubringen versuchte. Einer der prominentesten Unterstützer war der Schriftsteller Heinrich Mann. Hier traf Eichler auch Kurt Löwenstein wieder. Eichler leitete in Paris die Auslandszentrale des Internationalen Sozialistischen Kampfbundes (ISK) und gab von dort dessen Zeitschrift »Sozialistische Warte« heraus. Nach dem deutschen Überfall auf Frankreich floh er 1939 nach England, wo er sich wieder der SPD anschloss und später zum Vorstandsmitglied der »Union deutscher sozialistischer Organisationen in England« wurde. Maria Hodann, die sich nach der Trennung von ihrem Mann wieder Maria Saran nannte, verließ Deutschland ebenfalls 1933 und emigrierte über Stationen in Frankreich und Dänemark nach Großbritannien. Dort gehörte sie der britischen Sektion des ISK an und war ab 1941 Redakteurin des »Socialist Commentary«. Später engagierte sie sich in der Labour Party und war Frauensekretärin der Sozialistischen Internationalen.

Walter Fabian, ab Ende der 1920er-Jahre einer der führenden Theoretiker der linken Dresdner Jungsozialisten, fungierte von 1933 bis 1935 als Chef der Inlandsleitung der SAP, bevor er in die Emigration gezwungen wurde. Nach dem Krieg blieb er parteilos, begleitete die Entwicklung der Sozialdemokratie aber unter anderem als Chefredakteur der »Gewerkschaftlichen Monatshefte« sowie ab Ende der 1970er-Jahre als Mitherausgeber der linken Juso-Zeitschrift »Zeitschrift für sozialistische Politik und Wirtschaft« (spw).

Der ehemalige Vorsitzende der Jungsozialisten Franz Lepinski überstand das Dritte Reich in Deutschland. Georg Engelbert Graf blieb ebenso wie Lepinski in Deutschland und betätigte sich als freier Schriftsteller. Unter andrem schrieb er Kriegsberichte. Auch Otto Jenssen konnte die NS-Herrschaft in Deutschland überstehen. Anna Siemsen emigrierte 1933 in die Schweiz, wo sie zur Erlangung der Aufenthaltsgenehmigung 1934 eine Scheinehe mit dem Sekretär der Schweizer Arbeiterjugend, Walter Vollenweider, einging. Nach dem Krieg kehrte sie nach Deutschland zurück und wurde noch einmal zur Mentorin vieler jüngerer Genossinnen und Genossen in der SPD. Sie starb 1951 in Hamburg.

Als sich die Deutsche Studentenschaft am 10. Mai 1933 mit der Bücherverbrennung an der großflächigen Vernichtung humanistischen und sozialistischen Denkens versuchte, gehörten auch Texte aus dem Umfeld der Jungsozialisten dazu. Auf den für die Verbrennungen zusammengestellten »Schwarzen Listen« fanden sich unter anderem die Werke der von vielen Jungsozialisten verehrten Rosa Luxemburg, Karl Kautsky und Max Adler, von Ernst Fraenkel und Georg Engelbert Graf, Franz Lepinski (»Die Jungsozialistische Bewegung«), die Werke von Siegfried Marck, Gustav Radbruch (»Die Kulturlehre des Sozialismus«) sowie Bücher von Fritz Sternberg wieder.

Neugeburt einer Organisation
Die Jusos im Gleichschritt mit der Partei

Gleichzeitig zum Wiederaufbau der SPD organisierte sich 1945 auch die Parteijugend neu. Während an einigen Orten zunächst junge Sozialdemokraten und Kommunisten gemeinsam agierten und die »Freie Deutsche Jugend« gründeten, entwickelten sich schon im Laufe des Jahres 1945 jeweils unabhängige Verbände. Während die Jüngeren sich bei den »Falken« organisierten, trafen sich ältere Jugendliche bereits in kleinen Gruppen von »Jungsozialisten«. Diese Bewegung von unten wurde – ähnlich wie bei der parteioffiziellen Gründung der Jungsozialisten 1920 – nun auch von der Partei selbst anerkannt.

Der erste Nachkriegsparteitag der SPD 1946 in Hannover hielt fest: »Der Parteitag der Sozialdemokratischen Partei Deutschlands beschließt, in allen Ortsvereinen unserer Partei die Mitglieder zwischen 18 und 35 Jahren zu besonderen Jungsozialistischen Arbeitsgemeinschaften zusammenzufassen. In diesen Arbeitsgemeinschaften sollen unsere jungen Parteigenossen zu sozialistischen Aktivisten erzogen werden. Das ist nur möglich, wenn in diesen Arbeitsgemeinschaften nicht nur das wissenschaftliche Rüstzeug für unsere Weltanschauung erarbeitet wird, sondern die einzelnen Mitglieder dieser Arbeitsgemeinschaften zugleich aktiv in der parteipolitischen Kleinarbeit stehen.«[111]

Die Betonung stand also klar auf »Arbeitsgemeinschaft« innerhalb der Partei. Im Mittelpunkt stand die Frage, wie eine Jugend, die zwölf Jahre der NS-Indoktrination und die Kriegsschrecken miterlebt hatten, für die Sozialdemokratie – bzw. für die Demokratie überhaupt – gewonnen werden konnte. Die relativ hohe Altersgrenze von 35 Jahren sollte ermöglichen, dass auch die Jahrgänge der Kriegsteilnehmer mit in die Arbeit einbezogen werden konnten. Geleitet wurde der Verband durch den vom SPD-Parteivorstand bestellten Zentralsekretär Hans Hermsdorf. Anders als in der SPD war bei den Jungsozialisten auch eine Mitarbeit ohne Parteibuch möglich. Allerdings war es zunächst noch erforderlich, zwei Bürgen für die eigene politische Zuverlässigkeit zu benennen.

Über den Gründungsbeschluss schrieb Hermsdorf: »Dieser Entschluss entsprang keinesfalls der Liebhaberei am Organisieren, und er war auch nicht der Versuch, alte Einrichtungen aus der Zeit vor 1933 wieder einzuführen, sondern er entsprang der politischen Einsicht, den jungen Parteigenossen über den Rahmen der Parteiversammlung hinaus noch Gelegenheit und Möglichkeiten zu geben, ihre eigenen Probleme zu diskutieren und die beträchtlichen Lücken in ihrem politischen Wissen, die durch die zwölf Jahre Naziherrschaft entstanden waren, möglichst rasch auszufüllen.«[112]

Trotzdem blieb zunächst noch strittig, ob die Jusos als Arbeitsgemeinschaft in der Partei oder als eigener Jugendverband aufgebaut werden sollten. Während der Bundessekretär Hermsdorf Ende 1946 in einem Rundschreiben an die SPD-Bezirke zur Gründung von Jungsozialisten-Arbeitsgemeinschaften aufrief, versuchte der Jungsozialist und spätere Regierende Bürgermeister von Berlin, Klaus Schütz, die Falken als zentralen Jugendverband der SPD zu etablieren. Mit dem »Sozialistischen Deutschen Studentenbund« (SDS) gründete sich 1946 auch eine neue Hochschulorganisation, deren erster Vorsitzender der spätere Bundeskanzler Helmut Schmidt wurde.

Kurt Schumacher hielt auf dem SPD-Bundesparteitag in Hannover 1946 fest, »die deutsche Jugend – voran die Jungsozialisten – hat eine Aufgabe, wie sie größer nicht gedacht werden kann. Sie kann sich dieser Aufgabe nicht entziehen. Man kann nur kämpfen und leben und gestalten. (…) Kämpfen können die Sozialdemokraten, aber siegen werden sie nur mit der Jugend.«[113]

Die Organisation entwickelte sich rasch. Schon für das Jahr 1947 vermeldet der Jahresbericht der Jungsozialisten Aktivitäten von 480 Gruppen, diese Zahl erhöhte sich im darauffolgenden Jahr noch auf über 900 Arbeitsgemeinschaften. Etwa 80 000 Mitglieder der SPD waren unter 30 Jahre alt. Von ihnen engagierten sich etwa 15 Prozent bei den Jusos. Laut Jahresbericht soll ein Drittel davon Genossin gewesen sein – ein Eindruck, der sich beim Blick auf Fotos der Konferenzen nicht aufdrängt, sind dort doch weit überwiegend ernste junge Männer in Anzügen zu erkennen.

Die erste zentrale Delegiertenkonferenz der Jungsozialisten im Mai 1947 in Gelsenkirchen beschloss: »Seit zwei Jahren ruhen die Waffen. Noch immer sind die Voraussetzungen für einen dauerhaften Frieden nicht gefunden. Die tiefste Verelendung unseres Volkes in seiner Geschichte vollendet sich. Das gesamteuropäische Chaos scheint unabwendbar. Wir sehen als gemeinsame Aufgabe der Jugend der Welt, den kommenden Geschlechtern diesen Schrecken eines neuen Krieges zu ersparen und den Glauben an die grundlegenden Menschenrechte wiederherzustellen. Es ist unser gemeinsames Ziel, jeglichen Nationalismus und Chauvinismus auszurotten, denn sie sind die Wurzeln der Missachtung der Rechte anderer Völker. Wir wollen unseren Beitrag zum Aufbau des vom Kriege zerstörten Europas leisten. Die weitere Zerschlagung unseres Arbeitspotenzials hindert uns jedoch daran. Reparationen durch lebendige Menschen können auch nicht in Eurem Sinne sein. (...) Wir bekennen uns daher feierlich zu den Grundsätzen des internationalen Sozialismus und der Völkerverständigung und wissen uns mit Euch eins im Ringen um die Befreiung der Menschheit vor Furcht, Not und Unterdrückung.«[114]

Auch damals scheint es schon die Befürchtung einer zu starken Theorie-Arbeit des Verbandes gegeben zu haben. Zudem stellten einzelne Gruppen zunehmend den Anspruch, neben der Bildungsarbeit auch eigene politische Arbeit zu leisten. Werner Buchstaller stellte aber beruhigt fest, die Erweiterung der Schulungs- und Bildungsarbeit auf eine jugendliche Erlebnisgemeinschaft habe eher dazu beigetragen, junge Menschen, die noch nicht Mitglied der SPD waren, für die Parteiarbeit zu interessieren. Diese Art von Veranstaltung traf dabei nicht auf allgemeine Zustimmung. So ist die Beschreibung eines Jungsozialisten aus dem Jahr 1947 überliefert: »Jeder von uns, der einmal an einer Tagung oder Konferenz der Jungsozialisten bzw. der Partei teilgenommen hat, wird bestätigen müssen, dass hier nicht alles so ist, wie es sein sollte. Wir erleben es doch immer wieder: Ein bekannter Genosse erscheint, wird durch den Vorsitzenden begrüßt, und (...) es erhebt sich ein rauschender Beifall. Alle Delegierten sehen sich veranlasst, den prominenten Genossen zu empfangen wie man eine Filmdiva oder einen Artisten empfängt.«[115] Auch die Sitzungen des Zentralausschusses der Jungsozialisten bestanden in der Regel vor allem auf Referaten führender SPD-Funktionäre. Sehr früh nahmen die Jungsozialisten die internationale Arbeit wieder auf. Auf dem Kongress im belgischen Leuven 1948 wurde der Verband in die Sozialistische Jugendinternationale aufgenommen.

Auf der zentralen Konferenz der Jungsozialisten vom 12. bis zum 14. Mai 1948 im Bayerischen Hof stand die Diskussion über eine Neuausrichtung der Arbeitsrichtlinien im Mittelpunkt der Debatte. Die Teilnehmer kamen zum Teil auch noch aus der sowjetischen Besatzungszone. Der spätere nordrhein-westfälische Ministerpräsident Heinz Kühn hielt ein Referat mit dem Titel »Die Verpflichtung der Jugend in der Krise unserer Zeit«, in dem er unter anderem ausführte:

»Die aktivsten unter den jungen Sozialdemokraten haben sich in den ›Jungsozialistischen Arbeitsgemeinschaften‹ zusammengeschlossen, nicht als besondere Organisation, nicht als Partei in der Partei, nicht mit eigenen von der Partei unabhängigen politischen Aktionsaufgaben, sondern als Bildungsgemeinschaften junger Sozialisten, die für ihre Aktivität in der SPD sich ein stabiles geistiges Fundament erarbeiten wollen und als Arbeitsgemeinschaft junger Sozialisten, die durch ihre Aktivität in der SPD den gemeinsamen Kampf der sozialdemokratischen Bewegung für die Verwirklichung des demokratischen Sozialismus mit der lebendigen Kraft der Jugend beflügeln wollen. Wirklichkeitsnahe Tatgemeinschaften wollen sie sein und nicht dogmengläubige Debattierklubs, nicht Menschen, die durch Theorien überreden, sondern durch Taten überzeugen.«[116]

Zugleich machte Kühn jedoch den Hintergrund seiner Überlegungen deutlich: Die Jugend in Europa sei durch Krieg und langsamen Wiederaufbau skeptisch geworden, was sozialistische Zukunftsvorstellungen betreffe. Zwar seien die Lehren von Marx als gesellschaftliche Analyse nach wie vor richtig. Es gelte aber vor allem Menschen auf ethischem Gebiet zu überzeugen. Zudem versuchte Kühn, eine Organisationsreform mit dem Ziel der Wahl eines Vorsitzenden der Jungsozialisten durchzusetzen, was jedoch scheiterte. So liegen für die Frühphase der Jungsozialisten in der Bundesrepublik auch kaum Zeugnisse für inhaltliche Debatten oder politische Stellungnahmen des Verbandes vor.

Im Jahr 1949 wechselte der Posten des Sekretärs von Hans Hermsdorf auf Werner Buchstaller, der damals erst 25 Jahre alt war. Buchstaller, im Krieg als Fallschirmjäger verwundet, trat nach dem Krieg in die SPD ein und wurde zunächst Jugendsekretär in München. Nach seiner Karriere bei den Jungsozialisten gehörte er von 1961 bis 1980 dem Bundestag an. Hans Hermsdorf war bereits 1953 als Abgeordneter in den Bundestag eingezogen.

Die Arbeits- und Organisationsrichtlinien der Jungsozialisten hielten nun fest: »Die im Rahmen der Partei wirkenden Jungsozialisten erfassen junge Menschen bis zu 30 Jahren, die in der SPD organisiert sind oder dem Ideengut und den Zielen der Partei nahestehen. (...) Aufgabe der Jungsozialisten ist es, neben der aktiven Parteiarbeit das Gemeinschaftsleben zu pflegen und insbesondere zu allen die Jugend betreffenden Fragen Stellung zu nehmen«.[117] Geleitet wurde der Verband neben dem Zentralsekretär von einem Zentralen Arbeitsausschuss, der auf einer zentralen Konferenz der Jungsozialisten gewählt werden sollte. Welche eigenen Kompetenzen dieser Ausschuss besitzen sollte, wurde jedoch nicht niedergelegt. Auf seinen Sitzungen im Jahr 1950 befasste sich der Ausschuss unter anderem mit den Themen Jugendschutz, Aktivitäten der FDJ in Westdeutschland und Werbeaktionen der Partei. Der Antikommunismus spielte die gesamten 1950er-Jahre über eine wichtige Rolle im Verband. Die Führungsgremien der SPD beschlossen 1949 in Herne zudem die Einrichtung eines zentralen Ausschusses für Jugendfragen beim Parteivorstand. Unter Vorsitz des späteren »Kanalarbeiters« Egon Franke gehörten diesem für die Jugendverbände vonseiten der Jungsozialisten Werner Buchstaller, Heinz Pöhler und Walter Haas, Vertreter der Falken und des SDS sowie Vertreter aus Bundestag und Landesregierungen an. Die »Herner Beschlüsse« sollten für die nächsten Jahre die Grundlage für eine enge Steuerung der Jungsozialisten durch den SPD-Parteivorstand legen.

Die Eigenständigkeit der Jungsozialisten blieb aber noch bis in die 1950er-Jahre umstritten. So sagte der Vorsitzende des SPD-Bezirks Westliches Westfalen, Jupp Kappius, auf der »Jahreskonferenz« der Jungsozialisten seines Bezirkes zum Verhältnis von Jungsozialisten und Partei: »Stets ist die Partei die Organisation, die nach außen auftritt. Die Partei macht öffentliche Veranstaltungen, nicht die Juso-AG. Die Tätigkeit der Arbeitsgemeinschaften besteht in Schulung und Bildung, Vorbereitung und Mitarbeit in der Partei. (...) Der Charakter der Arbeitsgemeinschaft verpflichtet uns, gewisse Formen einzuhalten. Jungsozialistische Arbeitsgemeinschaften können zum Beispiel keine Delegiertenkonferenzen abhalten, es kann keine Wahlen auf solchen Konferenzen geben, ebenso wenig Beschlüsse politischer Art.«[118]

Mehr als nur eine Plakatklebetruppe

Ein wichtiges politisches Thema für den Verband war der Kampf gegen die Rekrutierung der Fremdenlegion, vor allem in der französischen Besatzungszone Süddeutschlands. Hintergrund war zum einen die Sorge, dass kurze Zeit nach den schrecklichen Erfahrungen des Zweiten Weltkrieges wieder junge Deutsche in Kriege geschickte werden sollten – die Fremdenlegion kämpfte damals vor allem in Indochina sowie in Algerien. Zum anderen spielte aber auch die Ablehnung des Kolonialismus eine Rolle, da die Kriege der Wiederaufrichtung beziehungsweise der Aufrechterhaltung französischer Kolonien dienten. Aktive Jungsozialisten zerstörten darauf hin Werbeplakate der Fremdenlegion und führten eigene Plakataktionen durch. Auf einem dieser Plakate hieß es: »Überall im Bundesgebiet suchen bezahlte Werber der Fremdenlegion ihre Opfer. Geht diesen Menschenräubern nicht ins Garn! Alle Versprechungen sind Lüge. In Wahrheit heißt Fremdenlegion: Krankheit, Siechtum und Tod. Stellt Eure Jugend und Euer Leben nicht in den Dienst fremder Interessen.«[119] Die Kampagne und die gewählten Mittel führten zu erheblichen Auseinandersetzungen mit der französischen Besatzungsmacht, die die Juso-Plakate meist sofort wieder abriss, und die Zerstörung der Rekrutierungsplakate verfolgte.

Bereits im Jahresbericht 1951 war die Sorge vermerkt, die Partei würde zunehmend überaltern, und mehr Mitglieder durch Ableben verlieren als durch junge Genossinnen und Genossen gewinnen. Zugleich blieb diese Erkenntnis aber ambivalent, da neben der Forderung nach einer intensiveren Beteiligung der Jungen zugleich die Unterordnung der Jungsozialisten unter die Führung durch die Partei bekräftigt wurde: Die Jungsozialisten seien kein Selbstzweck. Schon in ihrer Benennung »Arbeitsgemeinschaft« liege die ureigenste Aufgabenstellung: an sich selbst arbeiten, um für die große Idee des Sozialismus und den Kampf der Partei mit den besten Kräften wirken zu können.[120] Das Thema Verjüngung der SPD spielte auch in den folgenden Jahren weiterhin eine Rolle. Die Jungsozialisten hielten es sich zugute, dass der Funktionärskörper im Schnitt jünger als der Durchschnitt der Parteimitglieder wäre. Im Jahresbericht 1954/55 wurde stolz darauf verwiesen, dass 82,68 Prozent der Bezirks- und Gruppenfunktionäre der Jungsozialisten den verantwortlichen Parteikörperschaften der verschiedenen Organisationsstellen angehörten, und 16,45 Prozent Mandatsträger auf der Kommunal-, Landes- und Bundesebene wären.

Der Zentrale Arbeitsausschuss der Jungsozialisten widmete sich 1951 dem Bundesjugendplan und der Arbeit des kurz zuvor auch auf Initia-

Plakat der Jusos zur Warnung vor der Fremdenlegion (1953).

tive der Jungsozialisten gegründeten »Rings politischer Jugend« (RPJ), der Abgrenzung von kommunistischen Jugendverbänden sowie dem Rechtsradikalismus. Auf der zentralen Arbeitstagung in Mülheim an der Ruhr konnte der Parteivorsitzende Kurt Schumacher für ein Referat »Die Gegenwartsaufgaben des demokratischen Sozialismus« gewonnen werden. Es sei erforderlich, dass man sich mit einer neuen Methode an die Jugend wende, da sie die Sprache vieler Politiker von heute nicht mehr verstehe. Der Jugend werde auch die Demokratie nicht nahegebracht, wenn die Bundesregierung immer mehr den Weg zum autoritären Verwaltungsstaat mit einer Herrschaft der Bürokratie beschreite.[121]

Die Schulungsarbeit nahm weiterhin breiten Raum ein. So fanden beispielsweise im Jahr 1952 insgesamt 361 Schulungsveranstaltungen mit mehr als 14 000 Teilnehmenden statt. Zwei weitere zentrale Arbeitstagungen in Berlin beschäftigten sich 1954 und 1955 mit gesamtdeutschen Fragen, außergewöhnlich war aber eine Arbeitstagung über »Europäische und asiatische Probleme«, an der unter anderem Referenten aus Indien und Burma teilnahmen. In der Bildungsarbeit der Jungsozialisten nahm die Zusammenarbeit mit Soldaten einen breiteren Raum ein. Hier ging es auch darum, das Konzept des »Staatsbürgers in Uniform« mit Leben zu erfüllen. Neu eingeführt wurde die Zeitschrift »Klarer Kurs«, die ab April 1953 bei monatlichem Erscheinen auf »besonders jugendgemäße und spritzige Art« junge Menschen ansprechen sollte. Erich Ollenhauer schrieb zum Geleit der ersten Ausgabe: »Wir hoffen, dass die neue Zeitschrift die Identität zwischen den Lebensvorstellungen der jungen Generation und den Zielen des demokratischen Sozialismus herausarbeitet, dass sie aber auch durch die Mitarbeit von jungen Menschen die Ideen und die Vorstellungen der kommenden Generation in das öffentliche Bewusstsein rückt, damit sie Einfluss gewinnen auf die praktische Gestaltung unserer Gegenwart und Zukunft.«[122]

Im »Lied der Jungsozialisten« aus den 1950er-Jahren hieß es:

»Wir tragen die Fahne der Väter hervor aus bedrückender Nacht,
zerfetzte Zeugen der Treue im freien Morgen entfacht.
Junge Sozialisten rufen zu der großen Wende,
über Grenzen reicht die Hände, Brüder seid bereit.
Wir sammeln die goldenen Ähren zu stillen den Hunger der Welt.
Wir brechen aus Felsen das Eisen, weil Glück nicht aus Sternen fällt.
Junge Sozialisten …

Wir prägen die Münzen der Knechtschaft den Brüdern zu neuem Glück,
gewinnen die Faust der Arbeit den friedlichen Werken zurück.
Junge Sozialisten …

Wir schenken den Müttern das Lachen, den Kindern den
Sonnenschein,
Erfüllung dem Traume der Armen, glückliche Menschen zu sein.
Junge Sozialisten ...«[123]

Die Bildungs- und Informationsarbeit war aber auch für die Jusos der frühen Bundesrepublik nicht alles. Hinzu kamen ein Neuaufbau internationaler Kontakte und natürlich die Unterstützung der SPD bei den Wahlkämpfen. Dies alles wurde von der Parteizentrale organisiert. Neuer Leiter des Jugendpolitischen Ausschusses beim Parteivorstand war seit Mitte der 1950er-Jahre mit Willi Eichler eine Persönlichkeit, die in den 1920er-Jahren bei den Jungsolzialisten aktiv gewesen war..

Zudem bereiste eine Delegation von Jungsozialisten und jungen Bundestagsabgeordneten unter der Leitung von Heinz Pöhler zwei Wochen lang Jugoslawien und wurde unter anderem vom damaligen Staatschef Josip Tito in seiner Sommerresidenz zu einem Gespräch empfangen. Ein Gegenbesuch jugoslawischer Jugendfunktionäre erfolgte wenige Wochen später. Im Bereich der internationalen Arbeit stand unter anderem eine Delegationsreise nach Indien auf dem Programm. Aufmerksamkeit nahm auch die Arbeit zur DDR ein. So wurden während des FDJ-Pfingstreffens 1954 zwei Jungsozialisten-Delegationen in Westberlin beauftragt, die Betreuung der jugendlichen Westzonen-Besucher zu übernehmen. Sie versuchten, mit den FDJ-Mitgliedern ins Gespräch zu kommen. Ein wirklicher Höhepunkt der Aktivitäten war das vom 1. bis zum 10. Juli 1959 in Berlin stattfindende IUSY-Festival. Darüber hinaus reiste im selben Jahr zum ersten Mal eine Delegation von Jungsozialisten nach Israel und nahm dort an einem von Ministerpräsident David Ben Gurion eröffneten Seminar teil. Intensiv war der Austausch mit weiteren Ländern, unter anderem mit Sozialisten aus Tunesien. Damit setzten die Jusos ihre internationale Tradition fort. Die »International Union of Socialist Youth« (IUSY) war bereits 1946 wieder gegründet und nahm 1948 sowohl die Jusos als auch die Falken und den SDS als deutsche Organisationen auf.

Intensiver Bestandteil der Arbeit war die Organisation von Werbung für die Sozialdemokratie und natürlich der Einsatz in den Bundestagswahlkämpfen, die aber in den ersten Jahren der neuen Republik nicht zu einer Regierungsbeteiligung führten. Bei der ersten Bundestagswahl war das Ergebnis denkbar knapp. Mit 31,0 Prozent der Stimmen lagen

Bundesausschuss der Jusos 1961 (von links nach rechts: Horst Seefeld, Werner Buchstaller, Hans-Jürgen Wischnewski und Holger Börner).

CDU/CSU knapp vor der SPD, die auf 29,2 Prozent kam. Die FDP kam auf 11,9 Prozent und fungierte mit der kleinen Deutschen Partei als Koalitionspartner der Union. Konrad Adenauer wurde mit einer Stimme Mehrheit Bundeskanzler.

Im Wahlaufruf der Jungsozialisten zur Bundestagswahl 1953 hieß es, die Bundesregierung habe die berechtigten Forderungen der jungen Generation nicht erfüllt. Weder seien ein Berufsbildungsgesetz noch ausreichender Jugendarbeitsschutz geschaffen worden. Die Hoffnung auf ein vereinigtes Europa und ein Verzicht auf die friedliche Wiedervereinigung unseres Vaterlandes seien enttäuscht worden. Die Jungsozialisten mischten sich intensiv in den Wahlkampf ein, auch wenn der Hauptbeitrag vor allem im Kleben von Plakaten und im Verteilen von Informationsmaterial für die SPD bestand. Daneben veranstalteten die Jusos Kabarett- und Theaterabende. Zum Wahlkampf 1953 wurde erstmals ein 40-minütiger Film produziert, weitere Filme folgten. 1955 sollen so insgesamt 600 Filmabende mit etwa 50 000 Teilnehmern durchgeführt worden sein. Auch die Wahl 1953 endete für die Sozialdemokratie enttäuschend: Mit 45,2 Prozent der Stimmen näherten sich CDU/CSU der absoluten Mehrheit, mit 9,5 Prozent blieb die FDP weitgehend stabil, während die SPD mit 28,8 Prozent weitgehend stagnierte.

Während die Jungsozialisten sich zunächst als parteikonformer Jugendverband weiter entwickelten, nahmen die inhaltlichen Auseinandersetzungen im SDS zu. Im Mittelpunkt standen dabei die Positionen der SPD zur Wiederbewaffnung sowie das Verhältnis zur DDR. Anders als die SPD sprachen sich Teile des SDS für Kontakte und Gespräche mit Organisationen der DDR aus, was zu harten Auseinandersetzungen mit der Parteiführung führte. Aus Sicht des Parteivorstands bestand die Gefahr einer kommunistischen Unterwanderung der Studentenorganisation, die es mit allen Mitteln der innerparteilichen Auseinandersetzung zu verhindern galt.

Der Bundestagswahlkampf stand im Mittelpunkt der Aktivitäten des Jahres 1957. Die SPD musste sich Störungsaktionen von Trupps der Jungen Union erwehren, was nur zum Teil gelang. Die Jungsozialisten organisierten »Jungbürgerfeiern« und Jungwählerveranstaltungen, die aber auch nach eigener Einschätzung nur auf mäßige Resonanz stießen. Wesentlich erfolgreicher waren die Quiz-Abende und Tanzveranstaltungen. Auch Prominenz kam zum Einsatz: So trat Max Schmeling, ehemaliger Box-Weltmeister, »für den Sport« ebenso bei Juso-Veranstaltungen auf wie »Miss Bremen und Miss Schleswig-Holstein für die Schönheit«.[124] Insgesamt 30 Juso-Kabarettgruppen waren unterwegs, und auch der Straßenwahlkampf erreichte neue Dimensionen. So wurde an einem Wochenende in allen Großstädten die Aktion »Scheibenwischer« durchgeführt, bei der hinter den Scheibenwischern parkender Wagen ein Flyer, der außen mit dem Vermerk »Dringende Mahnung« und auf der Innenseite mit dem Spruch »Hör auf deine Frau – wähl SPD!« gedruckt war. Die »Aktion Sonnenschirm« ließ junge Frauen durch Fußgängerzonen unter dem Motto »Nicht blenden lassen – die Jugend wählt SPD« flanieren. Mit der »Aktion Fußball« wurden Flyer vor Stadien und Sportstätten verteilt. »Klarer Kurs« erschien mit 50 000 Exemplaren in einer Wahlsondernummer.

Doch der eifrige Wahlkampfeinsatz zahlte sich letztlich wieder nicht aus: Mit 50,2 Prozent der Stimmen erreichten CDU/CSU die absolute Mehrheit. Die FDP sackte auf 7,7 Prozent, während sich die SPD nur leicht auf 31,8 Prozent verbessern konnte. Ehe die SPD auch auf Bundesebene Wahlerfolge erzielte, machte sie noch einen entscheidenden

Wandel durch. Bereits auf ihrem Stuttgarter Parteitag 1958 hatte die Partei bedeutende Organisationsreformen beschlossen. Die besoldeten Posten im Parteivorstand wurden verringert, die Führung der Partei damit stärker an die Bundestagsfraktion angebunden. Durchgesetzt wurden diese Beschlüsse gemeinsam von rechten und linken Reformern in der SPD, da man den als unbeweglich wahrgenommenen Apparat in der Parteizentrale aufbrechen wollte.

Zugleich wurde der Auftrag erteilt, ein neues Parteiprogramm zu erarbeiten, das den Beschluss des Heidelberger Parteitags von 1925 ersetzen sollte. Der Parteitag 1959 in Bad Godesberg beschloss das gleichnamige Programm, das allgemein als Öffnung der Sozialdemokratie von der Klassenpartei hin zur Volkspartei verstanden wird. Zwar wurde das Ziel einer grundlegenden Umwandlung der kapitalistischen Gesellschaft erhalten, der Marxismus als Grundlage der sozialdemokratischen Politik wurde jedoch nicht mehr erwähnt. Stattdessen wurde dort allgemeiner vom Erbe der humanistischen Philosophie aber auch von christlicher Ethik gesprochen. Innerparteilich war der Programmbeschluss durchaus umkämpft. Eine Gruppe um den Marburger Politikwissenschaftler Wolfgang Abendroth legte einen Gegenentwurf vor. Die Debatte auf dem Parteitag erzwang auch deshalb eine sehr deutliche Mehrheit, weil der alte Habitus des gemeinsamen Handelns siegte. Zu den Gegenstimmen gehörte auch Peter von Oertzen, der später als Wissenschaftler und Politiker große Bedeutung gerade für den linken Parteiflügel und für viele Jusos erlangen sollte. Von Oertzen kam als »Seiteneinsteiger« während des Studiums zur SPD, wurde bald Landtagsabgeordneter in Niedersachsen und später Professor an den Universitäten Göttingen und Hannover. Seit Anfang der 1970er-Jahre Vorsitzender des SPD-Bezirks Hannover, war er mehrere Jahre niedersächsischer Bildungsminister sowie in der SPD bis Ende der 1980er-Jahre an sämtlichen programmatischen Kommissionen beteiligt. Im Jahr 2005 verließ von Oertzen die SPD und schloss sich der »Wahlalternative Arbeit und Soziale Gerechtigkeit« (WASG) an, vollzog deren Fusion zur Partei »Die Linke« aber nicht mit. Von Oertzen starb im Jahr 2008. Vonseiten der Jungsozialisten ist kaum Beteiligung an der Programmdiskussion festzustellen. Deutlich wird hier die weitgehende Abstinenz aus innerparteilichen Debatten, die letztlich dazu führte, dass weder zustimmende noch kritische Stellungnahmen im Verband diskutiert wurden.

Ein eigener Vorsitzender wird gewählt

1959 beschloss der SPD-Parteivorstand neue Arbeits- und Organisationsrichtlinien der Jungsozialisten. Danach war es Aufgabe der Jungsozialisten, die praktische Arbeit der Partei durch ihre Aktivität besonders zu unterstützen; den jungen Parteimitgliedern durch intensive politische Schulungs- und Bildungsarbeit das Rüstzeug für eine aktive und verantwortliche Teilnahme am politischen Leben zu vermitteln; innerhalb der Jugend im Sinne der sozialdemokratischen Politik zu wirken; Fühlungnahme mit anderen Jugendverbänden herzustellen; sich der besonderen politischen Aufklärung unter den Jungwählern zu widmen und durch internationale Kontakte zur Verständigung der Jugend über nationale Grenzen hinweg beizutragen. Erstmals war von einem Bundesvorsitzenden die Rede, der zusammen mit einem Stellvertreter aus der Mitte des Bundesausschusses gewählt werden sollte. Der Bundesausschuss selbst setzte sich aus den Vorsitzenden der jungsozialistischen Bezirksausschüsse zusammen. Der Bundessekretär der Jungsozialisten sollte durch den Parteivorstand im Einvernehmen mit dem Bundesausschuss der Jungsozialisten bestimmt werden, Juso-Vorsitzender und Stellvertreter mussten zudem vom SPD-Parteivorstand bestätigt werden. Die Altersgrenze der Jungsozialisten wurde wieder auf 35 Jahre erhöht. Zudem sollte alle zwei Jahre ein Bundeskongress der Jungsozialisten zusammentreten.

Der Bundesausschuss wählte darauf hin Hans-Jürgen Wischnewski, Bundestagsabgeordneter aus Köln, zum Bundesvorsitzenden und Horst Seefeld aus Karlsruhe zum stellvertretenden Bundesvorsitzenden. Werner Buchstaller wurde als Sekretär bestätigt.

Der erste Bundeskongress der Jungsozialisten tagte vom 8. bis zum 10. Mai 1959 in Karlsruhe unter dem Motto »Jugend im geteilten Deutschland«. Als Gast konnten die 200 Delegierten unter anderem den Parteivorsitzenden Erich Ollenhauer begrüßen, der ein Referat zum Thema »Junge Generation und SPD« hielt. Dem eigentlichen Kongressmotto näherten sich sodann die Referate des stellvertretenden SPD-Vorsitzenden Waldemar von Knoeringen »Politische Verantwortung in unserer Zeit« sowie des Leiters des Ostbüros der SPD, Stephan Thomas, zu »Jugend im geteilten Deutschland« an. Thematisch beschäftigte sich der Kongress darüber hinaus mit den Themen »Zweiter Bildungsweg«, Wohnungen für junge Familien, Zusammenarbeit mit den Angehörigen der

Bundeswehr sowie der Ausgestaltung der Bildungsarbeit. Außerdem wurde ein Beschluss gegen eine Zusammenarbeit mit kommunistischen Organisationen gefasst. In Bezug auf die Bundeswehr wurde zwischen der Unterstützung der Soldaten als Bürger in Uniform und der Aufrüstung der Bundeswehr scharf unterschieden. So wandte sich ein weiterer Antrag explizit gegen eine atomare Aufrüstung der Bundeswehr. Deutlich gemacht wurde auch noch einmal der Protest gegen die Werbeaktionen für die französische Fremdenlegion. In dem Beschluss wurde ausdrücklich auf den seit vier Jahren tobenden Kolonialkrieg in Algerien Bezug genommen, in dem auf Seiten Frankreichs in erster Linie Einheiten der Fremdenlegion eingesetzt würden. »Die Legion ist ein europäischer Schandfleck«. Des Weiteren wurde zur Unterstützung algerischer Flüchtlinge in Deutschland aufgerufen.[125]

Der Parteivorstand war mit dem Verlauf des Kongresses so zufrieden, dass im Anschluss Waldemar von Knoeringen und Bundessekretär Buchstaller in einem Rundschreiben an alle SPD-Gliederungen mitteilten, der Kongress habe einen guten Verlauf genommen. »Die Ernsthaftigkeit der Diskussionen, die beachtliche geistige und äußere Disziplin haben sehr beeindruckt. Der Kongress wird sicherlich auch dazu beitragen, die Aktivitäten der Jungsozialisten selbst zu verstärken. Umso mehr besteht für die Organisationsgliederungen der Partei die Aufgabe, die weitere Arbeit der Jungsozialisten nach Kräften zu fördern und zu unterstützen. (...) Die Jungsozialistenarbeit kann für die Partei gar nicht hoch genug eingeschätzt werden. (...) Es darf in Zukunft keinen Ortsverein mehr geben, der nicht der Jungsozialistenarbeit seine besondere Aufmerksamkeit zuwendet. Das Ziel muss sein, in jedem Ortsverein eine aktive Jungsozialistengruppe zu haben.«[126]

Der Bundeskongress 1961 fand in Düsseldorf statt. Neuer Bundesvorsitzender wurde der hessische Bundestagsabgeordnete Holger Börner, Stellvertreter Günther Müller aus Bayern, während der bisherige Stellvertreter Horst Seefeld auf die Position des Bundessekretärs rückte.

Im Jahr 1961 stellte die SPD erstmals Willy Brandt als Spitzenkandidaten für die Bundestagswahl auf. Brandt, damals Ende vierzig, sollte den neuen Typus eines Politikers symbolisieren. Anders als in den SPD-Wahlkämpfen zuvor war dieser Wahlkampf ganz auf den Kandidaten zugeschnitten. Mit 36,2 Prozent erzielte die SPD ihr bis dahin bestes Ergebnis in der Bundesrepublik. Die Union verlor die absolute Mehrheit und landete bei 45,3 Prozent, was mit der wieder erstarkten FDP, die auf 12,8 Prozent kam, zur Regierungsbildung reichte.

Die Auseinandersetzungen zwischen Partei und SDS spitzten sich seit Ende der 1950er-Jahre immer weiter zu. Im Jahr 1961 fasste der SPD-Parteivorstand einen Beschluss zur Unvereinbarkeit von Mitgliedschaft in der SPD und derjenigen im Sozialistischen Deutschen Studentenbund. Gleichfalls für unvereinbar wurde kurz darauf auch die Mitgliedschaft im Förderverein erklärt, der sich vor allem unter Beteiligung linker Professoren und Gewerkschafter gegründet hatte, um die wegfallenden Mittel der SPD kompensieren zu können. Die SPD verlor so unter anderem mit Wolfgang Abendroth einen der brillantesten linken Intellektuellen. Als Ersatz für den SDS wurde der Sozialdemokratische Hochschulbund (SHB) ins Leben gerufen, der bis in die 1980er-Jahre eine wichtige Rolle in den internen Auseinandersetzungen der Jungsozialisten sowie denjenigen mit der Partei selbst spielen sollte.

Wolfgang Abendroth hatte sich in der Weimarer Republik in sozialistischen Schüler- und Studentenverbänden engagiert und war zeitweilig Mitglied der »Kommunistischen Partei – Opposition« (KPO). Aufgrund der Machtübertragung an die Nazis konnte er sein juristisches Referendariat nicht beenden, eine Dissertation musste er abbrechen. Mitte der 1930er-Jahre gelang ihm dann bei einem Professor in der Schweiz der Abschluss eines neuen Promotionsprojekts. Während der NS-Diktatur in Deutschland im Widerstand, wurde er 1938 verhaftet und zu vier Jahren Zuchthaus verurteilt. Nach seiner Entlassung wurde er in ein Strafbataillon der Wehrmacht eingezogen und lief in Griechenland zu den kommunistischen Partisanen über. Nach dem Krieg zunächst in britischer Kriegsgefangenschaft, kehrte er 1946 nach Deutschland zurück. Bereits im Kriegsgefangenenlager war er in die SPD eingetreten und ging auf Anraten führender Sozialdemokraten zunächst in die Sowjetische Besatzungszone, um dort sein Referendariat abzuschließen. Aufgrund seiner früheren Mitgliedschaft in der KPO sowie seiner aktuellen Mitgliedschaft in der SPD war er akut gefährdet und floh 1947 in den Westen. Die meiste Zeit lehrte er als Professor für Politikwissenschaft in Marburg, wo er große Teile der traditionell marxistisch orientierten Studierenden seines Faches prägte. Abendroth entwickelte im Anschluss an Hermann Heller aus dem Sozialstaatsprinzip des Grundgesetzes eine Verfassungsinterpretation, die eine Entwicklung zum Sozialismus auf Basis des Grundgesetzes möglich machen sollte. Auch nach seinem Ausschluss aus der SPD blieb Abendroth der Partei nahe und gehörte bis zu seinem Tod 1985 zu den wichtigen Bezugspersonen eines Teils der sozialdemokratischen Linken.

Eine Bundesausschusssitzung der Jusos in Berlin 1962 nutzten die Mitglieder, um Kränze sowohl an der Gedenkstätte Plötzensee als auch an der Bernauer Straße niederzulegen. Zu der Sitzung luden die Jungsozialisten darüber hinaus Vertreter der Besatzungsmächte Frankreichs, Großbritanniens und der USA sowie der Berliner Schutzpolizei ein, um sich bei ihnen für den Schutz der Menschen in West-Berlin zu bedanken.

Die Partei begann sich zunehmend zu verjüngen. So war 1963 fast jedes zweite neue Mitglied unter 35 Jahre alt. Die inhaltliche Arbeit auf Bundesebene wurde zunehmend breiter gestaltet. So berief der Bundesausschuss weitere Fachausschüsse ein, unter anderem den »Fachausschuss Mitteldeutschland«, den »Wehrpolitischen Ausschuss«, den »Fachausschuss internationale Zusammenarbeit« sowie Fachausschüsse zur Bildungs- und Öffentlichkeitsarbeit. Besondere Bedeutung kam dem »Fachausschuss Mitteldeutschland« zu, der unter anderem Studienfahrten der Bezirke nach Berlin organisierte. Im Jahr 1963 sollen so wöchentlich je etwa 40-köpfige Delegationen nach Berlin gebracht worden sein.

»Freiheit in Gemeinschaft« war das Motto des Bundeskongresses 1963 in Berlin. Holger Börner übergab den Vorsitz an Günther Müller, als Stellvertreter wurde Peter Corterier neu gewählt. Erstmalig bildete der Bundeskongress und nicht mehr der Bundesausschuss das Wahlgremium für den Vorstand. Neben dem Plenum wurden auch Arbeitsgemeinschaften auf dem Kongress organisiert. So war unter anderem der damalige NRW-Landtagsabgeordnete Johannes Rau als Leiter der AG »Durch Bildung vorn« vorgesehen. Mitglied im Kongresspräsidium war der damalige Vorsitzende der Jungsozialisten Niederrhein und spätere langjährige Regierungspräsident von Köln Franz-Josef Antwerpes.

Der Bundeskongress 1965 fand in Hamburg unter dem Motto »Fragt, was Ihr für Euer Land tun könnt« statt. Im Rechenschaftsbericht[127] wurde zu den Bildungsaktivitäten angemerkt, an den Wochenseminaren des Bundesverbandes hätten 307 »Freunde« teilgenommen, darunter 53 Frauen. Das Durchschnittsalter habe 26 Jahre betragen. Thematisch ging es unter anderem um die Themen »Das Regierungsprogramm der

SPD«, »Bundestagswahlkampf 1965«, »SPD und Landesverteidigung«, »Demokratie und Totalitarismus«, »Volkspartei und Öffentlichkeit«, »Gesamtdeutsche Fragen«, »Die moderne Frau in der Politik«. Hier hätten 32 junge Sozialdemokratinnen gemeinsam die Themen »Sozialwissenschaft und Politik«, »Aufstieg durch Bildung«, »Frauen im Europa von morgen« und »Frau und Politik« diskutiert. Auf dem Hamburger Kongress wurden zum ersten Mal auch Anträge zu den Themen »Ostermärsche«, »Hallsteindoktrin« und zu den »Notstandsgesetzen« eingebracht. Die Antragsfülle überstieg die Arbeitsmöglichkeiten des Kongresses, so dass dieser im März 1966 in Bad Godesberg fortgesetzt werden musste. Die neue Diskussionsfreude auf dem Bundeskongress beruhte auch darauf, dass mit den Bezirken Hessen-Süd und Schleswig-Holstein nun zwei Gliederungen ausdrücklich nach links gerückt waren.

Im Rahmen der internationalen Arbeit wandte sich der Verband auch den in Deutschland lebenden »Gastarbeitern« zu. In einem gemeinsamen Beschluss mit italienischen Jungsozialisten der PSDI riefen die Jungsozialisten »alle ihre Arbeitsgemeinschaften auf, überall in Stadt und Land das Leben der Gastarbeiter – hierbei sind nicht nur die italienischen einbezogen – angenehmer gestalten zu helfen«, sowie sich zu bemühen, »die Klischee-Vorstellungen, die leider in beiden Ländern noch gegenüber dem anderen Land bestehen, abbauen zu helfen«.[128]

Völlig konfliktfrei funktionierte die internationale Arbeit aber nicht. 1964 beschloss der Bundesausschuss, alle Beziehungen zum Nationalkomitee der belgischen Jungsozialisten abzubrechen, da diese sich für offizielle Kontakte zur FDJ entschieden hätten. So nahm die Berlin-Arbeit auch durch das Organisieren von internationalen Delegationen weiterhin einen wichtigen Raum in der täglichen Arbeit des Bundesverbandes der Jungsozialisten ein.

Im Wahljahr 1965 schrieben die Jungsozialisten unter anderem einen Karikaturen-Wettbewerb aus und organisierten ein Preisausschreiben. Hauptgewinn war eine Kreuzfahrt durch das Mittelmeer, als zweiter bis vierter Platz lockte eine Flugreise nach Mallorca, und weitere Preise bestanden in Berlin-Reisen. Trotzdem blieb die Sozialdemokratie auch nach dieser Wahl in der Opposition. Zwar hatte man sich mit 39,3 Prozent der Stimmen noch einmal verbessern können, die Ergebnisse von 47,6 Prozent für die Union und 9,5 Prozent für die FDP reichten jedoch zur Bestätigung der amtierenden Regierungskoalition aus.

Studentenrevolten

In den 1960er-Jahren begann sich die SPD rapide zu verjüngen: Zwischen 1963 und 1967 waren jedes Jahr etwa die Hälfte der neu Eintretenden unter 35 Jahre alt und damit im Juso-Alter. Unter den Studierenden entwickelte sich ein neues politisches Bewusstsein. Der SDS wandelte sich ab Mitte der 1960er-Jahre immer stärker von einer eher traditionell-marxistisch ausgerichteten Organisation zu einer Plattform neuer Diskurse, die an neue linke Theorieansätze anschlossen und sich von den traditionellen Organisations- und Politikformen der Arbeiterbewegung immer weiter entfernten. Die Entwicklung der Persönlichkeit und die Auswirkungen der kapitalistischen Gesellschaft auf den Einzelnen gerieten so zunehmend in den Fokus. Zugleich entwickelte sich eine neue Freude an sozialistischer Theorie: Die »Klassiker« der Arbeiterbewegung wurden neu entdeckt. Der Versuch einer Anwendung auf die aktuellen ökonomischen und gesellschaftlichen Verhältnisse wurde unternommen. Auch bei den Jungsozialisten begannen diese Entwicklungen zu wirken, waren doch viele Aktive Studierende und damit auch mit den Diskussionen und Entwicklungen an den Universitäten vertraut.

Nach dem Zerbrechen der konservativ-liberalen Koalition im Herbst 1966 trat die SPD erstmals in eine Bundesregierung ein. Willy Brandt wurde Außenminister und das ehemalige Mitglied der NSDAP, Kurt Georg Kiesinger, Bundeskanzler.

Auf dem Bundeskongress in Mainz 1967 bekam der bisherige Stellvertreter Peter Corterier bei der Wahl zum Vorsitzenden durch den links orientierten Christian Richter Konkurrenz. Letztlich konnte sich Corterier deutlich mit 110 zu 78 Stimmen durchsetzen. Der Kongress forderte die Anerkennung der DDR als gleichberechtigten Verhandlungspartner der Bundesrepublik. Abkommen mit der DDR dürften nicht an der Frage der völkerrechtlichen Anerkennung scheitern. Die Delegation aus West-Berlin verließ daraufhin den Kongress. Keine Mehrheit fand ein Antrag aus Nord-Niedersachsen, die Jungsozialisten in »Junge Sozialdemokraten« umzubenennen.

Nach den Schüssen auf Benno Ohnesorg am 2. Juni 1967 forderte der Bundesausschuss der Jungsozialisten den Rücktritt der Verantwortlichen im Senat von Berlin. Der Bundesvorstand schwieg. Immerhin nahm Peter Corterier als Vertreter der SPD an der Trauerfeier für Ohnesorg in Hannover teil. Der vom Bundesausschuss ebenfalls verlangte Protestbrief an den Springer-Verlag aus der Feder von Corterier fiel jedoch sehr zahm aus. Ganz anders die Reaktion der Jusos aus Schleswig-Holstein: Nachdem ein Juso bei Protesten gegen den Schah-Besuch in Hamburg von der Polizei verprügelt und festgenommen worden war, solidarisierte sich der gesamte Landesvorstand durch einen Offenen Brief an den Hamburger Bürgermeister und SPD-Genossen Herbert Weichmann. Dort hieß es: »Wir, die junge Generation in der SPD, billigen und verstehen politische Aktionen wie die zum Schah-Besuch. Wir unterstützen auch Proteste gegen polizeistaatliche Methoden und die Unterdrückung der Meinungsfreiheit.«[129] Auch in der Partei selbst mehrten sich die Stimmen, die in den Jungsozialisten mögliche Mittler zwischen kritischer Jugend und Partei sahen. Durchsetzen konnten sie sich aber nicht. Viele Jungsozialistinnen und Jungsozialisten engagierten sich zugleich im Sozialdemokratischen Hochschulbund (SHB), manche auch im – eigentlich mit der SPD nicht zu vereinbarenden – SDS. Der SHB entwickelte sich zunehmend zum aktiven Teil der Studentenbewegung. Die Phase der Parteihörigkeit nach der Nobilitierung zum offiziellen Hochschulverband der SPD im Jahr 1961 dauerte nur kurz. Bereits ab Mitte der 1960er-Jahre positionierte sich der SHB immer weiter links, und knüpfte bei vielen Themen wieder bei den durch den Ausschluss des SDS abgebrochenen Diskursen an, so beispielsweise bei der Forderung nach einem nüchternen Umgang mit der DDR. Letztlich nahmen die Debatten im SHB damit einen Teil der späteren Ostpolitik der sozialliberalen Koalition vorweg. Der SPD-Parteivorstand begann wieder damit, über Sanktionsmöglichkeiten oder gar eine Trennung vom Verband nachzudenken.

Angehörige des SHB sollten auch in den 1970er-Jahren eine wichtige Rolle bei den Jusos spielen. Zu ihnen gehörte unter anderem der Student Detlev Albers, der bei der Rektoratsübergabe an der Universität Hamburg 1967 gemeinsam mit seinem Kommilitonen Gert Hinnerk Behlmer den einziehenden Professoren das Banner »Unter den Talaren – Muff von 1000 Jahren« vorantrug.

Die Wortwahl wurde auch bei den Jusos diskussionsfreudiger. So stellte Peter Corterier in seinem Referat auf dem Bundeskongress 1968 fest, die Jungsozialisten hätten das Recht und die Pflicht, sich mit allen politischen Fragen zu befassen. Allerdings müsse klar sein, dass dies nur ein Beitrag zu Willensbildung innerhalb der Partei sein könne.[130]

Detlef Albers (links) und Gert Hinnerk Behlmer aus dem SHB, Universität Hamburg am 9.11.1967.

Der Kongress beschloss unter der Überschrift »Willensbildung«: »Mit großer Sorge verfolgen wir die Entwicklung der politischen Willensbildung innerhalb der SPD. Sie verlagert sich in immer stärkerem Maße von der Mitgliedschaft auf den Parteivorstand und die Bundestagsfraktion. Anstelle einer Erörterung der zentralen politischen Fragen, über die in der Partei starke Meinungsunterschiede herrschen (Politik der Großen Koalition, Notstandsgesetze), in einer breiten, verbindlichen Diskussion durch die Mitgliedschaft und durch einen außerordentlichen Parteitag, treten bevorzugt Arbeitstagungen, die zwar keine verbindlichen Beschlüsse fassen, aber in der Öffentlichkeit den Eindruck von demokratisch legitimierten Entscheidungen der Gesamtpartei vermitteln.«[131]

Ein Verband gerät in Unruhe

Auch die Auseinandersetzungen um die »Außerparlamentarische Opposition« (APO) fanden zunehmend Eingang in die Debatten. In der Zeitschrift JS führte der stellvertretende Bundesvorsitzende der Jungsozialisten, Herbert Ludz, ein Interview mit Willy Brandt zum Thema »Jugend und SPD«. Dabei sprach Ludz Brandt auf die Auseinandersetzungen rund um die Vietnam-Demos in Berlin und die Frage nach innerparteilicher Demokratie an. Brandt stellte klar, dass niemand ausgeschlossen werde, weil er gegen den Krieg in Vietnam protestiere. Es könne aber nicht sein, dass Sozialdemokraten sich mit Veranstaltungen solidarisieren würden, auf denen die SPD als faschistisch bezeichnet werde.

In den Bundesvorstand 1968 zog nun auch Franz-Josef Antwerpes ein, der neben dem Vorsitz im Niederrhein 1967 auch den Vorsitz des Landesverbandes NRW der Jungsozialisten übernommen hatte. In einer Resolution stellte der Bundesvorstand am 20. April 1968 fest, administrative Maßnahmen und der Ruf nach hartem Durchgreifen seien keine geeigneten Mittel, um sich mit der studentischen Jugend politisch auseinanderzusetzen. Folgende Reformen müssten vielmehr sofort in Angriff genommen werden: eine gesetzliche Regelung der Pressekonzentration durch öffentliche Kontrolle unter anderem des Springer-Konzerns, eine Hochschulreform mit echter Mitbestimmung der Studenten, Assistenten und Nichtordinarien, Mitbestimmung der Arbeitnehmer in allen Großunternehmen.[132]

Der Bundeskongress im Mai 1968 in Mainz beschloss darüber hinaus: »Der Bundeskongress der Jungsozialisten erkennt angesichts der Erstarrung des politischen Lebens in der BRD die gegenwärtige Notwendigkeit der Außerparlamentarischen Opposition an. (...) Die Jungsozialisten fordern die SPD auf, die vorurteilslose Diskussion mit der Außerparlamentarischen Opposition intensiver als bisher zu führen. Die Jungsozialisten begrüßen es, dass auch die Außerparlamentarische Opposition weitgehend der Ansicht ist, dass ihre provokatorisch-aufklärerischen Aktionen antiparlamentarischen und antidemokratischen Kräften innerhalb der Außerparlamentarischen Opposition entgegenstehen, die durch Gewaltanwendung eine sachliche Diskussion verhindern wollen. Ebenso wie wir Gewalt durch Demonstranten ablehnen, wenden wir uns gegen die unberechtigte Gewaltanwendung der autoritären Staatsgewalt (...).«[133] Folgerichtig forderten die Jungsozialisten in einem weiteren Antrag auch die Einführung einer Kennzeichnungspflicht für Polizisten.

Der stellvertretende Bundesvorsitzende der Jungsozialisten, Christian Richter, drückte den Blick auf die SPD so aus: Sozialdemokraten hätten in den letzten Jahren versäumt, sich zu zentralen gesellschaftlichen Fragen zu äußern. Sozialdemokraten würden sich gegen Enteignet Springer-Parolen und die Forderung nach einem Sieg des Vietcong wenden, würden aber selbst kein klares Wort zur zunehmenden Presse-Konzentration und zum Krieg in Vietnam verlieren. Die SPD könne aus ihren Fehlern lernen, das habe sie in ihrer Geschichte hinreichend bewiesen. Dies funktioniere aber nur bei Bestehen einer funktionierenden innerparteilichen Willensbildung. Und diese sah Richter massiv infrage gestellt.[134]

Der Bundeskongress beschäftigte sich auch mit dem vom SPD-Parteivorstand verfügten sofortigen Parteiausschluss der Berliner SPD-Linken Harry Ristock und Erwin Beck, der »auf das Schärfste« verurteilt wurde. Der Bundesvorstand hatte sich im Februar nur dazu durchringen können, die Maßnahme des sofortigen Ausschlusses für »bedenklich« zu erklären.

Politisch verdichtet dargestellt wurde die neue Unruhe im Verband im »Haushammer Manifest« der bayerischen Jungsozialisten.[135] Dort wird festgestellt: »Die junge Generation spürt den Widerspruch zwischen demokratischer Theorie und Praxis. Statt freier und gleicher Entfaltungsmöglichkeiten stellt sie gefährliche Machtkonzentrationen, wirtschaftliche Abhängigkeit, Manipulation von Bedürfnissen, Wünschen und Meinungen, Statusdenken, Unterdrückung von Minderheiten und den total verwalteten Menschen fest. (...) Die Jugend nimmt Anstoß an der Unaufrichtigkeit der Politiker. Wenn in der Öffentlichkeit von den Ideen des Friedens, der internationalen Verständigung und dem Selbstbestimmungsrecht der Völker gesprochen wird, fragt die Jugend, ob nicht Remilitarisierung, Neofaschismus, sympathisierende Duldung und Unterstützung faschistischer Systeme, Verrat des europäischen Gedankens und die Unfähigkeit, den Krieg überall auf der Welt zu ächten, dazu in Widerspruch stehen. (...) Das gesamte System der repräsentativen Demokratie ist dieser Jugend zur Fassade geworden, hinter der die Interessenverbände und das politische Establishment ihre Machtpositionen untereinander aushandeln. (...) Während die konservativen Parteien weit weniger in das Schussfeld der jungen Generation geraten, weil von ihnen sowieso nichts zu erwarten ist, ist die SPD scharfer Kritik ausgesetzt, weil sie immer noch die heimliche Hoffnung der fortschrittlichen jungen Generation ist. Die SPD hat aber die Hoffnungen vieler junger Menschen bereits bitter enttäuscht. (...) Aufgezehrt vom politischen Tagesgeschäft, beseelt von dem Wunsche, nicht mehr länger als ›Bürgerschreck‹ zu gelten, getrieben von der Idee, es allen recht machen zu wollen, (...) hat sie sich immer mehr den vorgegebenen gesellschaftlichen Verhältnissen und der vorherrschenden Bewusstseinslage der westdeutschen Bevölkerung angepasst. (...) Unsere Partei ist systemverhaftet, weil sie sich nicht nur – was von ihr selbstverständlich erwartet wird – zur demokratischen Grundordnung der Bundesrepublik bekennt, sondern in allen wesentlichen Punkten zu der von Adenauer und seiner restaurativen CDU/CSU geprägten Gesellschaft mit all ihren spätkapitalistischen Erscheinungsformen. Sie hat ihren grundsätzlichen Veränderungswillen preisgegeben. Sie will heute die bestehende Gesellschaft weit mehr verwalten als umgestalten. (...) Einer kritischen Jugend ist es unverständlich, dass die SPD als Untermieter in die Kellerwohnung eines Gebäudes eingezogen ist, das sie einst abreißen und auf dem Boden der demokratischen Grundordnung neu aufbauen wollte. (...) Wir Jungsozialisten bedauern es, dass es unserer Partei noch immer an der notwendigen geistigen Beweglichkeit fehlt, um sich mit den von Teilen der jungen Generation vorgetragenen Problemen auseinanderzusetzen. (...) Unsere Partei muss ihren eigenen politischen Stil ändern. Sie muss neben einer besseren politischen Planung größten Wert auf wahrhaftiges und konsequentes Auftreten legen und politische Tabus abbauen. Sie muss die weitgehend falsch beschilderte politische Landschaft – auch mit dem Mut zur Unpopularität – wieder richtig beschildern. (...) Die bayerischen Jungsozialisten werden nichts unversucht lassen, die Ideen der jungen Generation in die SPD einzubringen, und auf diese Weise mitzuhelfen, die Zukunft der Sozialdemokratie zu sichern.«[136]

Die Unruhe an den Universitäten bildete sich zunehmend auch im Juso-Verband ab. So stürmten einen Tag vor Beginn einer Jugendkonferenz der SPD in Bad Godesberg am 10. Januar 1969 Bereitschaftspolizisten den Asta an der Universität Heidelberg. Der Einsatz wurde unter anderem vom Augenzeugen Hermann Scheer als völlig unverhältnismäßig wahrgenommen. Angeordnet worden war der Einsatz von SPD-Innenminister Krause. Am Tag danach begann in Bad Godesberg eine Jugendkonferenz des SPD-Parteivorstands, auf der sich Peter Corterier aber nicht zu den Vorgängen äußerte und lediglich sein Stellvertreter

Christian Richter sich als Kritiker zu Wort meldete. Der SPD-Parteivorstand fand demgegenüber immer noch keinen Umgang mit der kritischen Jugend, vor allem verstanden nur wenige, dass sich innerhalb der APO wie auch innerhalb von Jusos und SHB ernsthafte Diskussionen abspielten, die die Sozialdemokratie als politischen Faktor ernst nahmen, und sich auch als Teil der Partei verstanden.

Wichtiges Thema der Diskussion war auch der Begriff der Volkspartei. Für eine zunehmende Zahl von Jungsozialisten verdeckte der Begriff die eigentlich bestehenden gesellschaftlichen Klassen- und Kräfteverhältnisse. In diesem Sinne entwickelte sich zunehmend auch ein Verständnis von der SPD als einer die bestehenden Verhältnisse eher stabilisierenden Partei.

Klare Position bezogen die Jungsozialisten in Sachen Ostpolitik. So forderte der stellvertretende Bundesvorsitzende Herbert Ludz den Bundeminister für Vertriebene, Heinrich Windelen (CDU), sich zur Unverletzlichkeit der Oder-Neisse-Grenze zu bekennen. Eine Revision der Grenzen bedeute Krieg, wer das wolle, müsse das auch klar sagen. »Dass wir Deutschen für einen von uns angezettelten und verlorenen Krieg eine Verantwortung zu tragen haben – sowohl politisch als auch moralisch – davon spricht der Minister mit keinem Wort.«[137]

Im Wahlaufruf der Jungsozialisten für die Bundestagswahl 1969 wurden vor allem die Friedens- und die Wirtschaftspolitik betont. Die CDU/CSU stehe gegen eine Verständigung mit der Sowjet-Union, gegen die Aussöhnung mit Polen durch Anerkennung der Oder/Neiße-Grenze, die SPD sei dazu bereit, und stehe außerdem dafür, keine Diskriminierung der DDR durch Aufrechterhaltung des Alleinvertretungsanspruchs zu betreiben. Die Politik der SPD bedeute darüber hinaus Sicherung der Arbeitsplätze und Vollbeschäftigung, Preisstabilität, Kampf gegen Bodenspekulation und Mietwucher, Gleichheit der Bildungschancen sowie eine gerechte Vermögensverteilung.

Der Konflikt mit der Partei spitzte sich weiter zu. Herbert Ludz sah die Gründe sowohl in der Wandlung des Verbandes der Jungsozialisten selbst wie auch im Umgang der Partei mit ihrer Jugend: »Die Arbeit der Jungsozialisten auf Bundesebene bestand in jener Zeit vor allem darin, Wochenendseminare abzuhalten, Inder und Afrikaner einzuladen oder sich selbst dorthin zu begeben und parteigetreue Erklärungen zu proklamieren. Dass diese ›jugendpolitischen Aktivitäten‹ – so hieß das früher bei den Jusos ganz offiziell – auf Dauer bei den Jungsozialisten auf Widerstand stießen, dürfte niemanden verwundern. Rechtes Vakuum erzeugt linken Überdruck – so könnte man das auch nennen. Leider hat eine politische Diskussion oder Auseinandersetzung mit der Partei in den vergangenen Jahren kaum stattgefunden. Das politische Gespräch wurde häufig durch administrative Disziplinierung ersetzt. (...) Das Verhältnis der Jungsozialisten zur Partei kann sich nur ändern, wenn die Partei bereit ist, die Jungsozialisten politisch ernst zu nehmen und sich mit ihnen entsprechend auseinanderzusetzen, den Jungsozialisten organisatorische Freizügigkeiten zu gewähren und die Parteistruktur und damit auch das Verhältnis der Jungsozialisten zur Partei zu überdenken.«[138]

Die Bundestagswahl am 28. September 1969 erwies sich als Triumpf der SPD. Mit 42,7 Prozent erzielte sie nicht nur das beste Nachkriegsergebnis, sondern kam der Union, die 46,1 Prozent erhielt, recht nahe. Die FDP hatte mehr als 3 Prozent verloren, und erreichte noch 5,8 Prozent. Trotzdem wagten SPD und FDP den Schritt, sich auf eine Regierungskoalition zu verständigen.

Der Linkswendekongress 1969

Auf dem Bundeskongress in München 1969 kam es dann zur im Rückblick schon fast mystisch verklärten »Linkswende« des Verbandes. Der SPD-Bundesgeschäftsführer und ehemalige Vorsitzende der Jungsozialisten, Hans-Jürgen Wischnewski, war als Vertreter des Parteivorstands angereist. Bei der offiziellen Begrüßung buhte der Kongress ihn aus und setzte sein eigentlich vorgesehenes Referat von der Tagesordnung ab. Wenn er etwas mitzuteilen hätte, könnte er sich ja auf die Rednerliste setzen lassen. Wenn der Parteivorstand eine Grundsatzerklärung abgeben wollte, sollte er einen kompetenten Vertreter senden, aber nicht den – vom Parteivorstand bestellten – Geschäftsführer. Respektvoll begrüßt wurde demgegenüber mit Jochen Steffen der schleswig-holsteinische Oppositionsführer und *die* Führungspersönlichkeit der Parteilinken im SPD-Parteivorstand.

Einen harten Tag bereiteten die Delegierten aber vor allem dem scheidenden Vorsitzenden Peter Corterier. Dieser hatte zunächst seinen Rechenschaftsbericht halten wollen, der aber ebenfalls von der Tagesordnung gestrichen wurde. Stattdessen wurde per Geschäftsordnungsantrag beschlossen, zunächst über die formale Abwahl Corteriers abzustimmen. Dieser erklärte daraufhin seinen sofortigen Rücktritt, den der Kongress aber nicht annahm. Anschließend wählte der Kongress Corterier mit 146 zu 11 Stimmen bei 15 Enthaltungen und acht ungültigen Stimmen ab.

In einer Presseerklärung teilte Corterier anschließend mit, er hätte bereits vor dem Kongress seine Absicht bekanntgegeben, nicht mehr für das Amt des Bundesvorsitzenden zu kandidieren. In Übereinstimmung mit dem Kongress werte er diese Vorgänge nicht als persönliche, sondern als politische Entscheidung. Die Situation wäre klar: Hier ginge es nicht mehr um eine vordergründige und tagespolitische Auseinandersetzung der Sozialdemokratischen Partei und ihrer Jugendorganisation, sondern darum, dass eine linksextreme Mehrheit des Kongresses die Jungsozialisten als Rammbock gegen die Grundsatzprogrammatik der SPD seit Godesberg benutzen wollte: »Diese Kräfte möchten die Jungsozialisten zu einem Brückenkopf der APO in die SPD machen. Ihnen geht es nicht darum, die SPD zu demokratisieren und zu modernisieren, sondern die SPD soll zu einer extremistischen Partei umfunktioniert werden. Diese Entwicklung muss für jeden Sozialdemokraten, der zum Godesberger Programm steht, ein Alarmzeichen sein.«[139]

15 Bezirke der Jungsozialisten antworteten in einer gemeinsamen Presseerklärung: »Die Jungsozialisten sehen in der gestern veröffentlichten Presseerklärung Peter Corteriers eine Bestätigung dafür, dass der Bundeskongress der Jungsozialisten richtig gehandelt hat, als er Corterier ohne Diskussion seines Rechenschaftsberichts abgewählt hat. Auf dem in der Presseerklärung Corteriers deutlich werdenden Niveau ist eine politische Diskussion schlechterdings unmöglich. Corterier ist offenbar unfähig, politische Alternativen außerhalb seines bornierten, an Klischees orientierten Horizonts zu erörtern. Die Jungsozialisten sehen dieses Urteil vor allem in dem Versuch Corteriers bestätigt, die Mehrheit des Kongresses als ›linksextrem‹ zu diffamieren. Bei der Neubestimmung der Politik der Jungsozialisten auf Bundesebene geht es nicht darum, einen ›Brückenkopf der APO‹ zu errichten, wohl aber darum, die kritischen Fragestellungen der APO in die erstarrte Parteiorganisation hineinzutragen. Anders ist eine Erneuerung der Beziehungen der SPD zur Jugend nicht denkbar, die der Parteivorstand selbst seit geraumer Zeit fordert. Dazu finden sich Ansätze nicht zuletzt auch in dem

Karsten D. Voigt, der Juso-Vorsitzende der Linkswende, auf dem Münchener Bundeskongress 1969.

von Corterier beschworenen Godesberger Programm, von dem sich der abgesetzte Bundesvorsitzende und die von ihm vertretene Richtung in der Partei längst weit nach rechts entfernt haben.«[140]

Heidemarie Wieczorek-Zeul stellte in einem Wortbeitrag auf dem Bundeskongress fest: »Bei einer momentan absoluten Mehrheit der

SPD würde sich auch an der Politik nichts ändern können. Deshalb müssen wir darauf hinwirken, das durch personelle und politische Veränderungen in den künftigen Jahren dafür gesorgt wird, dass diese Politik, die wir vertreten, innerhalb der SPD möglich wird. Das bedeutet, dass wir darauf hinarbeiten müssen, auch Personen aus politischen Gründen aus Vorständen und dergleichen herauszuwählen.«[141]

Den aktuellen Zustand der SPD sah der Kongressbeschluss sehr kritisch: »(...) Statt eines falsch verstandenen Pragmatismus streben die Jusos Erkenntnis der gesellschaftlichen Widersprüche und Konflikte an und suchen nach optimalen Modellen für die stärkere Humanisierung des gesellschaftlichen und staatlichen Lebens. Die Sozialdemokratische Partei auf Bundesebene hat sich immer mehr den bestehenden gesellschaftlichen Verhältnissen und der vorherrschenden Bewusstseinslage der westdeutschen Bevölkerung angepasst. Dabei hat sie ihre sozialistische Konzeption aufgegeben zugunsten eines falschen Pragmatismus und zugunsten einer weitgehenden Sterilität des Parteilebens und der Parteidiskussion. Sie hat ihren Charakter als Klassen-Partei aufgegeben, um sich auch bürgerlichen Gruppen zu öffnen und von ihnen wählen zu lassen. Die Ideologie der ›Volkspartei‹ zwingt alle in der SPD vertretenen Gruppen, schon im vorparlamentarischen Raum Kompromisse einzugehen. Deshalb vertritt die SPD zur Zeit nicht konsequent die eigentlichen Interessen des lohnabhängigen Bevölkerungsteils. Ziel sozialdemokratischer politischer Arbeit muss nach Ansicht der Jungsozialisten die Demokratisierung aller Lebensbereiche der Gesellschaft sein – in Betrieb und Wirtschaft, Familie und Partei, Schule und Hochschule, Verwaltung und Justiz. Dazu gehört die konsequente Wahrnehmung der Interessen der Lohnabhängigen (Aufgabe der Ideologie der Volkspartei), dazu gehört weiter die Überführung der Produktionsmittel in die Nutzung und Verantwortung der Gesamtgesellschaft. (...) Die Parteien bemühen sich nur unzulänglich, die objektiven Interessen der Mehrheit zu erkennen und durchzusetzen. Dagegen setzen sie ihre Kraft ein, um in kleinen und demokratisch nicht legitimierten Zirkeln politische Entscheidungen vorzuprägen und dem Volk schmackhaft zu machen.«[142]

Neuer Bundesvorsitzender mit 155 von 190 abgegebenen Stimmen wurde Karsten D. Voigt, stellvertretende Vorsitzende Thomas von der Vring und Norbert Gansel. Der 1941 geborene Voigt gehörte von 1976 bis 1998 dem Deutschen Bundestag an und war lange Jahre außenpolitischer Sprecher der SPD-Fraktion. Von 1998 bis 2010 fungierte er als Koordinator der Bundesregierung für die deutsch-amerikanische Zusammenarbeit. Norbert Gansel, 1940 in Kiel geboren, zog bereits 1972 in den Bundestag ein, wo er zu den Mitbegründern des Leverkusener Kreises der Parteilinken gehörte. Von 1997 bis 2003 war er Oberbürgermeister von Kiel. Thomas von der Vring war später Gründungsrektor der Universität Bremen und saß für die SPD im Europäischen Parlament.

Nach dem Bundeskongress 1969 bestimmte der Parteivorstand, dass der Sekretär nunmehr dem Weisungsrecht des Bundesvorstands der Jungsozialisten unterliege. Ernst Eichengrün, ehemaliger Bundessekretär der Jungsozialisten, kritisierte in einer Stellungnahme für den SPD-Parteivorstand die Ergebnisse des Kongresses in sehr scharfer Form, und schlug verschiedene Maßnahmen zu Eindämmung der rebellischen Umtriebe vor, die er unter dem Stichwort der »halblinken Stabilisierung« zusammenfasste. Der »Eichengrün-Report« gilt als letztes Relikt der alten Haltung von Parteimitarbeitern, die Jusos in eine bestimmte Richtung steuern zu müssen – und war zugleich Ausdruck der Hilflosigkeit, dies nicht mehr tun zu können.

Von der innerparteilichen Opposition zur kritischen Solidarität
Jusos der 1970er-Jahre im Streit mit der SPD und sich selbst

Bei den Jusos gilt die Linkswende auf dem Münchener Bundeskongress 1969 als gemeinsames Identifikationsmerkmal und als Beginn ihrer Erfolgsgeschichte. In den darauffolgenden Jahren sollten sie auf circa 350 000 Mitglieder wachsen, die größte politische Jugendorganisation der BRD werden. Sie gewannen Posten und Einfluss in der SPD, und ihre Positionen und Aktionen trafen in der Öffentlichkeit auf großes Interesse. Die 1970er-Jahre gelten als Hochphase der Jusos, aber auch als die Zeit heftigster Auseinandersetzungen mit der SPD und zwischen verschiedenen Fraktionen innerhalb des Verbandes. Mit dieser Re-Theoretisierung der Diskussion innerhalb der SPD nahmen die Jusos das sozialistische Erbe früherer Generationen auf, den Kampf zur Überwindung des Kapitalismus. Erneut führten sie verbissene Richtungskämpfe. So ist es nicht möglich, eine einheitliche Beschreibung der Juso-Ideen vorzunehmen. Sie waren immer Ergebnis von Streit und Kompromiss der drei Strömungen innerhalb des Verbandes – Reformisten, Juso-Linke und Antirevisionisten.

Die Beschreibung der Ereignisse bei den Jusos ist nur zu verstehen, wenn man sich der damaligen gesellschaftlichen Situation bewusst ist. Noch herrschte wirtschaftlicher Optimismus nach dem Boom der Nachkriegsjahre, die Gesellschaft polarisierte sich zwischen sozial-liberal und konservativ. Auf der Linken überwog Aufbruchsstimmung, während die Konservativen die Angst vor der Übernahme durch den Kommunismus schürten. Es war noch keine zwei Monate her, seit Willy Brandt seine berühmte erste Regierungserklärung mit der zentralen Aussage »Wir wollen mehr Demokratie wagen«[143] abgegeben hatte. Die Außerparlamentarische Opposition (APO) verlor langsam ihre Bedeutung, hinterließ aber eine in großen Teilen politisierte junge Generation. Insbesondere Studenten strömten in die SPD und zu den Jusos. Eine Entwicklung, die in vielen Vorständen der SPD, bis hoch auf Bundesebene, nicht nur positiv bewertet wurde, hatte sie sich doch gerade zehn Jahre zuvor mit dem Godesberger Programm von der Klassenpartei zur Volkspartei gewandelt.

Mit der Linkswende vollzogen die Jusos die gesellschaftliche Entwicklung und damit die Renaissance des Marxismus in der SPD nach. In München gab es neben dem personellen Wechsel bei zwei Grundfragen eine inhaltliche Verschiebung, deren weitere Diskussion und Ausgestaltung das kommende Jahrzehnt bei den Jusos bestimmen sollte. Die Jusos wollten nicht mehr einfach Parteijugend sein, sondern ihre eigene Position vertreten und als innerparteiliche Opposition auftreten. Kern ihrer neuen sozialistischen Ausrichtung war die Forderung nach »antikapitalistischen Strukturreformen«.

Damit waren die Themen gesetzt, die auf Widerstand in der Partei trafen und deren weitere strategische Ausgestaltung den Streit bei den Jusos bestimmen sollte. Sie waren es auch, die eine große Aufmerksamkeit in der Öffentlichkeit erzielten, wenn über die Jusos der 1970er-Jahre berichtet wurde. Dabei darf nicht vergessen werden, dass sich überall in der Bundesrepublik zehntausende Jusos politisch engagierten.

Der ungeliebte Nachwuchs

Mit ihrem Bedeutungszuwachs und der sozialistischen Ausrichtung geriet die Arbeitsgemeinschaft der Jungsozialisten in der SPD immer wieder ins Visier der Partei, bis hin zur Option, den Jusos die Selbstständigkeit abzuerkennen. Der Parteivorstand befasste sich intensiv mit der Entwicklung der Jusos, es wurden ausführliche Berichte von den Beschlüssen der Bundeskongresse 1969 und 1970 erstellt und im Parteivorstand behandelt. Dabei wurde die Kritik an der Partei und deren wirtschaftspolitische Auffassungen energisch zurückgewiesen. Es wurde aber anerkannt, dass die Jusos zu Fragen der Bildung, Ausbildung, Kommunalpolitik und Mitbestimmung Positionen erarbeitet hätten, die auch in der SPD diskutiert werden sollten. Auf dem nächsten Bundeskongress der Jusos machte der Kanzler und Parteivorsitzende Willy Brandt deutlich, was er vom sozialdemokratischen Nachwuchs erwartete und was er für untragbar hielt. Er warf den Jusos vor, zwar viel Kritik aber keine Lösungen zu haben und rechtfertigte die Wirtschaftspolitik der Bundesregierung. Er bekräftigte den Willen der Bundesregierung, durch das Ansetzen an einzelnen Missständen die Gesellschaft zu verändern. Er würde es begrüßen, »wenn uns die Jungsozialisten dabei hülfen, realistische Reformvorschläge zu entwickeln«. Er machte aber auch deutlich, dass er keine »Partei in der Partei« und auch keine gegen die Sozialdemokratie gerichtete Strategie akzeptieren würde.[144]

Vielmehr als die inhaltlichen Unterschiede zwischen Jusos und SPD belastete jedoch die Frage nach der Zusammenarbeit mit Kommunisten das Verhältnis zwischen Mutterpartei und Jugendverband. Dies spielte sich auf zwei Ebenen ab, zum einen in der Beschlusslage der Jusos und zum anderen bei der Frage, welche Aufrufe und Aktionsbündnisse die Jusos unterstützten. Dabei ging es nicht um den Umsturz der gesellschaftlichen Verhältnisse, sondern beispielsweise um Aktionen gegen Preiserhöhungen im öffentlichen Nahverkehr oder um Friedensdemonstrationen. Es ging nicht um eine reale Gefahr durch die »Deutsche Kommunistische Partei« (DKP) – die sowjettreue Partei hatte nicht einmal 10 Prozent der Mitgliederstärke der Jusos und landete bei den letzten Bundestagswahlen unter einem Prozent. Es ging ums Prinzip, die Jusos wollten sich nicht aus den außerparlamentarischen Bewegungen drängen lassen, nur weil dort auch Kommunisten aktiv waren, und die SPD wollte jeden Eindruck vermeiden, in irgendeiner Form etwas mit Kommunisten zu tun zu haben. Vehement vertrat Herbert Wehner diese Position auf dem Bremer Bundeskongress: »Kommunisten wollen die SPD eliminieren Mit ihnen diskutieren (…) ja, aber nicht gemeinsam organisieren.«[145] Da die Appelle an den Jugendverband nicht die gewünschte Wirkung zeigten, verabschiedeten Parteivorstand und Parteirat der SPD im November 1970 ein Zusammenarbeitsverbot für Mitglieder der SPD in Aktionsbündnissen, an denen DKP, »Sozialistische Deutsche Arbeiterjugend« (SDAJ), »Sozialistische Einheitspartei West-Berlin« (SEW) oder »Freie Deutsche Jugend« FDJ beteiligt wären. Im Februar des kommenden Jahres wurde dies durch einen weiteren Beschluss unterstrichen:

»In der SPD ist kein Platz für:

- jene, die aus der parlamentarischen-demokratischen Reformpartei des Godesberger Programms eine Kaderpartei revolutionären Typs machen wollen;
- jene die innerhalb dieser Partei eigene Organisationen mit abweichenden programmatischen Zielen bilden oder zu bilden versuchen;
- jene, die in diese Partei hineinwollen, um ihr Schaden zuzufügen oder sie zu spalten.«[146]

Beides erntete Widerspruch bei den Jusos, die das Verbot nicht akzeptieren wollten. Sie hielten die Zusammenarbeit mit Gruppen außerhalb der SPD für notwendig, wenn sie die gleichen Ziele verfolgten. Für sie sollte ausschlaggebend sein, ob man sich engagiert, und nicht, ob auch Kommunisten beteiligt wären. Dementsprechend nahmen Jusos auch weiterhin an Kooperationen mit Kommunisten teil. Die Reaktionen darauf fielen je nach örtlichem Parteivorstand unterschiedlich aus. Mal wurde versucht, die Jusos in die Partei zu integrieren und sie personell einzubinden, oder diese Aktivitäten wurden einfach ignoriert. Oft war die Folge aber auch Parteiordnungsverfahren und Parteiausschluss. Aufmerksamkeit erregte auf Bundesebene ein Verfahren in Hamburg. Dort beteiligten sich Jusos an einer Aktion »Roter Punkt« gegen die Nahverkehrspreiserhöhung. In der Folge wurden mehrere Verfahren gegen Mitglieder des Landesvorstandes und den damaligen stellvertretenden Bundesvorsitzenden Wolfgang Roth eingeleitet. Es folgten weitere Verfahren gegen den Hamburger Parteivorstand und öffentliche Proteste. Die Bundesschiedskommission beendete die Angelegenheit mit einer Rüge gegen Roth.

Schon im Juni 1970 hatte es einen Zwischenfall in den deutsch-deutschen Beziehungen zwischen Jusos und SPD gegeben: Während einer Delegationsreise unter anderem mit dem Bundesvorsitzenden Karsten D. Voigt und seinem Stellvertreter Wolfgang Roth in die DDR erhielt die Juso-Delegation das Angebot, am letzten Tag des Programms ein Gespräch mit dem DDR-Staatsratsvorsitzenden Walter Ulbricht führen zu können. Eine hektische Reisediplomatie begann. Der stellvertretende Juso-Bundesvorsitzende Norbert Gansel aus Kiel sowie der Leiter der Abteilung »Jugend und Bildung« beim SPD-Parteivorstand aus Bonn eilten nach Ost-Berlin, um mit der Delegation über die Situation zu beraten. Vonseiten des SPD-Bundesgeschäftsführers Hans-Jürgen Wischnewski wurde vermittelt, dass der Parteivorstand ein Treffen der Juso-Delegation mit Walter Ulbricht ablehnte, da dies die Bundesregierung sowie die Koalition im Bundestag in große Schwierigkeiten bringen könnte. Der CDU wäre das Gesprächsangebot bereits bekannt, so dass dies auch Thema bei den laufenden Haushaltsberatungen im Plenum werden könnte. Vor diesem Hintergrund sagte die Juso-Delegation das Gespräch mit Ulbricht zunächst ab. Während Flege wieder nach West-Berlin fuhr, macht die FDJ den in Ost-Berlin verbliebenen Jusos das Angebot, das Gespräch mit Ulbricht nun nicht als offizielle Delegation der Jusos, sondern als privates Treffen in einem Gästehaus der SED zu führen. Die Delegation nahm diese Einladung an. Norbert Gansel fuhr zurück nach West-Berlin, ohne die Vertreter des Parteivorstands über die neue Lage zu informieren. Als wenig später der tatsächliche Ablauf bekannt wurde, führte dies zu einer Untersuchung der Vorgänge durch den Parteivorstand sowie zu scharfen Verhaltens-Rügen der beteiligten Jusos.

Wie ernst es dem Parteivorstand mit seinem Vorgehen gegen eine innere Opposition war, zeigte sich im März 1971, als der Parteivorstand dem Sozialdemokratischen Hochschulbund (SHB) alle Mittel strich und die Verbindungen kappte. Später wurde auch die Nutzung des Wortes »Sozialdemokratisch« im Namen verboten, woraufhin sich der SHB in »Sozialistischer Hochschulbund« umbenannte. Im SHB hatte es schon vor der Linkswende der Jusos Streit über die theoretische Ausrichtung gegeben. Im Gegensatz zu den Jusos der frühen 1970er-Jahre stellten im SHB die Anhänger der Theorie des staatsmonopolistischen Kapitalismus (»Stamokap«) die Mehrheit. Die Minderheit vertrat eine antirevisionistische Position. Aus dem Streit der beiden Fraktionen folgte die Abspaltung der Minderheit als »Sozialistische Fraktion«. Der SHB trat nun offensiv für eine Aktionseinheit mit dem DKP-nahen »Marxistischen Studentenbund Spartakus« (SHB) ein. Aus dieser Entscheidung folgte die Distanzierung der SPD. Die Jusos sahen den SHB dennoch als einen Hochschulbund, in dem sich Jungsozialistinnen und Jungsozialisten an den Hochschulen organisierten. Eine andere Reaktion folgte bei den Jusos in Frankfurt am Main, eine der frühen Hochburgen des Stamokap. Hier traten 60 Mitglieder aus der Partei aus. Sie wechselten größtenteils zur DKP.

Das Damoklesschwert des drohenden Parteiausschlusses schwebte also fortan über den Jusos. Immer wieder kam es zu Verfahren gegen einzelne Funktionäre oder auch ganze Vorstände, die sich in unterschiedlichem Maße nicht an das Zusammenarbeitsverbot hielten. Es war aber nicht nur die DKP-Frage – die auch innerhalb der Jusos sehr umstritten war, teils aus Überzeugung und teils durch Abschreckung der disziplinierenden Partei –, sondern auch die ständige Kritik aus allen Fraktionen der Jusos an der Politik der Partei, die den SPD-Vorstand verärgerte und zu weiterem Vorgehen gegen den eigenen Jugendverband

Plakat des Juso-Landesverbandes Baden Württemberg zur Wohnungspolitik (1974).

motivierte. So soll die Gründung der »Arbeitsgemeinschaft für Arbeitnehmerfragen« (AfA) im Jahr 1973 auch dazu gedient haben, einen gemäßigten Gegenpol zu den marxistischen Jusos zu schaffen. Aber die öffentliche Kritik der Jusos an der Partei verstummte nie. Im Juni 1974 schränkte der Parteivorstand die selbstständige Arbeit der Jusos durch einen Beschluss ein, der besagte, dass sich die Mitglieder der Arbeitsgemeinschaften nicht auf die eigenen Beschlüsse beziehen könnten, wenn diese der Beschlusslage einer Parteigliederung widerspräche. Dies bedeutete, dass die Jusos in der Öffentlichkeit nur noch Positionen vertreten durften, die nicht gegen die Parteimeinung gerichtet waren. Jedes öffentliche Auftreten, ob in Stellungnahmen oder durch die Organisation, ja selbst die Teilnahme an Veranstaltungen, musste nun durch den zuständigen SPD-Vorstand genehmigt werden. Verschärft wurde dies noch durch ein Urteil der Bundesschiedskommission, nachdem auch jede öffentliche Meinungsäußerung eines einzelnen Funktionärs unter das Genehmigungsgebot und die 1975 neubeschlossenen Richtlinien für die Arbeitsgemeinschaften fiel. Die Richtlinien sahen nicht nur das Recht der Parteivorstände vor, jedes öffentliche Auftreten der Jusos zu verbieten, sondern schlossen diese Entscheidungen von einer Überprüfung durch die Parteigerichtsbarkeit aus.

Die tatsächliche oder vermeintliche Nähe der Jusos zu den Kommunisten beschäftigte Anfang der 1970er-Jahre auch einzelne Buchautoren. So veröffentlichte der ehemalige Juso-Bundesvorsitzende Günther Müller, der 1972 die SPD-Bundestagsfraktion verlassen hatte und zur CSU gewechselt war, unter dem Titel »Rote Zelle Deutschland oder was wollen die Jungsozialisten wirklich?«[147] eine Sammlung von Zitaten aus dem Umfeld der Jusos. Müller vertrat die Grundthese, dass die Jusos die SPD mit ihrer Radikalisierung vor sich hertreiben würden. Das Vorgehen des Parteivorstands gegen die Jusos wäre eher von stiller Komplizenschaft als von harter Abgrenzung geprägt. Mit der Wahl des Titels versuchte sich Müller zugleich gegen einen in hoher Auflage erschienenen Sammelband abzugrenzen, den Norbert Gansel herausgegeben hatte. Dieser trug den Titel »Überwindet den Kapitalismus oder Was wollen die Jungsozialisten?«[148] und enthielt zentrale Texte zur Theorie- und Strategiedebatte Anfang der 1970er-Jahre. Selbst das arbeitgebernahe Institut der Deutschen Wirtschaft sah sich bemüßigt, ein von seinem Referenten Emil-Peter Müller verfasstes Werk »Jungsozialisten zwischen Reform und Revolution«[149] zu veröffentlichen.

Wenn Parteivorstände gegen Jusos vorgingen war dies jedoch nicht nur durch eine Ablehnung ihrer strategischen und inhaltlichen Ausrichtung begründet, sondern in einigen Fällen auch schlichte Machtpolitik und Sicherung der eigenen Posten. Denn die Jusos beschäftigten sich nicht nur mit sich selbst, sondern drängten auch auf Posten in der SPD. Dabei ging es weniger um einen Konflikt zwischen den Generationen, als vielmehr um die inhaltliche Ausrichtung und die Unterstützung linker Kandidaten. So mag die Kandidatur des stellvertretenden Juso-Bundesvorsitzenden Norbert Gansel für den Parteivorstand gegen den damaligen Verteidigungsminister Helmut Schmidt mehr eine symbolische Aktion als ein ernstzunehmender Angriff gewesen sein, aber auf kommunaler Eben waren die Jusos an vielen Orten sehr erfolgreich. Prominente Beispiele dafür sind die umkämpfte Übernahme des Unterbezirks München gegen den Oberbürgermeister Hans-Jochen Vogel oder auch die Wahl des 28-jährigen Herbert Schmalstieg zum Hannoveraner Oberbürgermeister.

Links, zwo, drei ... wo dein Platz, Genosse, ist

Wenn auch die Auseinandersetzung der Jusos mit der eigenen Partei und die Frage nach der Zusammenarbeit mit der DKP die öffentliche Wahrnehmung dominierten, war dies für das Selbstverständnis der Jusos nicht prägend. Sie standen für die unterschiedlichen Positionen bei der eigentlichen Frage, die den Verband bewegten: Wie kann der Sozialismus erreicht werden?

Nach der Linkswende herrschte Euphorie, und der neue linke Bundesvorstand nahm die Arbeit auf. Die Jusos hatten zwar großen Mitgliederzuwachs, wurden aber auch immer mehr zu einem Verband der Studierenden, und die Funktionäre waren eher um die 30 Jahre alt. Es wurden intellektuelle Debatten geführt, die an theoretischen Fragen ausgerichtet waren. Dies wirkte für Auszubildende abschreckend und wurde zum Problem für einen Verband, der sich als Teil der Arbeiterklasse definierte und sich insbesondere für die Interessen der Werktätigen einsetzen wollte. Ein Versuch dieser Entwicklung entgegenzuwirken, war 1970 ein großer Lehrlingskongress unter dem Motto »Ausbildung statt Ausbeutung«. Doch er schlug fehl, die anwesenden Lehrlinge kamen kaum zu Wort, um ihre Anliegen vorzubringen und die abstrakten Diskussionen boten ihnen keinen Anknüpfungspunkt. Zudem waren viele Angehörige von K-Gruppen vertreten, die versuchten, gezielt Stimmung gegen SPD und Jusos zu machen. Erfolgreicher war die einige Monate später stattfindende kommunalpolitische Arbeitskonferenz der Jusos in Mannheim. Zwar musste die Veranstaltung auf Anweisung des Parteivorstands nichtöffentlich sein – und noch vor Konferenzbeginn mussten die Beschlussvorlagen der kommunalpolitischen Kommission des Parteivorstandes zur Bewertung vorgelegt werden – doch es wurden viele Forderungen gefunden, die sowohl innerhalb der Partei für diskussionswürdig und richtig gehalten wurden als auch bei vielen regionalen gesellschaftlichen Initiativen anschlussfähig waren. Die Jusos fanden Unterstützung bei ihren Positionen nach mehr Demokratie und Transparenz in der Kommunalpolitik, einer besseren Finanzausstattung der Kommunen und der Erweiterung des sozialen Wohnungsbaus – auch bei ihren Gästen, den Oberbürgermeistern aus Mainz, München, Bremen und Frankfurt. Selbst der »Juso-Fresser« Hans-Jochen Vogel konnte so den Beschlüssen konstruktive politische Aspekte abgewinnen. Wenn die Parteivertreter auch die Systemkritik und die theoretische Ableitung der Forderungen nicht teilten, waren die konkreten Einzelforderungen doch auch in der SPD anschlussfähig. Für die Jusos ist »eine progressive Kommunalpolitik ein wichtiger Bestandteil einer antikapitalistischen Gesellschaftspolitik«.[150]

Die kommunalpolitische Arbeitskonferenz ist aber auch noch aus einem anderen Grund für die Jusos von großer Bedeutung. Dort wurde erstmals im großen Rahmen die sogenannte Doppelstrategie beschlossen. Diese unterschied sich grundsätzlich vom bisherigen strategischen Selbstverständnis innerhalb der Arbeiterbewegung und war die Konsequenz aus den Erfahrungen der Studentenbewegung und der Bewertung der sozialdemokratischen Regierungspolitik.

»Doppelstrategie heißt:

1. Schaffung und Unterstützung eines umfassenden politischen Problembewusstseins bei der Bevölkerung und daraus resultierend ihre Mobilisierung, Politisierung und Organisierung. Zielvorstellung muss sein, dass die Bürger im Wege der Eigeninitiative ihre Interessen und Forderungen den politischen Entscheidungsträgern gegenüber nachdrücklich artikulieren und vertreten.
2. Intensive Mitarbeit auf allen Ebenen der Partei, um auf dem Wege über demokratische Mehrheitsentscheidungen die politischen Voraussetzungen für eine bessere Gesellschaftsordnung zu schaffen.
3. Reform der Partei, damit sie in die Lage versetzt wird, Mobilisierung, Politisierung und Organisierung der Bevölkerung einzuleiten und

zur Stärkung demokratischer, antikapitalistischer Machtpositionen beizutragen und eine Veränderung institutioneller Entscheidungen umzusetzen.«[151]

Insbesondere die ersten beiden Punkte bestimmen die strategische Ausrichtung der Jusos bis in die Gegenwart. Kern der Idee von der Doppelstrategie ist, dass es grundsätzliche gesellschaftliche Veränderungen nur geben kann, wenn sie vom zivilgesellschaftlichen Willen und von parlamentarischer Macht getragen werden. Trotz unterschiedlicher theoretischer Ansätze fand diese Position im Verband immer eine große Mehrheit. Wenn die Jusos damit auch eine gemeinsame Formulierung für ihr Grundverständnis von politischer Arbeit gefunden hatten, war die doch nur eine lose Klammer, in der sich der Verband sammelte. Sowohl die Herleitung als auch die Bedeutung der einzelnen Punkte und deren konkrete Ausgestaltung waren stark umstritten.

Bei dem 1969er-Linkswendekongress gab es ein großes linkes Bündnis, um den Bundesvorstand von den Parteitreuen zu übernehmen. Das Bündnis einte der Wille, aus einer marxistischen Gesellschaftsanalyse ihren Weg zum Sozialismus zu finden. Dabei gab es eine breite Spannweite der unterschiedlichen linken Richtungen. Es gab bei den Jusos einen jährlichen Höhepunkt der Verbandsarbeit, den Bundeskongress, wo die verschiedenen Meinungen aufeinandertrafen und mit zunehmender Intensität um Mehrheiten gerungen wurde. Dort spiegelten sich die Entwicklungen in den einzelnen Landesverbänden und Bezirken wider. Es wurden Bündnisse geschmiedet und mit allen Feinheiten und Tricks der Parteipolitik wurde um Positionen gerungen. Es entwickelten sich Kooperationen und Gegnerschaften, die die Akteure teilweise ihr gesamtes politisches Leben begleiten sollten. Es wurde eine Generation von Nachwuchspolitikern geformt, die zwanzig bis dreißig Jahre später die SPD in den Ländern und im Bund führen sollten. Als sich die Jusos im Dezember 1970 in Bremen zu ihrem Bundeskongress trafen, hatten sich noch keine klaren Fronten herausgebildet, jedoch deuteten sich schon unterschiedliche theoretische Ansätze an. Der Bundeskongress war bestimmt von der Diskussion zur Ausrichtung der SPD. Diese wurde sowohl intern als auch mit Willy Brandt, Herbert Wehner und Hans-Jürgen Wischnewski geführt. Wie intensiv die Kritik an der eigenen Partei vorgebracht werden sollte, machte denn Unterschied zwischen den beiden Kandidaten aus, die zur Wahl des Bundesvorsitzenden antraten. Dabei vertrat der Amtsinhaber Karsten Voigt eine offensive Taktik gegen die aus Juso-Sicht falsche Politik von Partei und Regierung, während sein Kontrahent Norbert Gansel mehr Zurückhaltung einforderte. Während Voigt für ein breites, sich durchaus marxistisch verstehendes Spektrum von Reform-Sozialisten stand, vertraten Gansel und seine »Ganselisten« genannten Anhänger vor allem ethisch-sozialistische Positionen. Schließlich setzte sich Voigt deutlich mit 138 zu 59 Stimmen durch.

Inhaltlich versuchten die Jusos ihre Positionen vom vorjährigen Linkswendekongress weiterzuentwickeln. Hatte man sich 1969 auf die Formulierung einer »Strategie der systemüberwindenden Reformen« verständigt, war nun die Frage, wie man solche progressiven Entwicklungen von Reformen abgrenzen könnte, die in die entgegengesetzte Richtung wirken und das System nur stabilisieren würden. Zu einer für die Protagonisten zufriedenstellenden Lösung ist man in Bremen nicht gekommen. Stattdessen wurde ein Antrag von Detlev Albers aus Hamburg und Kurt Neumann aus Berlin aufgenommen, sich dieser Frage ausführlich auf einem außerordentlichen Strategiekongress zu widmen. Ziel des Kongresses sollte sein, »die Konzepte der systemüberwindenden Reformen zu einer einheitlichen Strategie der Jungsozialisten voranzutreiben und den gegenwärtig sehr unterschiedlichen Diskussionsstand der Gruppen in diesen Fragen zu überwinden«[152]. Ein Jahr später, am 11. und 12. Dezember 1971, fand in Hannover der Strategiekongress statt, und die Jusos beschlossen ihre »Thesen zur Politischen Ökonomie und Strategie«. Doch damit war der Theoriestreit bei den Jusos nicht beigelegt, sondern fing erst richtig an. Auf dem Hannoveraner Kongress zeigten sich die drei Strömungen deutlich. Sie spiegelten sowohl die Spaltung der aktuellen gesellschaftlichen Linken als auch die klassischen Theorierichtungen der früheren Sozialdemokratie wieder. Wenn auch noch nicht alle als geschlossene Blöcke auftraten, wurde doch deutlich, welche Differenzen die innerverbandlichen Debatten prägen sollten.

Von Staat und Strategie und Streit

Die Mehrheit der Jusos war reformistisch orientiert, sie stellte alle Vertreter im Bundesvorstand. Die Gruppe wurde Reformsozialisten oder kurz »Refos« genannt. Sie war aufgrund ihrer Vielfältigkeit der lockerste Zusammenschluss, hatte aber auch die beste Verbindung in die Partei hinein und arbeitete dort eng mit den linken SPD-Verbänden aus Hessen-Süd und Schleswig-Holstein zusammen. Sie ging von den zwei Sphären Wirtschaft und Staat aus, die relativ unabhängig voneinander agieren und sich gegenseitig beeinflussen, ohne aber in einem Hierarchieverhältnis Basis-Überbau zueinanderzustehen. Ihr strategischer Ansatz beinhaltete über die Partei Mehrheiten in den Parlamenten zu erreichen, um die Gesellschaft mit »antikapitalistischen Strukturreformen« zu verändern. Es ging ihr darum, durch die Ausweitung des Wohlfahrtstaates und der Mitbestimmung der Beschäftigten die kapitalistischen Prinzipien und Wirkungsweisen aus der Ökonomie zu verdrängen. Dementsprechend bewertete sie die Politik der Regierung Brandt als Schritte in die richtige Richtung, denen aber die zur Überwindung des Kapitalismus notwendige Radikalität fehlte.

Ihr gegenüber standen zwei oppositionelle Fraktionen. Die größere von ihnen waren die Anhänger der Theorie des staatsmonopolistischen Kapitalismus. Sie wurden als Stamokaps oder Stamis bezeichnet. Sie selbst lehnten diese Zuordnung allerdings ab und nannten sich »Juso-Linke«. Sie organisierten sich seit Dezember 1971 im Hannoveraner Kreis, dem HK. Ihre Vertreter kamen vor allem aus den Bezirken Hamburg, Berlin, Nord-Niedersachsen und dem Unterbezirk Frankfurt, etwas später kam noch der Bezirk Ostwestfalen-Lippe hinzu. Sie vertraten marxistische Positionen, deren Grundzüge bereits aus Rudolf Hilferdings »Finanzkapital« und seiner »Theorie des organisierten Kapitalismus« stammten und insbesondere von französischen Sozialisten weiterentwickelt worden waren. Auf diesen Ursprung ihrer Ansätze legten sie großen Wert, da auch in der offiziellen Wissenschaft der DDR bei der Analyse des Kapitalismus eine Form des staatsmonopolistischen Kapitalismus zugrunde gelegt wurde. Gerade dies handelte dem Hannoveraner Kreis immer wieder schwere Vorwürfe ein, auch in Westdeutschland einen Staat nach Vorbild der DDR einführen zu wollen. Dabei handelte es sich mit Sicherheit um theoretische Überschneidungen, aber nicht um eine Übernahme der DDR-Doktrin. Der Juso-Linken zufolge führte der Zwang zur kapitalistischen Akkumulation von Kapital zunehmend zur Monopolbildung, da die jeweiligen Einzelkapitale für sich nicht mehr profitabel genug sein würden. Sie gingen davon aus, dass bei dieser zunehmenden Monopolbildung in der Wirtschaft, die Monopole ihre Macht nur noch mit Hilfe des Staates erhalten könnten, der somit immer stärker in die Wirtschaft eingreife um die Interessen der Monopole zu erhalten. Die Theorie des Stamokap setzte bei der klassischen Krisentheorie an und fügte der Argumentation eine neue Dimension der Staatsfunktion hinzu: Der Staat nimmt für die Akkumulation des Kapitals zunehmend eine zentrale Rolle ein. Ihm fallen so zwei Aufgaben zu: Einerseits muss er – durch Repression und durch die gesellschaftliche Integration des Sozialstaats – dafür sorgen, dass die Produktionsverhältnisse gesellschaftlich tragfähig bleiben, und der »soziale Frieden« bestehen bleibt. Der Staat ist neben Kapitalisten und Arbeitern der dritte wesentliche Akteur. Andererseits muss der Staat selbst als Kapitalist auftreten und eine entsprechende »Infrastruktur« für die Zentralisierungsprozesse darstellen.[153]

Daraus resultierte ein strategischer Ansatz, der weder auf bloße Parlamentsmehrheiten noch auf spontane Basismobilisierung setzte. Kern war die Organisation der gesamten Arbeiterbewegung und eine Bündnisarbeit mit allen ausgebeuteten Gruppen als geschlossene Gegenmacht zu den Monopolen. Dementsprechend war die Juso-Linke der stärkste Verfechter einer punktuellen Zusammenarbeit auch mit Kommunisten. Gerade dies machte sie für die konservative Öffentlichkeit, den rechten Parteiflügel und die Mehrheitsströmung innerhalb der Jusos zur ideologischen Gefahr.

Die zweite Oppositionsfraktion entstand in den Universitätsstädten Göttingen und Hannover. Die Antirevisionisten, kurz Antirevis, wurden durch den Juso-Bezirk Hannover repräsentiert, sie waren die kleinste Gruppe innerhalb der Jusos. Ihr prominentester Sprecher war der seit 1971 amtierende Hannoveraner Bezirksvorsitzende Gerhard Schröder – wenn er auch nicht zu deren theoretischen Vordenkern gehörte und später sogar aus dem Zusammenhang ausgeschlossen wurde. Die Orientierung kam vor allem aus der SOAK-Gruppe um Helmut Korte. Sie leiteten die Staatsfunktion direkt aus der Ökonomie ab. Der Staat verallgemeinere die Form der kapitalistischen Produktionsweise, stelle die allgemeinen Bedingungen der Produktion her und verallgemeinere die Zirkulationssphäre. Dies bedeute, dass sich staatliches Handeln unmittelbar aus den Machtverhältnissen der Produktion ableiten lasse und somit Reformpolitik nicht zum Umbau der Gesellschaft, sondern nur zur weiteren Verfestigung des Kapitalismus führen würde. Dementsprechend setzten sie nicht auf innerparteiliche Diskussionen und Mehrheiten in Parlamenten, sondern auf eine autonome Mobilisierung der Basis, sprich der Arbeiterklasse. Die frühen Anti-Revis gingen davon aus, dass es darauf ankomme, die verschiedenen, noch spontanen Formen gesellschaftlicher Selbstorganisation auszubauen. Dabei lehnten sie die herkömmlichen Organisationsstrukturen der Arbeiterbewegung, egal ob sozialdemokratisch oder kommunistisch ab. Sie waren Vertreter des Rätesozialismus.

Die drei Gruppen trafen mit ihren unterschiedlichen Ausrichtungen und Ideen auf dem Strategiekongress in Hannover aufeinander. Insbesondere der Hannoveraner Kreis hatte sich mit eigenen Diskussionen auf den Kongress vorbereitet und brachte mit dem »Hamburger Strategiepapier« einen Gegenantrag zur Vorlage des reformistischen Bundesvorstandes ein. Die Refos vertraten die Auffassung, dass durch sozialistische Reformpolitik die Krisen des Kapitalismus immer weiter zurückgedrängt werden könnten, dadurch das Vertrauen der Arbeiterschaft erworben werden könnte und auf Basis einer stabilen Wirtschaft der Übergang zum Sozialismus gelingen würde. Der Hannoveraner Kreis warf ihnen daraufhin vor, dass sich die Krisen eher verschärfen würden und sie nur durch staatliche Eingriffe zu Gunsten der Monopole bewältigt würden. Es käme also nicht zu einer Abschmelzung, sondern zu einer Intensivierung des Kapitalismus. Daraufhin griffen die Antirevis den Hannoveraner Kreis an: Sie kritisierten nur den Reformismus der SPD aber nicht den Revisionismus an sich.

Im Ergebnis wurden auf Grundlage der Bundesvorstandsvorlage »55 Thesen zur Politischen Ökonomie und Strategie« beschlossen, in denen sich jede der drei Strömungen in verschiedenen Passagen wiederfinden konnte, aber die Handschrift der Refos am deutlichsten sichtbar wurde. So hatten die Jusos keine einheitliche Theorie-Beschreibung, sondern ein Papier aus vielen Fragmenten, die sich teilweise selbst widersprachen und insbesondere die entscheidende Frage nach der Rolle des Staates auf dem Weg zum Sozialismus nicht beantwortete. Jedoch gab es ein klares Bekenntnis zu einer Reformpolitik, die die Lebensverhältnisse für die Arbeiterklasse verbessern würde. Die Diskussionen sollten in den kommenden Jahren fortgesetzt werden. Noch war nicht deutlich, was dies für den Verband bedeuten sollte.[154] Die Presse zog das Fazit, dass dieser in sich zerstrittene Verband für die SPD keine große Herausforderung mehr darstellen würde.

Doch die Theoriedebatte wurde im kommenden Jahr erst mal in die Untergliederungen verlagert. Nur zweieinhalb Monate nach dem Strategiekongress kamen die Jusos erneut zu einem Bundeskongress in Oberhausen zusammen. Wolfgang Roth, ein Vertrauter von Karsten Voigt, trat dessen Nachfolge als Bundesvorsitzender an (ohne Gegenkandidatur). Er bekam 158 Ja-Stimmen und nur 26 Gegenstimmen, bei 18 Enthaltungen. Spannender war es bei den Wahlen zu den Stellvertreterposten. Mit dem antirevisionischtisch orientierten Detlev von Larcher vom SHB bewarb sich erstmals ein Vertreter der Oppositionsströmungen um ein Amt im Bundesvorstand. Er fiel bei zwei Versuchen jedoch deutlich durch, und der Bundesvorstand wurde weiterhin durch Refos gebildet. Die wichtigste Diskussion ging um die Beteiligung der Jusos im kommenden Bundestagswahlkampf. Bei all der Kritik an der Politik der Bundesregierung von allen Seiten der Jusos stellte sich die Frage, inwieweit man sich das Wahlprogramm der SPD zu eigen machen sollte und die Kandidatinnen und Kandidaten unterstützen wollte, die man in den vergangenen Jahren wegen ihrer Haltungen so hart angegangen war. So wurde zum Beispiel die Forderung vorgebracht, einen inhaltlich von der Partei unabhängigen Wahlkampf durchzuführen. Dies wurde abgelehnt. Stattdessen wurde beschlossen, einen »eigenen Wahlkampfbeitrag vorzubereiten, der auch über die Aussagen der Partei hinausgehen kann«[155]. Die Jusos wollten eine SPD-Mehrheit und akzeptierten auch eine Koalition mit der FDP. Karsten Voigt fasste die Position der Jusos zusammen, dass sie sich nicht mit der SPD-Regierungspolitik identifizieren wolle, sondern sich vor allem gegen die CDU abgrenze. In dieser Debatte wurde auch deutlich, dass die Mitarbeit in der Partei, mit Ausnahme der Antirevis, anerkannt und gewollt war.

Der Wahlkampf kam noch schneller als gedacht. Im April gelang es der CDU mit Rainer Barzel zwar nicht, Willy Brandt als Kanzler durch ein konstruktives Misstrauensvotum abzulösen, aber die sozial-liberale Koalition verfügte auch nicht mehr über eine handlungsfähige Mehrheit im Bundestag. So stellte Brandt selbst die Vertrauensfrage, um vorgezogene Neuwahlen am 19. November 1972 zu ermöglichen. Es wurde ein hoch emotionaler Wahlkampf, der die gesamte Gesellschaft polarisierte. Die Unions-Parteien versuchten die SPD so hinzustellen, als ob sie die BRD geradewegs in den Sowjetkommunismus führen wolle und mit den Ostverträgen das Vaterland verraten würde. Je aufgeheizter die Konfrontation zwischen Konservativen und Sozial-Liberalen wurde, desto geschlossener trat die SPD nach außen auf, inklusive der Jusos. Die Jusos hatten auch kaum eine andere Wahl, denn gerade in diesem Wahlkampf strömten die jungen Menschen zu ihnen wie niemals zuvor und jemals wieder. Wenn sie sich einfach zurückgezogen hätten, wären sie durch andere ersetzt worden; damals hatte die SPD kein Nachwuchsproblem. An dem einheitlichen Eindruck änderten auch einige interne Missstimmungen nichts. Der Juso-Bundesvorstand hatte extra zur Wahl einen Info-Brief für seine Funktionäre produziert, in dem zum einen Kriterien für unterstützenswerte Bundestagskandidaturen beschrieben wurden und zum anderen der Koalitionspartner, die FDP, stark angegangen wurde. Nach dem der Parteivorstand zunächst den Versand untersagte, einigte man sich schließlich darauf, dass es ein Begleitschreiben der Parteispitze geben würde. Bei der Bundestagswahl erreichte die SPD mit 45,8 Prozent das beste Ergebnis aller Zeiten und konnte ihre Koalition mit der FDP fortsetzen.

Der Feind im Inneren

Kaum hatten sich die Jusos von den Strapazen des Wahlkampfes erholt, brach der Theoriestreit auf der Bundesebene wieder offen aus. Anfang 1973 veröffentlichte der stellvertretende Juso-Bundesvorsitzende Johano Strasser ein Papier, in dem er die Theorie des Stamokaps massiv anging. Der »Thesenstreit um Stamokap« – so der Titel eines damals in hoher Auflage vertriebenen Sammelbands – war eröffnet. In dessen Verlauf wurde die Stimmung im Verband zunehmend aggressiver. Kern des »Hamburger Strategiepapiers« der Juso-Linken war die Frage: »Wie sind die Machtstrukturen in unserer Gesellschaft?«[156]. Die vielsagende Antwort lautete: »Die Struktur der ökonomischen Basis der hochentwickelten kapitalistischen Länder wird mehr und mehr durch den umfassenden Einfluss der industriellen Großkonzerne bestimmt.«[157] Die Analyse geht von einer zunehmenden Zentralisierung des Kapitals und der damit verbundenen politischen Macht sowie der Realisierung des Monopolgewinns mit Hilfe des Staates aus. Daher ist der Kampf gegen die Machtstellung der Monopole für die Stamokaps der entscheidende Ansatzpunkt. »Sie die Herrschaft des Kapitals; Anm. der Autoren) unterliegt, vor allem in den Großbetrieben der monopolistischen Konzerne, der direkten Ausbeutung durch die Monopole und erfährt durch die kontinuierliche Intensivierung des Produktionsprozesses am unmittelbarsten die Verschärfung der internationalen Konkurrenz und die wachsenden Schwierigkeiten der Verwertung des Monopolkapitals. In den meisten kapitalistischen Ländern verschärften sich daraufhin in den letzten Jahren die Klassenkämpfe auf allen gesellschaftlichen Ebenen.«[158] Als zentraler Ansatzpunkt zur Veränderung der Gesellschaft wird im »Hamburger Strategiepapier« ein antimonopolistisches Bündnis aller Teile der Arbeiterklasse und auch der bürgerlichen Mittelschichten. Was die Ziele über den Abwehrkampf hinaus sein sollten, bleibt weitgehend offen. Konkret wird es nur bei der Sozialisierung der Schlüsselindustrien; danach folgt lediglich der Ansatz einer geplanten Wirtschaft unter Einbeziehung der Interessen der Mehrheit der Bevölkerung über ein Rätesystem.

Strassers Kritik richtete sich in erster Linie gegen das Auftreten des Hannoveraner Kreises als eigener Fraktion innerhalb des Verbandes und eine aus seiner Sicht unverantwortliche Kaderpolitik. Besonders verurteilte er die Strategie unter Einbeziehung der DKP, hinter der er die Einführung eines autoritären und bürokratischen Sozialismus vermutete, bei dem die Demokratie auf der Strecke bleiben würde. Des Weiteren warf er ihnen vor, die Krisenhaftigkeit des Kapitalismus außer Acht zu lassen und die Rolle des Staates als Interessenvertreter der Monopole weit zu überschätzen. Alles in allem war es eine Darstellung des Hannoveraner Kreises als undemokratisch agierende Sektierer, die eine Position außerhalb der Sozialdemokratie verträten. Dementsprechend reagierte der Hannoveraner Kreis auf die Angriffe mit einer nicht weniger zurückhaltenden Antwort durch Detlev Albers, Kurt Wand und Kurt Neumann. Neben dem Vorwurf an den Bundesvorstand, jede abweichende Meinung zu unterdrücken, bekräftigen sie die Aussagen des »Hamburger Strategiepapiers«. Sie unterschätzten nicht die Krisenhaftigkeit des Kapitalismus, sondern würden ganz im Gegenteil ihre gesamte Analyse davon herleiten, dass sich im Zuge der Technisierung und zunehmenden Kapitalkonzentration die Krisen verschärfen würden und die Verhältnisse nur noch durch staatliche Eingriffe erhalten werden könnten.[159] Die Vorhaltung, undemokratische Ziele zu verfolgen, weisen sie mit der Erklärung zurück: »›Mehr Demokratie wagen‹ muss deshalb für Sozialdemokraten bedeuten, in allen gesellschaftlichen Bereichen für die Interessen der arbeitenden Bevölkerung, die Verteidigung und die Ausweitung ihrer demokratischen Rechte und für die schrittweise Zurückdrängung und schließlich die Beseitigung der Monopole als entscheidende Voraussetzung für die Überwindung des kapitalistischen Systems zu kämpfen.«[160]

In dieser geladenen Stimmung fand 1973 der Bundeskongress in Bad Godesberg statt. Insbesondere der Hannoveraner Kreis war mit dem Ansinnen auf dem Kongress aufgetreten, die Theoriedebatte erneut zu führen. Davon ließ sich die große reformsozialistische Mehrheit jedoch nicht beeindrucken und ließ jede Kritik am Bundesvorstand ins Leere laufen. Mit dieser Mehrheit wurde auch Wolfgang Roth im Amt des Vorsitzenden bestätigt. Aber das Ergebnis von 138 Ja-Stimmen bei mittlerweile 54 Gegenstimmen machte deutlich, dass die beiden Oppositionsströmungen an Unterstützung zulegten. Der wichtigste Beschluss der Versammlung war die Einberufung eines Bildungskongresses um eine Hochschulstrategie zu entwerfen und die Bildung von Juso-Hochschulgruppen zu initiieren. Schon im Umfeld der Spaltung des SHB hatten sich an einigen Universitäten Hochschulgruppen gegründet. Ihre Orientierung richtete sich zumeist an der Strömungszugehörigkeit des jeweiligen Landesverbandes aus. Auf dem dann im November stattfindenden Bildungskongress wurde der Bundesvorstand damit beauftragt, bundesweit den Aufbau von Hochschulgruppen zu unterstützen. Im Dezember 1974 erkannte der Juso-Bundesausschuss die Hochschulgruppen als Projektgruppe der Jusos an.

Nach dem 73er-Bundeskongress musste die Juso-Linke zunächst einen Rückschlag hinnehmen. Für alle überraschend trat in Frankfurt am Main wieder eine Gruppe von 30 Genossinnen und Genossen aus und lief zur DKP über. Unter ihnen war auch Rainer Eckert, einer der stärksten Verfechter der Stamokap-Theorie. Trotzdem gewann insbesondere der Hannoveraner Kreis in weiteren Bezirken an Zustimmung. Die Unzufriedenheit mit dem amtierenden Bundesvorstand, insbesondere wegen einer angeblich zu laschen Haltung gegenüber der SPD, nahm zu. Dies führte dazu, dass vor dem Münchener Bundeskongress im Januar 1974 unklar war, ob die Refos noch eine eigene Mehrheit hatten. Auf dem Bundeskongress gelang es ihnen mit Heidemarie Wieczorek-Zeul, genannt die »Rote Heidi«, die erste Frau zur Vorsitzenden der Jusos zu wählen. Sie sollte zu einer der wichtigsten Vertreterinnen der Parteilinken werden und in neun Jahren als Europaabgeordnete, in 26 Jahren als

Bundestagsabgeordnete und elf Jahren als Bundesministerin für wirtschaftliche Zusammenarbeit und Entwicklung viele ihrer bei den Jusos entwickelten Politikansätze weiter vertreten. Bei den Stellvertretern konnten die Refos jedoch nicht verhindern, dass mit dem Berliner Klaus Uwe Benneter erstmals ein Vertreter der innerverbandlichen Opposition gewählt wurde.

Inhaltlich drehte sich die Hauptdebatte um die Funktion des Staates. Die Debattenführung ging jedoch weit über eine sachliche inhaltliche Auseinandersetzung hinaus, persönliche Angriffe und taktische Manöver bestimmten den Kongress und machten deutlich, wie ausgeprägt die Fraktionierung der Strömungen fortgeschritten war. Es lässt sich nicht mehr sagen, welche der Gruppen sich in den Antragsberatungen durchsetzen konnte. In den Beschlüssen fanden sich Versatzstücke aus allen drei Theorieansätzen, die sich gegenseitig widersprachen. Außerhalb der Jusos konnte kaum jemand die Unterschiede nachvollziehen. Es handelte sich um Kompromisse unterschiedlicher Partner. Weitgehende Einigkeit bestand im Festhalten an der Doppelstrategie, die detailliert ausformuliert wurde. »Die Doppelstrategie ermöglicht also mit ihren beiden Aspekten der Mobilisierung bzw. Förderung von Gegenmacht einerseits sowie antikapitalistischen Strukturreformen durch zentrale Institutionen andererseits ein Maximum an direkter demokratischer Einwirkung auf die Veränderungsprozesse. Ohne Mobilisierung und Initiierung von Selbstorganisation wird die angestrebte Erfüllung der Demokratie durch Sozialismus ausbleiben.«[161] Allerdings gab es sowohl bei der Herleitung als auch den strategischen Schwerpunkten unterschiedliche Positionen. Im Ergebnis standen sowohl die Notwendigkeit von staatlichen Reformen zur Erreichung des Sozialismus im Beschluss, als auch, dass alle fortschrittlichen Maßnahmen der SPD »scheitern müssen«, »weil die Erfordernisse der Kapitalverwertung vor allem der Monopole, an die staatliche Tätigkeit und deren vielfältige institutionelle Sicherung die politische Wirksamkeit derartiger Reformen verhindert«.[162]

Mit diesem Kongress hatten die Jusos massiv an Kredit in der Öffentlichkeit verloren, und in der Berichterstattung dominierte fast nur noch Spott über den Verband. Dies war aber nicht ihr einziges Problem. Die Bundesebene hatte mit ihren abstrakten Theoriediskussionen kaum noch Anschlusspunkte zu Juso-Mitgliedern in den Unterbezirken und

Arbeitsgemeinschaften. Die Aktivenzahlen gingen zurück. Hinzu kam, dass viele Ressourcen des Verbandes dazu aufgebracht werden mussten, um mit den Folgen vieler Parteiordnungsverfahren und Ausschlüssen von Juso-Funktionärinnen und Funktionären umzugehen. Wenn auch in der Minderheit, so hatte sich doch der linke Flügel der Partei konsolidiert und brachte sich in die Parteiarbeit ein. Er entwickelte sich aber weitgehend unabhängig von den Jusos, so dass diese mehr und mehr Einfluss in der Partei verloren.

Dies sollte sich nur als Vorspiel zum großen Krach erweisen. Man war mehr damit beschäftigt, sich gegenseitig die Verantwortung für den schlechten Zustand des Verbandes vorzuwerfen und zu begründen, warum die andere Seite nicht sozialistisch wäre, als mit produktiver politischer Arbeit. Die reformistische Mehrheit befürchtete, dass die Oppositionsströmungen die Jusos aus der Partei herausführen wollten und diese warfen ihrerseits den Refos vor, jede abweichende Meinung zu dämonisieren und zu verhindern, dass die wirklichen Verhältnisse weder durch Personal im Bundesvorstand noch in den Publikationen des Bundesverbandes zur Geltung kämen.

Es gab aber nicht nur Streit. Gerade bei der Bewertung einiger internationaler Ereignisse gab es große Einigkeit innerhalb der Jusos. Der Bundeskongress verurteilte »den blutigen Terror der faschistischen Militärdiktatur gegen das chilenische Volk und seine demokratisch gewählte Regierung«.[163] Die Unidad Popular mit Salvador Allende an der Spitze wurde auch von den JungsozialistInnen als Hoffnungsträger für einen demokratischen Weg zum Sozialismus gesehen. Deshalb forderten sie nach dem Militärputsch und dem gewaltsamen Tod Allendes, dass die neuen Machthaber international nicht anerkannt werden dürften und Unterstützung und wirtschaftliche Beziehungen eingestellt werden müssten. Dem schlossen sich Unterstützungs- und Solidaritätsveranstaltungen an. Die Jusos stellten sich auch hinter die demokratischen Freiheitsbewegungen in Griechenland und Portugal, wenn auch die Sympathie unterschiedlichen Gruppen in den einzelnen Ländern galt.

Sinnbildlich für den Kampf gegen den Faschismus wurde das Lied »Bello Ciao«, das bis heute zu den meistgesungenen Liedern der politischen Linken in Deutschland gehört.

BELLA CIAO (1906/1942)
Italienische Volksweise
Deutsche Nachdichtung: Horst Berner

Eines Morgens, in aller Frühe,
o bella ciao, bella ciao, bella ciao, ciao, ciao.
Eines Morgens, in aller Frühe
trafen wir auf unsern Feind.

Partisanen, kommt, nehmt mich mit euch!
O bella ciao, bella ciao, bella ciao, ciao, ciao,
Partisanen, kommt, nehmt mich mit euch!
Denn ich fühl: der Tod ist nah.

Wenn ich sterbe, oh ihr Genossen,
o bella ciao, bella ciao, bella ciao, ciao, ciao.
Wenn ich sterbe, oh ihr Genossen,
bringt mich dann zur letzten Ruh.

In den Schatten der kleinen Blume,
o bella ciao, bella ciao, bella ciao, ciao, ciao.
In den Schatten der kleinen Blume,
in die Berge bringt mich dann.

Und die Leute, die geh'n vorüber,
o bella ciao, bella ciao, bella ciao, ciao, ciao.
Und die Leute, die geh'n vorüber,
seh'n die kleine Blume steh'n.

Diese Blume, so sagen alle,
o bella ciao, bella ciao, bella ciao, ciao, ciao,
ist die Blume des Partisanen,
der für unsre Freiheit starb.

Am Rande der Spaltung

Im Laufe der Jahre kam es auch innerhalb der Strömungen zu einem ge-wissen Wandel der eigenen Inhalte und Prioritäten. Den gravierendsten Wandel nahmen dabei die Antirevisionisten vor. Nachdem Mitte des Jahrzehnts einige ihrer wichtigen Wortführer wie Helmut Korte und Karl Nolle, die Jusos verließen und zum »Sozialistischen Büro« (SB) wechselten, gab es im Bezirk Hannover zwar keine vollständige Kehrtwende, aber eine deutliche Aufweichung ihres vorherigen Dogmatismus in den umstrittenen Fragen des Verbandes. Sie akzeptierten die gesamte Doppelstrategie und unterstützten das Engagement innerhalb der SPD. Wenn sie auch eine sozialistische Ausrichtung der Partei für unmöglich hielten, wollten sie doch eine Organisation der marxistischen Minderheit in der SPD. Sie betonten weiterhin die Basismobilisierung als wesentliches Element ihrer Strategievorstellungen. Auch eine progressive Reformpolitik wurde als mögliche Strategie der Arbeiterklasse in Betracht gezogen, auch wenn diese aus ihrer Sicht nicht allein zum Sozialismus führen könnte. Einer Zusammenarbeit mit der DKP standen sie distanziert gegenüber. Aus taktischen Gründen plädierten sie dafür, das Ziel des gesellschaftlichen Umsturzes nicht zu radikal nach außen zu tragen, um von der Partei mehr politischen Spielraum zu bekommen. Sie näherten sich den anderen beiden Strömungen an. Damit kann eigentlich nicht mehr von wirklichen Antirevisionisten gesprochen werden, sie wollten sich auch nicht mehr darunter verorten lassen. Charakterisieren kann man sie als reformismus-kritische marxistische Kräfte, die sich sowohl von den theoretischen Paradigmen der Stamis als auch von deren Bewertung der Organisationsbedeutung distanzierten. Auf den nächsten Bundeskongressen wurde dennoch nicht offener diskutiert. Die Antirevis versuchten vielmehr, ein Bündnis mit dem Hannoveraner Kreis zu schmieden, um die Mehrheitsverhältnisse im Gesamtverband zu drehen. Im Jahr darauf gründeten die gemäßigten Antirevis aus dem Bezirk Hannover mit anderen Genossinnen und Genossen, vornehmlich aus Hamburg und München, den »Göttinger Kreis«. Ihre Vordenker waren der Göttinger Wolfgang Krumbein und der Münchener Michael Wendl.

Auf dem Bundeskongress vom 28. Februar bis zum 2. März 1975 in Wiesbaden kam es zum Höhepunkt der innerverbandlichen Konflikte. Beide Seiten, sowohl die Refos als auch das Oppositionsbündnis, waren bereit, den Streit auf die Spitze zu treiben, so dass der Verband an den Rand der Spaltung geführt wurde. Dabei hatte keine der beiden Seiten eine eigene Mehrheit. Gleich zu Beginn des Kongresses kam es zu einer Probeabstimmung und die Frage, wie man es mit dem Staat halte: Sei er der ideelle Gesamtkapitalist oder wirke er nur so? Der Bundesvorstand legte den Antrag »Reform und Staat« vor, der von dem Vordenker der

Refos, Johano Strasser, erarbeitet worden war. Das Oppositionsbündnis aus ehemaligen Antirevis und Hannoveraner Kreis stellte keine eigenen Anträge dagegen. Stattdessen unterstützen sie einen Antrag aus dem größten *kreisfreien* Bezirk Westliches Westfalen. Dieser hatte eine deutliche antirevisionistische Prägung. In der Kampfabstimmung über die Beratungsgrundlage unterlag der Bundesvorstand mit 156 zu 131 Stimmen. Diskutiert wurde vor allem über den Begriff der »Systemgrenze«, und das hoch emotional. Dabei waren sich beide Seiten darin einig, dass es antikapitalistische Reformen geben sollte, nur nicht darüber, wohin diese führen sollten. Die Refos glaubten, damit den Kapitalismus überwinden zu können, und das Oppositionsbündnis vertrat die Auffassung, dass sie nur dazu dienen könnten, die bürgerliche Gesellschaft an die Revolutionsreife heranzuführen und die Arbeiterklasse zu mobilisieren. Der letzte Schritt des Übergangs zum Sozialismus könnte nicht durch staatliches Handeln gelingen. Hinzu kamen noch einige Diskussionen, was konkret antikapitalistische Reformen wären und inwieweit man die aktuelle Regierungspolitik darunter fassen könnte. In der Debatte wurden auch die Änderungsanträge des Bundesvorstandes und seiner Unterstützer abgelehnt. Schließlich ließ die Bundesvorsitzende Heidmarie Wieczorek-Zeul den Kongress unterbrechen und stellte die Versammlung vor die Wahl, entweder eine nach den Vorstellungen des Bundesvorstandes überarbeitete Version des Antrags zu beschließen und dafür zu sorgen, dass die Stellvertreter-Kandidaten des Hannoveraner Kreises, Detlev Albers und Klaus Uwe Benneter, nicht in den Bundesvorstand kommen würden –, oder der Bundesvorstand würde alle Refo-Kandidaturen zurückziehen. Dem kam am nächsten Morgen eine deutliche Mehrheit des Kongresses nach. Dabei waren wohl weniger inhaltliche Überzeugungen oder die Unterstützung des Bundesvorstandes ausschlaggebend, als vielmehr die aufgebaute Drohkulisse einer organisatorischen Spaltung des Verbandes und befürchtete Eingriffe durch den Parteivorstand. Heidemarie Wieczorek-Zeul wurde mit 56,6 Prozent wiedergewählt. Wenn auch die Stellvertreter-Kandidaten der Refos, Rudolf Scharping und Herrmann Scheer, in den zweiten Wahlgang mussten, dominierten die Refos wieder den gesamten Bundesvorstand – ohne einen Vertreter der Oppositionsfraktionen. Dementsprechend fiel die Auswertung des Kongresses sehr unterschiedlich aus. Während der Refo-Bundesvorstand für sich in Anspruch nahm, den Verband vor dem

Ehemalige und aktive Juso-Vorsitzende und Juso-Sekretäre auf dem SPD Parteitag in Mannheim am 11. November 1975 (von links nach rechts: Hans Eichel, Wolfgang Kiehne, Wolfgang Roth, Karsten D. Voigt, Hermann Brungs, Heidemarie Wieczorek-Zeul, Johano Strasser, Loke Mernizka, Ernst Eichengrün, Norbert Gansel, vorne: Horst Ehmke).

Auseinanderfallen gerettet zu haben und die Schuld für die Eskalation in der Fraktionierung der Gegenseite suchte, gab diese den Vorwurf zurück und vertrat den Standpunkt, dass die Fraktionierung von der Ausgrenzung des Bundesvorstandes ausginge und dieser seine Vormachtstellung nur durch undemokratische Erpressungsmanöver durchsetzte.

Der Kongress machte deutlich: Es ging für einige Funktionärinnen und Funktionäre nicht um inhaltliche Überzeugungen, sondern mehr um die Ausnutzung der Auseinandersetzungen als Taktik zur Macht- und Personalpolitik. Die Jusos hatten den Höhepunkt ihrer Erfolgsphase überschritten. Auch in der SPD wandelte sich die Stimmung. Der Rücktritt Brandts am 6. September war nur das markanteste Ereignis. In der SPD setzten sich zunehmend die Pragmatiker und der wirtschaftsfreundlichere Flügel durch – für den auch der neue Bundeskanzler Helmut Schmidt stand. Ölkrise und wirtschaftlicher Abschwung trugen dazu bei, dass die Reformpolitik der Bundesregierung nachließ. Dem entgegen stand die Diskussion über den Orientierungsrahmen '85, der auf dem Mannheimer Parteitag 1975 endgültig beschlossen wurde. Damit wollte die SPD ihre politischen Ziele für die nächsten zehn bis 15 Jahre konkreter ausformulieren, als dies in einem Grundsatzprogramm möglich gewesen wäre. Das Programm war ein Kompromiss der beiden Parteiflügel, war aber in der Tonlage deutlich linker als das Godesberger Programm. Bei der fast einstimmig ausfallenden Endabstimmung gaben auch die vertretenen Mitglieder des Juso-Bundesvorstandes ihre Zustimmung. Dies sollte auf dem kommenden Bundeskongress Anstoß der Kritik werden.

Ende März 1976 blieb es aber auf dem Dortmunder Bundeskongress der Jusos im Vergleich zu den Vorjahren relativ ruhig. Die Bundesvorstandsmitglieder, die auf dem Parteitag als Delegierte den Orientierungsrahmen mit beschlossen hatten, mussten den Vorwurf ertragen, mit ihrer Zustimmung grundsätzliche Juso-Positionen aufgegeben zu haben. Die Reformvorhaben gingen nicht weit genug und ihre Zustimmung sei nur erfolgt, um die eigene Parteikarriere voranzubringen. Ansonsten beschäftigten sich die Jusos mit aktuellen Themen wie der zunehmenden Jugendarbeitslosigkeit, staatlichen Eingriffen in die Grundrechte, insbesondere durch »Berufsverbote«, sowie einer ausführlichen Begründung ihrer Ablehnung keynesianischer Wirtschaftspolitik. Die Erfahrungen des letzten Kongresses hielten sie von einer erneuten Verschärfung der internen Konflikte ab. Zudem hatten neutrale Bezirke schon im Vorfeld darauf hingewirkt, dass die Bundesvorsitzende Heidemarie Wieczorek-Zeul im Amt bestätigt werden würde und zwei Vertreter der Oppositionsströmung im Bundesvorstand vertreten sein sollten. Dies war neben Klaus Uwe Benneter Traute Müller aus Hamburg.

Dass es auf Bundeskongressen nicht nur ernst zuging, zeigt das Beispiel des Antrages »Kampf gegen den bürgerlichen Fußball!«. Dort heißt es: »Erst der Sozialismus macht das Leder rund! – Was also ist zu tun? Welches sind die konkreten Forderungen zum Fußball-Spielen? Solange das bürgerliche Leder rollt müssen wir die revolutionären Forderungen des Fußballvolks in die Massen tragen:

- Abschaffung aller indirekten Freistöße!
- Freie Wahl der Schiedsrichter durch das bewaffnete Spielervolk!
- Weg mit dem Abseits-Schwindel!
- Für freien Zugang zum gegnerischen Tor!«[164]

Darüber hinaus gaben sich die Jusos ihre Ausrichtung für die kommende Bundestagswahl: »Die Jungsozialisten kämpfen im Bundestagswahlkampf 1976 mit aller Kraft für die Wahl der SPD. Sie leisten dazu wie 1972 einen eigenständigen Wahlkampfbeitrag, der von ihren grundsätzlichen politischen Aussagen ausgeht. Die Wahl der SPD ist die einzige Chance, die Durchsetzung der reaktionären Politik der CDU/CSU, die mit der Formel »Freiheit statt Sozialismus« den Klassenkampf von rechts schürt, zu verhindern. Nur die Wahl der SPD schafft die Voraussetzungen und bietet die Möglichkeit, im politischen Bereich die Interessen der Arbeitnehmer abzusichern und zu verwirklichen. Das Ziel der Jungsozialisten ist, ein Höchstmaß an Wählerstimmen für die SPD zu erreichen, so dass sie die absolute Mehrheit erzielen kann, zumindest aber ihre Stellung in einer Koalition mit der FDP gestärkt wird.«[165] Bei der Bundestagswahl 1976 hatte die SPD jede Hilfe nötig. Sie konnte unter ihrem Kanzler Helmut Schmidt – gemeinsam mit der FDP – die Koalitionsmehrheit nur knapp gegen die CDU mit Helmut Kohl an der Spitze verteidigen, fiel aber bei den Zweitstimmen mit 42,6 Prozent hinter die Unionsparteien zurück, die auf 48,6 Prozent und damit nahe an eine eigenen Mehrheit kamen.

Nach dem Bundestagswahlkampf kehrten die Jusos zum internen Hickhack zurück. Die Streitigkeiten wurden jedoch nicht nur einmal jährlich auf dem Bundeskongress ausgetragen, sondern nun regelmäßig im Bundesvorstand geführt. Hauptauseinandersetzung war, wie man sich der Partei gegenüber verhalten sollte und mit welchen Mitteln gegen die Repressionen des Parteivorstandes – zum Beispiel die Veröffentlichungskontrolle – vorgegangen werden sollte. Auf allen Seiten war die Einsicht vorhanden, dass der damalige Zustand der Jusos Basismitglieder und potenzielle Neumitglieder abschrecken würde. Die Refos gaben dem ständigen internen Streit und der Angst vor Repressionen der Partei die Schuld, während der Hannoveraner Kreis die Auffassung vertrat, dass der Verband in seiner Breite resigniere, weil der Bundesvorstand versuche, abweichende Meinungen zu unterdrücken und die Disziplinierung durch die Partei verharmlose. Zu einem großen Politikum wurde innerhalb der Jusos die Ausbürgerung Wolf Biermanns aus der DDR. Er hatte auf einem Konzert, das er auf Einladung der IG-Metall gegeben hatte, die Politik der DDR kritisiert. Der Hannoveraner Kreis verurteilte zwar auch die Ausbürgerung, trug aber die damit verbundene grundsätzliche Verurteilung jedes Kommunismus nicht mit. Die Jusos verabschiedeten sich danach aus der Initiative »Weg mit dem Berufsverbot«, weil dort die DKP jeden Kommentar zum Fall Biermann verhinderte. In der Folge wurde die Bündnisarbeit der Jusos neu diskutiert. Neben die Debatte um die Zusammenarbeit mit Kommunisten trat das Engagement in der aufkommenden Anti-Atom-Bewegung. Die Jusos setzten sich zwar ab 1976 für ein umfassendes Moratorium für die Atomenergie ein und beteiligten sich an den Protesten gegen AKWs, aber dies bedeutete für viele auch einen Zwiespalt. Inhaltlich wurde die Atomenergie abgelehnt. Damit wurde eine Position bezogen, die konträr zur Haltung der SPD und vor allem der Gewerkschaften stand.

Benni Bürgerschreck

Wenn der Bundeskongress 1975 der Höhepunkt der internen Konflikte war, entwickelten sich die Ergebnisse von 1977 zur schwersten Probe im Verhältnis zur SPD. Heidemarie Wieczorek-Zeul kandidierte nach drei Jahren Amtszeit nicht mehr. In der Folge trat jede der drei Strömungen mit einem eigenen Kandidaten für den Bundesvorsitz an. Dabei gab es zwischen den Oppositionsgruppen im Vorfeld die Übereinkunft, im zweiten Wahlgang gemeinsam für den stärkeren ihrer Kandidaten zu stimmen. Dies waren für den Göttinger Kreis der spätere niedersächsische Umweltminister und langjährige Vorsitzende des SPD-Bezirks Hannover, Wolfgang Jüttner, und für den Hannoveraner Kreis Klaus Uwe Benneter. Die Refos schickten Ottmar Schreiner, ab 1980 Mitglied im Deutschen Bundestag und bis zu seinem frühen Tod im April 2013 einer der wichtigsten Exponenten des linken Parteiflügels, ins Rennen. Schreiner lag im ersten Wahlgang mit 131 Stimmen deutlich vor Benneter mit 99 Stimmen und Jüttner mit 67 Stimmen. Spannung kam nochmal auf, da die Göttinger nicht mit einem so schlechten Ergebnis für ihren Kandidaten gerechnet hatten und sie eigentlich zu den von Benneter vorgetragenen Plänen konträre Strategie vertraten. Benneter stand für einen scharfen Kurs gegen die Disziplinierung durch die Partei. Er sah die aktuelle Hauptaufgabe der Jusos im »Kampf gegen den Maulkorberlass«. Die Göttinger vertraten hingegen die Position, sich vornehmlich auf eine zielgruppenorientierte Ansprache für die junge Generation verlegen zu wollen und den Konflikt mit dem Parteivorstand nur zu suchen, wenn die alltägliche Arbeit konkret behindert würde. Aber das Bündnis gegen die alte Mehrheit hielt stand. Gerhard Schröder erklärte für den Göttinger Kreis: »Schreiner ist für Hannover nicht wählbar!«[166] Im zweiten Wahlgang setzte sich Benneter mit vier Stimmen Vorsprung durch. Das Oppositionsbündnis nutzte seine Mehrheit auf dem Kongress auch bei den übrigen Plätzen im Bundesvorstand, so dass dieser die Mehrheitsverhältnisse im Verband widerspiegelte. Für die Refos gingen der unterlegene Ottmar Schreiner, Armin Kleist und der spätere Bundestagsabgeordnete und Vorsitzende der Naturfreunde, Michael Müller, in den Vorstand. Der Göttinger Kreis wurde durch Wolfgang Jüttner und Michael Pape vertreten, und die spätere Hamburger SPD-Vorsitzende und Senatorin Traute Müller wurde vom Hannoveraner Kreis geschickt.

Die Reaktion des Parteivorstandes war ablehnend bis schockiert. Die Arbeit des Bundesvorstandes sollte sehr kritisch begleitet werden, dies forcierte neben der Parteirechten auch insbesondere der frühere Juso-Bundesvorsitzende Wolfgang Roth. Erster Aufreger war der Beschluss des Bundeskongresses, eine vom »Komitee für Frieden, Abrüstung und Zusammenarbeit« organisierte Demonstration zu unterstützen. Der SPD-Bundesgeschäftsführer Egon Bahr warf den Jusos parteischädigendes Verhalten vor, weil in dem Komitee Mitglieder der DKP mitarbeiteten und forderte von Benneter eine unmittelbare Entscheidung, ob die Jusos am Aufruf festhalten würden. Zwar hatte Benneter auf dem Bundeskongress diese Zusammenarbeit zur Nagelprobe der Jusos erklärt, aber nachdem der Druck durch Refo-Bezirke und Parteilinke erhöht worden war, erklärte der Bundesvorstand, dass der Beschluss des Bundeskongresses nicht umgesetzt werden könnte. Benneter erläuterte daraufhin in einem Spiegel-Interview vom 28. März 1977 seine Position zum Umgang mit der DKP. Auf die Frage, ob er nicht besser in der DKP aufgehoben wäre, antwortete er: »Diese Alternative habe ich für mich nie gesehen. Schon deshalb nicht, weil wir als Jungsozialisten die Theorie des staatsmonopolistischen Kapitalismus immer anders als in der DDR diskutiert haben (…) Nein. Wir sind in erster Linie weder Stamokaps noch Sympathisanten anderer Theorien, sondern überzeugte Sozialdemokraten. (…) Wir suchen nicht die Zusammenarbeit, wir vermeiden sie auch nicht. Wir gehen da nicht dogmatisch ran. Wir haben aber auch keine Beruhigungsängste. Ich halte es für völlig falsch, wenn die sozialdemokratische Parteiführung einfach einen Abgrenzungsbeschluss fasst und meint, damit schon die Auseinandersetzung mit Kommunisten ausgestanden zu haben. Auch in anderen Bereichen, im Betrieb, in der Schule und in der Hochschule sind wir gezwungen, uns mit Kommunisten auseinanderzusetzen.«[167]

Benneter nutzte jede Gelegenheit, um die Politik der SPD und der Bundesregierung zu kritisieren. Bei einem Interview wurde es dem Parteivorstand zu viel. Gefragt, ob er mit seinem Auftreten einen Parteiausschluss riskieren würde, entgegnete er: »Für uns Jusos ist die Mitgliedschaft in der Partei kein Dogma, an dem wir nun in jedem Fall festhalten. Wir müssen sinnvoll mitarbeiten können. (...) Wenn die Politik der Ultimaten Schule machen sollte, müssen wir uns freilich fragen, wie lange das noch geht.«[168] Des Weiteren bezeichnete er die Kommunisten zwar als politischen Gegner – mit dem man aber mehr gemein habe als mit den Klassenfeinden aus der CDU/CSU. Egon Bahr forderte daraufhin, dass er seine Aussagen zurücknehmen solle. Doch Benneter dachte gar nicht daran und bekräftigte sie nur. Der Parteivorstand beschloss daraufhin, Sofortmaßnahmen gegen Benneter einzuleiten. Ihm wurden alle Mitgliedsrechte entzogen. Ein Ausschlussverfahren wegen parteischädigenden Verhaltens wurde eingeleitet. Damit wurde er nach etwas mehr als einem Monat an der Spitze der Jusos seines Amtes enthoben. Auch der Parteivorsitzende Willy Brandt begründete das harte Vorgehen: »Einige Jusos betrachten die Mitgliedschaft in der Partei nur rein taktisch und wollen aus der SPD eine andere Partei machen als die des Godesberger Programms.«[169] Es sollte aber in diesem Jahr nicht bei diesem einen Fall bleiben. Die Parteirechte versuchte die Gelegenheit zu nutzen, massiv gegen die Jusos vorzugehen. Es kam noch zu weiteren Verfahren, die mit Amtsenthebungen und Parteiausschlüssen endeten und zumeist mit offensiver Solidarisierung mit Benneter begründet wurden. Weitere prominente Fälle waren die SHB-Vorsitzende Mechthild Jansen und der Hochschullehrer Gerhard Stuby. Beide wollten die Zusammenarbeit mit dem »Komitee für Frieden, Abrüstung und Zusammenarbeit« nicht einstellen. Andere Bestrebungen der Parteirechten – etwa eine grundsätzliche Unvereinbarkeit der Stamokap-Theorie mit einer Mitgliedschaft in der SPD, die Aufhebung der eigenständigen Wahlen bei den Jusos oder die Senkung der Altersgrenze – blieben erfolglos.

Mit dem Ausscheiden Benneters aus dem Bundesvorstand gab es in dem Gremium ein Patt zwischen ehemaliger Opposition und Refos.

Trotzdem wurde unmittelbar nach der Entscheidung des Parteivorstands eine Stellungnahme beschlossen, die das Vorgehen der Parteispitze verurteilte und die Aussagen Benneters mit den Grundpositionen der Jungsozialisten vereinbar bewertet. Der Ausschluss ihres gerade gewählten Bundesvorsitzenden lähmte den Verband. Solidaritätsbekundungen konnten für einzelne Genossinnen und Genossen oder auch Gliederungen ebenfalls schwere Konsequenzen nach sich ziehen. Eine große bundesweite Solidaritätskundgebung scheiterte lange am Widerstand des Parteivorstandes. Sie konnte dann doch noch stattfinden – allerdings nur durch freie Träger und ohne Mitwirkung des Bundesvorstandes. Die Veranstaltung fand im Ruhrgebiet statt und war für die Anhänger Benneters enttäuschend. Zum einen waren weniger Unterstützer erschienen als erwartet. Zum anderen nutzte Johano Strasser seinen Auftritt dazu, Benneter und die Stamokaps anzugreifen. Im September 1977 besiegelte die Bundesschiedskommission der SPD den Ausschluss Benneters aus der Partei. Er trat – unterstützt von dem Rechtsanwalt und SPD-Bundestagsabgeordneten Gerhard Schröder – 1983 wieder ein und wurde später Schatzmeister des Berliner SPD-Landesverbandes, Bundestagsabgeordneter und – unter Gerhard Schröder – für einige Zeit SPD-Generalsekretär.

1977 bewegte die gesamte Gesellschaft der sogenannte »Deutsche Herbst«, eine Welle von Terrorakten durch die RAF und ihre Sympathisanten. In der öffentlichen Debatte wurde insbesondere von der CDU versucht, jede linke Gruppe und somit auch die Jusos als Sympathisanten und Wegbereiter des Terrorismus darzustellen. Die Jusos wehrten sich gegen den Vorwurf, denn für sie war über den gesamten Verband und zu jederzeit klar, dass es für Terrorismus keine Rechtfertigung gäbe. Konkret wurde die Frage der Abgrenzung bei der Entscheidung, ob die Jusos sich an einer Veranstaltung des »Russell Tribunals« beteiligen würden. Das nach dem Philosophen und Pazifisten Bertrand Russell benannte Tribunal hatte in der Vergangenheit u.a. das Verhalten der USA im Vietnam-Krieg öffentlichkeitswirksam untersucht und sich nun zum Ziel gesetzt, die Menschenrechtssituation in der BRD zu bewerten und insbesondere die Folgen von Radikalenerlass und Antiterrorgesetzen, aber auch die Haftbedingungen im RAF-Gefängnis Stammheim zu beurteilen. Gerade die Kritik an der Gesetzgebung teilten die Jusos. Das Problem bestand jedoch eher in der Zusammensetzung der Träger des

Tribunals, unter denen sich auch Professoren befanden, die zwar keine Unterstützung der RAF, aber doch Verständnis für deren Sympathisanten formulierten. Die Jusos beschlossen, sich nicht an Veranstaltungen des Russell Tribunals zu beteiligen und brachen den Kontakt zum Tribunal ab. Sie bezeichneten dessen Ziele, die Menschenrechtslage in Deutschland zu untersuchen, als »legitim und notwendig«.

Im Vorfeld des Hofheimer Bundeskongresses im Februar 1978 wurde der Fall Benneter noch einmal spannend. Der Parteivorstand drohte, den Kongress sofort zu beenden, wenn Benneter reden würde. Dafür musste die Geschäftsordnung geändert werden. Des Weiteren forderte der Parteivorstand, dass es keinen Beschluss geben dürfte, der sich positiv auf den Euro-Kommunismus bezöge. Dabei handelte es sich um theoretische Debatten in den kommunistischen Parteien aus Spanien, Frankreich und Italien, die sich von der KPdSU emanzipierten und einen demokratisch-parlamentarischen Weg einschlugen. Auch in linkssozialdemokratischen Kreisen genossen diese Diskussionen Sympathien, bezogen sie sich doch meist auch auf Debatten im Umfeld der deutschen und der österreichischen Sozialdemokratie der Zwischenkriegszeit. Diese Auflage erfüllten die Jusos, indem sie das Thema auf eine spätere Fachkonferenz vertagten. Auf dem Kongress blieb alles ruhig, Benneter wohnte den Diskussionen nur als stummer Gast bei. Wenn auch die Fraktionierung weiter bestand und das gegenseitige Misstrauen nach wie vor spürbar war, kam es nicht mehr zu großen Redeschlachten. Eine Kandidatur um die Nachfolge Benneters hatten drei Genossen angemeldet. Der Göttinger Kreis brachte aus seinen Reihen Gerhard Schröder ins Spiel. Die nun im »Malenter Kreis« organisierten Refos versuchten es erneut mit Ottmar Schreiner. Der Hannoveraner Kreis hatte nach den Ereignissen des Vorjahres keine eigene Kandidatur aufgestellt. Zunächst hatte noch der Bezirksvorsitzende des Westlichen Westfalens, Reinhard Schultz, seinen Hut in den Ring geworfen, ihn dann aber wieder zurückgenommen. Da sich die Delegierten aus Westfalen nun im ersten Wahlgang enthielten, fiel die Entscheidung im zweiten Wahlgang. Dort gaben die Stimmen aus eben dieser Region den Ausschlag für Gerhard Schröder, der mit 164 Stimmen zu 126 Stimmen gewann. Das Hamburger Bündnis, das im Vorjahr einen Vertreter des Hannoveraner Kreises durchbrachte, konnte seine Mehrheit ausbauen und wieder die Mehrheit der Stellvertreter stellen.

Klaus Uwe Benneter und Wolfgang Jüttner (von rechts nach links) gratulieren Gerhard Schröder zu seiner Wahl auf dem Bundeskongress 1978.

Der Kongress zeigte den Beginn eines Abflachens der Hauptauseinandersetzungen der Jusos. Es wurde keine ausufernde Theoriedebatte geführt, sondern die Delegierten verabschiedeten ein Aktionsprogramm, mit dem der Versuch unternommen wurde, dem Verband wieder eine Perspektive zu bieten. Den politischen Anspruch formulierten sie in der Einleitung: »Dieses Aktionsprogramm geht davon aus, dass die drei wesentlichen bei den Jusos repräsentierten politischen Strömungen in geschichtlich unterschiedlichen konkreten Ausprägungen stets Bestandteil der sozialdemokratischen Linken gewesen sind. Aus dieser strukturellen Gemeinsamkeit ergeben sich wesentliche inhaltliche und praktische Gemeinsamkeiten, die in der letzten Zeit aus verschiedenen Gründen in Gefahr waren, aufgegeben zu werden. (...) Unabhängig von einer differenzierten und weiterführenden Theoriediskussion der Jusos soll dieses Programm die politischen und praktischen Gemeinsamkeiten herausstellen und damit eine Identifikationsplattform für die Jungsozialisten bilden.«[170] Nach einer immer noch kritischen Bewertung der aktuellen Rolle der SPD und des Zustandes des eigenen Verbandes folgte eine lange Reihe von Einzelforderungen zu den Hauptthemen »Recht auf Arbeit«, »Das Recht auf Bildung und Ausbildung«,

»Für qualitatives Wachstum – Für sparsamen Energieverbrauch« und »Rettet die Grundrechte – gegen den Abbau demokratischer Rechte«.[171] Dies war auch die Richtung, die die Aktivitäten der kommenden Jahre auf Bundesebene bestimmen sollte. Wenn auch bei den Jusos, im Gegensatz zu den meisten aufkommenden Neuen sozialen Bewegungen, nach wie vor der Bezug zur marxistischen Theorie unverzichtbar blieb, wendeten sie sich bei ihrem alltäglichem Engagement auch den Themen Gleichstellung der Frauen, Friedensbewegung und Ökologie zu. So fanden sie wieder mehr Anschluss an Jugendliche innerhalb und außerhalb des Verbandes.

Schon auf Schröders Wahlkongress deutete sich eine Entspannung zwischen Jusos und SPD an. Diese wurde symbolisiert mit einem Handschlag des neuen Vorsitzenden Schröder und des SPD-Geschäftsführers Egon Bahr. Die inhaltlichen und organisationspolitischen Differenzen waren geblieben, aber es bestand der beiderseitige Wille, einen Weg zu finden, wie die Konflikte miteinander ausgetragen werden könnten. Schröder machte auf dem Kongress deutlich, was das langfristige Ziel der Jusos blieb: »Sozialismus ist Lebens- und nicht Tagesaufgabe.«[172] Dies bedeutete auch, der SPD nicht permanent vorzuhalten, dass sie das Ziel demokratischer Sozialismus aus den Augen verloren hätte, sondern in der Partei einen »Kampf für die sozialen Rechte der Jugend« zu führen – wie zum Beispiel über die Juso-Forderung einer Ausbildungsabgabe.

Mit diesem Kurs gelang es durchaus, die Jusos wieder zu konsolidieren und das Verhältnis zur SPD zu entkrampfen. Schröder arbeitete zunehmend enger mit den Refos im Bundesvorstand zusammen, was ihm harte Kritik aus den eigenen Reihen einhandelte, aber auch zu einer sicheren Wiederwahl 1979 führte. Schließlich setzte der Parteivorstand die Regeln zur Öffentlichkeitsarbeit aus, so dass sich die Jusos nicht mehr jedes Flugblatt und jede Veranstaltung genehmigen lassen mussten. Schröder hatte die Jusos von der innerparteilichen Opposition zur kritischen Solidarität mit der SPD geführt.

Neue Vorzeichen für den Verband

Die Theoriedebatten prägten nicht mehr das öffentliche Bild der Jusos, für eine Mehrheit waren sie jedoch nach wie vor bestimmend. Jede Strömung gab eine eigene Zeitschrift heraus, und es gab das Bedürfnis, weiter grundsätzliche Fragen zu diskutieren. Ausgelöst von den Ereignissen des Jahres 1977 und neuen Impulsen linker Wissenschaft begann innerhalb der Strömungen eine neue Debatte über die eigene theoretische Ausrichtung. Ergebnis mehrjähriger Diskussionsprozesse waren die »Herforder Thesen« des Hannoveraner Kreises und die »Göttinger Thesen« aus den Reihen der Antirevis.

Die »Herforder Thesen« wurden 1978 in einer ersten Version veröffentlicht und lösten eine intensive zweijährige Debatte aus, die auch über die eigene Strömung und die Jusos hinaus geführt wurde. Daraus resultierten die vom Bezirk Ostwestfalen-Lippe herausgegebene wesentlich überarbeitete Version der Herforder Thesen. Sie sollten für den Hannoveraner Kreis bis ins nächste Jahrzehnt eine Orientierung bieten, von der aus sie ihre Position im Verband wieder stärken konnten. Ziel war eine Analyse der ökonomischen, sozialen und politischen Bedingungen vorzunehmen, um zugleich eine sozialistische Perspektive für die Sozialdemokratie herauszuarbeiten. Weiteres Ziel war ein demokratischer Sozialismus, der durch weitreichende Freiheitsrechte und eine Tendenz zur Selbstbestimmung gekennzeichnet ist. In der analytischen und programmatischen Ausrichtung stand das Dokument in der Tradition des »Hamburger Strategiepapiers« und betonte die Vormachtstellung großer Konzerne.

> »Über die Forderung nach kurzfristig realisierbaren Reformen hinaus bleibt es daher die Aufgabe der Jungsozialisten, ihre grundsätzlichen antikapitalistischen Forderungen
> - Vergesellschaftung der Schlüsselindustrien
> - Entwicklung einer gesamtwirtschaftlichen, demokratischen Planung
> - Einführung einer wirksamen Mitbestimmung
> - und das Ziel der Selbstbestimmung der arbeitenden Bevölkerung über die Gestaltung ihrer Arbeits- und Lebensbedingungen weiter offensiv zu vertreten.«[173] Dies bedeute aber nicht die Übernahme reformistischer Ansätze. So heißt es weiter: »Für eine Strategie der Jungsozialisten kann es heute keine Rückkehr mehr zu den illusorischen Vorstellungen von einem allmählichen Hinüberwachsen in den Sozialismus mittels systemüberwindender Reformen geben.«[174]

Auch die Göttinger Thesen entsprangen einem längeren Arbeitsprozess, in dessen Verlauf grundsätzliche Positionen weiterentwickelt wurden. Die Autoren Ulf Skirke, Uwe Kremer, Wolfgang Krumbein und Michael Wendl setzten den Schwerpunkt der Göttinger Thesen I auf die Analyse des Kapitalismus durch die Ableitung gesellschaftlicher und politischer Entwicklungen aus der ökonomischen Basis und auf die von den Antirevisionisten übernommene, unabdingbare Notwendigkeit der Basismobilisierung. Mit der zweiten Version, den Göttinger Thesen II, wurde das Ziel verfolgt, ein sozialistisches Reformprogramm zu entwerfen, dass sowohl an die realen Entwicklungen in der BRD anschloss als auch die Systemveränderung beinhaltete. Nach wie vor wurde die reformistische Analyse abgelehnt, allerdings kam als neues Element in Abgrenzung zur ursprünglichen Grundaussage der Antirevis die Notwendigkeit von Reformen als Zwischenziel hinzu. »Verantwortungsbewusste linke Politik muss sich daher darum bemühen, den sozialistischen Inhalt von Reformen mittels eines abgestuften und konsistenten Planes der Gesellschaftsveränderung schrittweise »aufzuheben« – und das heißt letztlich: Durch Überwindung der kapitalistischen ökonomischen Logik erst auf eine solide Basis zu stellen. Damit ist nicht bestritten, dass Reformen, die weitreichende Veränderungen im Kapitalismus intendieren und etwa mit planenden und lenkenden Eingriffen Elemente einer neuen sozialistischen Logik ins System einführen, auch schon vor der vollständigen Durchsetzung des Sozialismus realisierbar sind. (...) Die Demokratisierung des Staates und die Etablierung einer neuen, ökonomischen Logik eröffnet damit die Perspektive auf eine Phase gesellschaftlicher Entwicklung, die wir als demokratischen und zugleich revolutionären Übergang zum Sozialismus bezeichnen.«[175] Sie entwickelten die Vorstellung eines »dritten Weges zum Sozialismus«. Strategisch ging es ihnen um eine Zusammenfassung der Marxisten in der SPD und eine konsequente »gewerkschaftliche Ausrichtung«. Dies bedeutete, progressive Gewerkschafter zu unterstützen und die eigenen Forderungen an deren direkten Klassenkampf auszurichten. Bei der Herleitung ihres Theorieverständnisses beziehen sie sich auf neuere Marx-Rezeption und eine Abgrenzung von der Stamokap-Theorie. Innerhalb des Göttinger Kreises führte das Ergebnis ihrer Diskussion zu Differenzen: Eine Fokussierung auf Gewerkschaftsforderungen führte zur Ausklammerung ökologischer Probleme.[176] Hinzu kam eine Auseinandersetzung über das Verhalten und die politische Ausrichtung Gerhard Schröders als Bundesvorsitzender. Eine Mehrheit aus den Regionen Göttingen, München und Franken erklärte den Ausschluss

Johano Strasser auf einer Anti-Atom-Demonstration im Jahre 1980.

Schröders aus dem Göttinger Kreis. In der Folgezeit zog sich ein Teil der Aktiven aus dem Göttinger Kreis zurück.

Orte der Theoriedebatten waren nunmehr vor allem die Zeitschriften, die alle Strömungen herausbrachten. Bereits seit 1976 gaben die Göttinger den »Sozialist« heraus. Im Jahr 1978 riefen Mitglieder des Hannoveraner Kreises ebenfalls eine Zeitschrift ins Leben, die sie in Anlehnung an das von Paul Levi in der Weimarer Republik redigierte Blatt »Zeitschrift für sozialistische Politik und Wirtschaft« (spw) nannten. Der reformsozialistische Verbandsteil drückte seinen politischen Anspruch bereits im Titel aus: Ebenfalls ab 1978 erschien die »Sozialistische Praxis«.

Mit den veränderten Konstellationen der Strömungen gingen die Jusos in ihren Bundeskongress, der vom 30. Mai bis zum 1. Juni 1980 in Hannover stattfand. Dort setzte sich der Wunschkandidat Schröders, der Reformsozialist Willi Piecyk aus Schleswig-Holstein, gegen Klaus-Peter Wolf vom Hannoveraner Kreis durch. Im ersten Wahlgang lagen beide noch fast gleich auf, doch danach konnte Piecyk das Vertrauen derjenigen gewinnen, die sich zuerst enthalten hatten. Ansonsten stand der Bundeskongress ganz im Zeichen der bevorstehenden Bundestagswahl. Für die Union trat mit Franz Josef Strauß eine »Hassfigur« der Jusos an, die alleine gereicht hätte, um die Jusos für den Wahlkampf zu motivieren. Der Wahlkampf wurde hitzig geführt und stand ganz unter dem Motto »Stoppt Strauß«, mit eigenen Großveranstaltungen und lautstarken Protesten gegen Veranstaltungen der Union. Zum Skandal wurde ein Flugblatt mit dem Spruch »Lieber die Russen in Heilbronn, als Strauß in Bonn«, auf dem die Jusos als Urheber verzeichnet waren, das aber, wie sich später herausstellte, eine Fälschung der Union war. Bei der Bundestagswahl konnten sowohl die SPD mit 42,9 Prozent als auch die FDP mit 10,6 Prozent ihr Ergebnis im Vergleich zur letzten Wahl leicht steigern und so die Koalition erst einmal fortsetzen. CDU/CSU sackten etwas ab und erreichten nur noch 44,5 Prozent. Als Randnotiz sei noch erwähnt, dass Gerhard Schröder über die Niedersächsische Landesliste in den Bundestag einzog.

Die Koalition aus SPD und FDP war spätestens nach der 1980er-Bundestagswahl durch Streitigkeiten zwischen den beiden Partnern bestimmt. Marktradikale Teile der FDP bereiteten den inhaltlichen Bruch zudem gezielt vor, indem sie zentrale sozial- und wirtschaftspolitische Konsense zwischen den Koalitionsfraktionen angriffen. Das Ergebnis war die Entlassung der FDP-Minister im September 1982 und die Übernahme des Kanzleramtes durch Helmut Kohl nach einem erfolgreichen konstruktiven Misstrauensvotum am 1. Oktober 1982 gegen Helmut Schmidt. Die SPD war nach 16 Jahren Regierungsbeteiligung wieder in der Opposition gelandet.

In diesen zwei Jahren kamen die Jusos gleich zweimal in Lahnstein zu ihren Bundeskongressen zusammen. 1981 wurde Willi Piecyk im Amt bestätigt und 1982 von Rudolf Hartung abgelöst. Der neue Vorsitzende war zuvor fünf Jahre Bundesgeschäftsführer der Jusos gewesen und galt wegen Personalmangel mehr als Notlösung. Dies verdeutlichte auch, dass die Jusos ihren unter Schröder zurückgewonnenen Schwung nicht mit ins neue Jahrzehnt nehmen konnten. Inhaltlich waren beide Kongresse vom Widerstand gegen den Nato-Doppelbeschluss und von der Ökologiefrage geprägt. Themen, die den Verband und die Gesellschaft in den kommenden Jahren weiter beschäftigen sollten.

Neue Impulse und alter Streit
Die vermeintlich verlorenen 1980er-Jahre

Die Bundestagswahl am 6. März 1983 bestätigte die christlich-liberale Koalition. Mit 48,8 Prozent der Zweitstimmen schrammten CDU/CSU nur knapp an der absoluten Mehrheit vorbei, während die FDP auf 7,0 Prozent kam und damit 3,6 Prozent verlor. Die SPD verlor 4,7 Prozent, erreichte aber immerhin 38,2 Prozent der Zweitstimmen. Erstmals ins Parlament zogen die Grünen ein, die 5,6 Prozent erreichten. Die »geistig-moralische Wende« des Helmut Kohl konnte ihren Lauf nehmen.

Bereits 1980 hatte Peter von Oertzen in einem Artikel für die »Neue Gesellschaft« nach der »Entpolitisierung einer Studentengeneration« gefragt.[177] Von Oertzen stellte zwar ein grundsätzliches Überwiegen der Sympathie für linke Organisationen bei Studierenden fest, wies zugleich aber auf den deutlichen Rückgang der Auflagenzahlen linker Buchreihen sowie radikal linker Publikationen hin. Zugleich machte von Oertzen ein Anwachsen der »Sponti-Szene« aus, die sich vor allem durch eine eher aus seinen Auswirkungen auf die Lebensform und die persönlichen Verhaltensweisen denn aus grundsätzlicher Kritik gespeister Ablehnung des Kapitalismus sowie einer deutlichen Ablehnung des Staates äußere. Diese jungen Leute wollten auch mit den etablierten politischen (Jugend-) Organisationen nichts zu tun haben. Insgesamt bewertet von Oertzen diese Einstellungen positiv: Die Wiederentdeckung des konkreten Menschen in der Politik und die Diskussion alternativer Lebensformen als konkrete Möglichkeiten, wie man selbst morgen oder übermorgen leben könnte, seien positive Erscheinungsformen. Damit würde etwas wiederentdeckt, was in der Dogmatisierung nach der Ermordung Benno Ohnesorgs verloren gegangen sei: der Zusammenhang zwischen eigenem Interesse und politischer Emanzipation, zwischen persönlicher Befreiung und Befreiung der gesamten Gesellschaft.

Die Frage nach dem Zusammenhang von persönlicher und gesellschaftlicher Emanzipation sowohl in empirisch-soziologischer wie auch in politisch-strategischer Sicht sollte auch in den Debatten der Jungsozialisten in den 1980er-Jahren eine wichtige Rolle spielen. Hinzu kam eine Verstärkung des bei von Oertzen bereits 1980 zu beobachteten Trends der Neuordnung der Ausdrucksformen junger linker Politik – sei es in puncto Literaturauswahl, sei es in Fragen der Organisation.

Der Oberhausener Bundeskongress 1983 stand unter dem Motto »Gegen die Natorüstung! Gemeinsam für Frieden und Arbeit«. Im zentralen Beschluss des Kongresses heißt es: »Die Friedensarbeit der Jungsozialisten ist Teil der internationalen Friedensbewegung, die national und international für Abrüstung in Ost und West kämpft. Die Bürger in allen Ländern müssen die Regierungen zu konsequenten Abrüstungsschritten drängen. Jungsozialisten sind Teil der Friedensbewegung in Westeuropa. Sie vertreten ihre sozialistischen Positionen in solidarischer Form. Gemeinsam mit den anderen Strömungen der Friedensbewegung haben wir ein Ziel: Die Verhinderung der Stationierung zusätzlicher Atomraketen in der Bundesrepublik mit allen uns zur Verfügung stehenden Mitteln des demokratischen Widerstandes.«[178]

Die Positionierung innerhalb der Friedensbewegung war nicht ohne Kontroversen. Hintergrund waren unterschiedliche Schwerpunktsetzungen in der politischen und gesellschaftlichen Analyse, die dann zu unterschiedlichen tagespolitischen Forderungen führten. So schrieb Dietmar Gatzmaga, einige Juso-Bezirke hätten schlicht vergessen, dass Abrüstung auf beiden Seiten notwendig sei. Eine weitere Gruppe gehe davon aus, dass die Hauptkriegsgefahr von den Vereinigten Staaten ausgehe, während die Staaten des »realen Sozialismus« zu Rüstung zu Verteidigungszwecken gezwungen seien. Die Aufgabe von Sozialisten in der Friedensbewegung bestehe darin, die innergesellschaftlichen Mechanismen aufzudecken, die die Aufrüstung förderten. »Wir Sozialisten wissen, dass eine Veränderung des Wirtschafts- und Gesellschaftssystems notwendig ist, um die Voraussetzung für eine angst- und drohungsfreie Lösung von Konflikten zwischen Völkern zu schaffen. (…) Der Weg zum Weltfrieden führt nicht über die Unterdrückung, sondern nur über den inneren Frieden in jedem Land. Wer es den Jungsozialisten verweigern will, diese Argumentation in der Friedensbewegung vorzutragen, der wird ihr tatsächlich schaden.«[179]

Richard Meng – später lange Jahre Redakteur der Frankfurter Rundschau und dann Sprecher des Senats von Berlin – war Anfang der 1980er-Jahre auf dem reformsozialistischen Flügel der Jusos aktiv und mach-

Jusos auf einer Friedensdemonstration im Jahre 1982.

te in einem Artikel 1983 drei politische Umbruchssituationen aus: eine Krise des bestehenden kapitalistischen Wirtschaftssystems, eine Krise der Industriegesellschaften und ihres Fortschritts- und Wachstumsverständnisses und die zunehmende Schwierigkeit der vorherrschenden industriell geprägten Lebensweise, sich gegenüber kritischen Infragestellungen (vor allem Jüngerer) zu legitimieren.[180] Von Sozialismus werde wohl erst wieder gesprochen werden, wenn den Menschen verstehbar werde, dass sie sich von sozialistischen Konzepten eine Verbesserung erwarten können. Die Arbeiterbewegung habe die Fähigkeit noch nicht gewonnen, für dringlicher, konkreter und vielfältiger gewordene Lebenshoffungen politische Orientierungshilfe zu sein.

Flügelschlagen

Bei den Neuwahlen des Bundesvorstands auf dem Bundeskongress in Bad Godesberg 1984 konnte der Hannoveraner Kreis Erfolge erzielen. Der mittlerweile strömungsungebundene Ulf Skirke wurde mit großer Mehrheit zum neuen Bundesvorsitzenden gewählt – mit Uwe Kremer, Ingrid Petersen-Buggisch und Olaf Scholz rückten aber gleich drei Stellvertreter aus den Reihen des Hannoveraner Kreises in den Vorstand ein.

Uwe Kremer hatte den Göttinger Kreis gemeinsam mit anderen Aktiven aus dem Bezirk Hannover verlassen, als sich Bemühungen um ein Zusammengehen von Göttingern und Hannoveranern mit dem Ziel, einen starken marxistischen Flügel zu bilden, als nicht erfolgreich erwiesen hatten. Daneben wurde Matthias Kollatz als Vertreter der Reformsozialisten, Werner Nüsslein vom Göttinger Kreis sowie Gabriele Schietering gewählt. Mit dem Gastredner Hans-Jochen Vogel war zum ersten Mal seit Jahren wieder ein Vorsitzender der SPD-Bundestagsfraktion zu Gast. Die Inhaltliche Auswertung des Kongresses blieb mager. Strömungsübergreifend wurde der Verfall der inhaltlichen Auseinandersetzungen beklagt.

Im Hintergrund dieses Mehrheitswechsels stand eine Umorientierung mehrerer Bezirke: Der Göttinger Kreis hatte sich weitgehend aufgelöst zugunsten der Zusammenarbeit vor allem eines Teils von Baden-Württemberg mit bayerischen Bezirken, der sogenannten »Südschiene« – die inhaltlich an die Positionen des Göttinger Kreises anknüpfte und weiterhin die Zeitschrift »Sozialist« herausgab. Innerhalb des Hannoveraner Kreises war es zu einer Machtverschiebung gekommen. Die Bezirke Hannover und Westliches Westfalen begannen, sich stärker als Teil des Hannoveraner Kreises zu engagieren, und schoben so die Gewichte von den Stadtstaaten Hamburg und Berlin weg. Innerhalb des reformsozialistischen Verbandteils wurde parallel die Selbstbezeichnung als »Undogmatische« gebräuchlich.

Bereits Ende der 1970er-Jahre hatte vor allem in linkssozialdemokratischen und eurokommunistischen Diskussionszusammenhängen eine Debatte über das theoretische und politische Erbe des Austromarxismus begonnen. Autoren wie der in den 1920er-Jahren von linken Jungsozialisten verehrte Max Adler, vor allem aber Otto Bauer, wurden wiederentdeckt und diskutiert. Zentral war dabei die Frage nach dem Weg zur politischen Macht für die Arbeiterbewegung im demokratischen Verfassungsstaat. Während in leninistischer Marx-Interpretation ein solcher Weg undenkbar war, boten Bauer und andere hier Anknüpfungspunkte für die Arbeit von Marxisten in den westeuropäischen parlamentarischen Demokratien. Detlev Albers, in den frühen 1970er-Jahren führender Theoretiker des Hannoveraner Kreises (HK), spann ein internationales Netzwerk. Vor allem im Umfeld der Zeitschrift für sozialistische Politik und Wirtschaft wurde diese Debatte intensiv – und teilweise erbittert – geführt. Uli Schöler als Vertreter austromarxistischer Denkansätze und Christoph Butterwegge als zunächst erbitterter Kritiker kreuzten publizistisch die Klingen. Unter dem Motto »Otto Bauer – nein danke« brachten einige Aktive des HK ihre Ablehnung des Austromarxismus als einer »Modeerscheinung des bürgerlichen Wissenschaftsbetriebs« sichtbaren Ausdruck. Im Hintergrund der Debatte stand vor allem die Frage nach Pluralitäten und unterschiedlichen Zugängen zu marxistischem Denken. Während diejenigen Jungsozialisten, die vor allem Theoretiker des »real existierenden Sozialismus« vor Augen hatten und die Werke von Marx und Engels auf einen einzigen einheitlichen Kanon reduzierten, versuchten sich andere an produktiven Weiterentwicklungen. Vor allem in den »Herforder Thesen« sind die Passagen zu Staat und Demokratie auch von Anleihen bei austromarxistischen Denkern beeinflusst. Innerhalb des HK ebbte das Interesse an der Austromarxismusdebatte ab Mitte der 1980er-Jahre wieder spürbar ab.

Auch die Debatte um Frauenpolitik und Gleichstellung war im Verband immer wieder geführt worden. In der Verbandsrealität spiegelte sich dieser Anspruch aber nur unzureichend wieder. Erst auf dem Bundeskongress 1984 gelang es, mit dem Beschluss einer Frauenquote von 30 Prozent für den Verband ein klares Zeichen zu setzen. Die Beschlusslage der Jusos trieb auch die SPD an: Der Bundesparteitag der SPD in Münster 1986 folgte mit der Entscheidung für eine 40-prozentige Frauenquote in der SPD. Die Einführung der Quoten war sehr umstritten und sollte sowohl bei den Jusos als auch in der Partei immer wieder kritisiert werden. Besonders wenn sie ihren Zweck, die Vertretung von Frauen in Vorständen und Delegationen erzwang, versuchte »mann« sie zu umgehen. Gerade dies macht deutlich, wie notwendig die Quote war und ist. Die Quotierung war aber nur ein Element der innerverbandlichen Gleichstellungsarbeit, hinzu kamen die Einführung von Fraunenplena und gezielten Förderprogrammen.

Im Sommer 1984 beschlossen Bundesvorstand und Bundesausschuss der Jusos die Durchführung einer »Aktionswoche der arbeitenden und lernenden Jugend«, die im Herbst stattfinden sollte, um die konservativ-liberale Bundesregierung unter Druck zu setzen. Hintergrund waren Änderungen beim Jugendarbeitsschutz, der Lehrstellenmangel, die Novellierung des Hochschulrahmengesetzes sowie die Akademiker-Arbeitslosigkeit. Idee war, eine solche Woche gemeinsam mit Bündnispartnern aus Gewerkschaften, Studierendenvertretungen und Schülerschaften durchzuführen. Innerverbandlich geriet diese Aktionsidee jedoch bald unter großen Beschuss, wurde von »undogmatischer« Seite doch der Vorwurf erhoben, es handele sich um eine Aktion, die in erster Linie der Aktionseinheit mit der DKP und ihr nahestehenden Verbänden stehe. In der Folge brach die Diskussion vor allem um eine Zusammenarbeit mit dem SHB wieder voll auf. Über der Debatte schwebte die Angst vor einem neuen »Fall Benneter«. Die SPD-Bundesgeschäftsstelle gab die Devise aus, scharfe Abgrenzung zum SHB zu betreiben, aber nicht, sich inhaltlich mit dem SHB auseinanderzusetzen. Die – tatsächliche oder vermeintliche – Nähe einer Organisation zur DKP reichte – seit den 1970er-Jahren – als Argument vollkommen aus.

Zudem entspann sich eine Diskussion darum, dass aus dem Juso-Bundesbüro heraus SPD-Gliederungen zu einem scharfen Vorgehen gegen die Zusammenarbeit mit dem SHB aufgefordert worden seien. Das Schimpfwort von den »Barackenjusos« machte die Runde, die zwar beim Verband angestellt seien, sich aber an Mehrheiten und politische Beschlüsse im Verband nicht halten würden. In Bezug auf die Undogmatischen wurde darüber hinaus unterstellt, das gezielte Agitieren der Parteiinstanzen gegen einen von Bundesvorstand und Bundesausschuss mehrheitlich gefassten Beschlusses nehme die politische Bedeutungslosigkeit und Handlungsunfähigkeit des Juso-Verbandes bewusst in Kauf. Es gehe nur darum, die Vorurteile gegen die »Stamokaps« zu bestätigen, koste es was es wolle. Es folgten Wochen erbitterter interner und öffentlicher Stellungnahmen und Gegen-Stellungnahmen der unterschiedlichen Flügel.

Nachwehen des Machtverlustes

Die beiden Reformsozialisten Ditmar Gatzmaga und Rainer Thiel sahen die Lage der SPD nach dem Ende der sozial-liberalen Koalition vor allem durch das Ende des Bündnisses aus organisierter Arbeitnehmerschaft sowie reformorientierten Teilen des Mittelstandes und des aufgeklärten Bürgertums bestimmt. Die SPD hätte in der Koalition schon lange der FDP nachgegeben, so bei der Beschränkung des Mitbestimmungsgesetzes von 1976, bei der Versorgung junger Menschen mit Lehrstellen sowie bei der Durchführung von Einschnitten in das soziale Netz. Zugleich sei es nicht gelungen, Ökonomie und Ökologie gleichberechtigt zu diskutieren. Die neuen sozialen Bewegungen seien ihrer Stoßrichtung nach antikapitalistisch, in ihrem Selbstverständnis aber nicht. »Die antikapitalistischen Tendenzen von SPD und Gewerkschaften, die auf Erfahrung, Erleiden und Analyse beruhen und eine alte Tradition haben, und die antikapitalistischen Tendenzen der Grünen und Alternativen, die aber noch nicht verfestigt und fundiert sind, müssen sich ergänzen.«[181] Malte Ristau, zu dem Zeitpunkt Mitarbeiter im Bundesbüro der Jusos, schrieb, das »integrale Sozialismuskonzept« der undogmatischen Strömung »muss (marxistischen und ethischen) Reformsozialismus, Ökosozialismus und Feminismus zusammen denken. Die neuen sozialen Bewegungen – v.a. die Frauenbewegung – haben emanzipatorische Werte und Ziele neu gesetzt oder freigelegt: Sie haben die Identifikation von Politik und Staat, die Macht der Männer, die technologische Entwicklung, den bisherigen Wachstumstyp und den gesellschaftlich produzierten Unfrieden nachdrücklich infrage gestellt und dabei Positionen der Arbeiterbewegung wiederbelebt oder erweitert. Wir gehen davon aus, dass es nicht nur eine Ursache gesellschaftlicher Ungleichheiten und Krisen gibt, woraus alle anderen ableitbar sind.«[182]

Der Bundeskongress von Lahnstein 1985 wurde von den Strömungen sehr unterschiedlich wahrgenommen. Einig war man sich nur darin, dass ein eigentlich angestrebter innerverbandlicher Konsens auf der Strecke geblieben sei. So schrieb Matthias Kollatz[183] für die Undogmatischen im Juso-Magazin, der Kongress wäre daran gescheitert, dass sich die Kongressmehrheit gegen 3.30 Uhr am Morgen geweigert hätte, wichtige Änderungsanträge in den Leitantrag zur Wirtschaftspolitik einzuarbeiten. Noch etwas mehr als die Hälfte der Delegierten waren zu dieser Zeit anwesend, die meisten bayerischen Delegierten hatten die Versammlung aus Protest gegen die Nicht-Annahme eigener Anträge bereits verlassen. Die Undogmatischen versuchten vor allem Neue Technologien zu thematisieren, die sie in »gute«, »zweideutige« und »schlechte« einteilen wollten. Gast auf dem Kongress war unter anderem Peter Glotz. Uwe Kremer[184] hielt dem entgegen, es hätte im Vorfeld Konsens darüber bestanden, der Vorlage des Bundesvorstands zu folgen, und eigene Änderungswünsche der Strömungen nicht als Bedingung für die Zustimmung zu erheben. Während der Landesverband Berlin mit seinen Änderungswünschen so verfahren wäre, hätten im Gegenteil die reformsozialistischen Niederrheiner auf einmal die Annahme ihrer Änderungsanträge zur Bedingung für die Zustimmung zum Antrag insgesamt gemacht. Inhaltlich hätte der Kongress mit den Beschlüssen »Anders arbeiten – anders leben. Einstieg in eine sozialistische Zukunft« und »Der Jugend eine Chance – Qualifizierte Ausbildung und Arbeit für alle« eine gute Grundlage für die weitere Arbeit gelegt. Allerdings wäre das Auftreten vieler Funktionäre zunehmend von Verantwortungslosigkeit der Gesamtorganisation gegenüber geprägt. Der reformsozialistische Teil wäre zudem von »Stamokap-Hass« geprägt, der versuche, die Angehörigen des Hannoveraner Kreises immer wieder in die »DKP-Ecke« zu stellen.

Im Sommer 1985 nahm eine Delegation der Jusos an den Weltjugendfestspielen in Moskau teil. Innerverbandlich wurde dies als wichtige Gelegenheit verstanden, Kontakte aufzubauen und mit der »anderen Seite« ins Gespräch zu kommen. Die Vorbereitung erfolgte weitgehend gemeinsam mit den anderen deutschen Delegationen von SDAJ, Falken, DGB-Jugend, Evangelischer Jugend, Pfadfindern und Sportjugend. Kritisch wurde es, als beim Einlauf ins Stadion vorne das Schild »West-Berlin« getragen werden sollte. Nach Protesten wurde es zurückgenommen, so dass die Jugend der »Sozialistischen Einheitspartei Westberlins« (SEW) als einzige »West-Berliner« Organisation übrigblieb. Basis der deutschen Delegationen war der »BRD-Club«, in dem neben Musikveranstaltungen, Filmen von Rainer-Werner Faßbinder und Disko-Abenden auch Diskussionsveranstaltungen mit deutschen und sowjetischen Vertretern organisiert wurden. Der Bericht der Juso-Delegation streicht heraus, dass auch »Tabu-Themen« wie die Afghanistan-Intervention der UdSSR, Gewerkschaftsrechte in Polen sowie das Recht auf Kriegsdienstverweigerung in Ost und West thematisiert wurden.[185]

Der Juso-Bundesvorsitzende Ulf Skirke stellte in seiner Rede auf einem Treffen zwischen den Delegationen der DDR und der Bundesrepublik fest, das Treffen werde dazu beitragen, dass die Jugend der BRD alles tun werde, um einen Krieg von deutschem Boden zu verhindern. Die Jusos forderten die uneingeschränkte Anerkennung der Nachkriegsgrenzen und die Neubelegung einer noch intensiveren Entspannungspolitik auf dem Gebiete der Sicherheitspolitik, der Wirtschaft, der Wissenschaft, der Technologie sowie der Kultur. Die Jusos wollten die Schaffung von A-, B- und C-Waffen-freien Zonen in Europa, keine Weltraumrüstung, den Verzicht auf jeden militärischen Erstschlag sowie den Abbau von Rüstungsexporten insbesondere in Länder der Dritten Welt. Die Ost-West-Kooperation müsse stärker um eine Nord-Süd-Politik ergänzt werden. Es ginge um die selbstbestimmte und unabhängige Zukunft der Völker der sogenannten Dritten Welt, um ihre Entwicklung, zu der alle ihren Beitrag durch konkrete Solidaritätsarbeit leisten müssten. Stellvertretend erwähnte er Nicaragua, für dessen »humane und soziale Entfaltung« alles zu tun sei, und wo das Motto der Weltjugendfestspiele besonders angebracht sei: »Für antiimperialistische Solidarität, Frieden und Freundschaft«.[186]

Die konkrete Arbeit für Nicaragua und El Salvador bildete einen kontinuierlichen roten Faden in der internationalen Arbeit der Jusos in den 1980er-Jahren. So brach eine Juso-Brigade 1985 in die Stadt Masaya auf, um sich am Aufbau einer Pflastersteinfabrik zu beteiligen. Im Verband wurden über die Jahre mehrere hunderttausend Mark gesammelt, die nach Nicaragua gespendet wurden. Neben dem Arbeitseinsatz versuchte die Delegation der Jusos sowohl mit der Bevölkerung wie auch mit politisch Verantwortlichen ins Gespräch zu kommen. Auch regionale und örtliche Gliederungen beteiligten sich an der Solidaritätsarbeit für Nicaragua.

»Das Eis ist dünn, aber es kann tragen«

Die politische Debatte im Verband spitzte sich mit den 1980er-Jahren weiter zu, da die »stärkste Fraktion« der Reformsozialisten zwar über etwa 45 Prozent der Bundeskongress-Delegierten verfügte, das Gegenbündnis aus Hannoveraner Kreis und um Bayern gruppierte ehemals antirevisionistische Bezirke jedoch zunehmend an Stabilität gewann.

Im Vorfeld des Hagener Bundeskongresses von 1986 beschrieb der scheidende Vorsitzende Ulf Skirke die Lage im Verband mit den Worten: »Das Eis ist dünn, aber es kann tragen.«[187] Während Fraktionsegoismen dem Verband bisher oft geschadet hätten, wäre die Pluralität verschiedener Juso-Strömungen produktiv und nützlich und hätte zur Entdogmatisierung des Gesamtverbandes beigetragen. Es gälte, einen Grundkonsens des Jusoverbandes zu entwickeln und zu pflegen. Ehrlich betrachtet lägen die verschiedenen Juso-Positionen in Grundfragen seit Langem nicht so eng zusammen wie jetzt. Das Gewicht der Jusos in der Partei habe deutlich zugenommen. Eine Strategie-Debatte der Jusos sei daher längst überfällig.[188]

Der neu gewählte Bundesvorsitzende Michael Guggemos und der Gegenkandidat Matthias Kollatz (1986).

Die Auseinandersetzung um die Verbandsspitze lief dann doch kontroverser. Der für das Refo-Lager antretende Matthias Kollatz beschrieb die Lage im Verband kritischer. Der Generationsbruch habe die Jusos stark getroffen, höhere Juso-Gliederungen würden oft bereits bei Unterbezirken nicht stattfinden. Die Jusos müssten die »provokative Kraft« wiedergewinnen und eine glaubwürdige Verknüpfung zwischen Theorie und Praxis herstellen. Als wichtige Arbeitsfelder für den Verband definierte er unter anderem Frauenpolitik, Jugendarbeitslosigkeit, Arbeit und Umwelt, Ökologie sowie Internationale Solidarität.[189] Matthias Kollatz-Ahnen wurde später Vize-Präsident der Europäischen Investitionsbank und Berater bei der Firma PWC.

Für das Bündnis aus Hannoveraner Kreis und »Südschiene« aus Bayern und Baden-Württemberg trat Michael Guggemos an, der später unter anderem Leiter des Hauptstadtbüros der IG Metall werden sollte.[190] Auch Guggemos sprach sich dafür aus, die verschiedenen Juso-Strömungen als berechtigte Teile des politischen Pluralismus der Jungsozialisten zu sehen. Wollten die Jusos wieder mehr politische Bedeutung erlangen, so hätten sie ein »sozialistisches Konzept von tatsächlich umsetzbarer Reformpolitik« zu entwickeln. Dieses Konzept müsse in allen seinen Schritten den Arbeits- und Lebensalltag verbessern und auf die Bekämpfung der Massenarbeitslosigkeit, die soziale Gestaltung des Sozialstaates, die Rettung der Umwelt, die Gleichberechtigung der Frau und Zukunftsgestaltung für Jugendliche zielen. Im Kern plädierte Guggemos damit für ein Bündel an reformpolitischen Sofortmaßnahmen. Unklar blieb, wie bei ihm das Verhältnis von marktwirtschaftlicher Politik und »reformorientierter Wirtschaftspolitik« sein sollte.

Durchsetzen konnte sich auf dem Kongress Michael Guggemos gegen Matthias Kollatz mit 166 zu 132 Stimmen. Die undogmatischen Bezirke warfen der Verbandsmehrheit daraufhin vor, mit Geschäftsordnungstricks und persönlichen Diffamierungen den Kongress für sich entschieden zu haben. Obwohl die undogmatische Strömung 45 Prozent der Delegierten gehabt hätte, seien alle inhaltlichen Kompromissangebote ignoriert worden. Die Besetzung von sechs der acht Vorstandsämter mit Angehörigen der Verbandsmehrheit entspreche auch nicht den tatsächlichen Verhältnissen. Nach der Wahl von Bernhard Groth zum Bundessekretär verließen einige »undogmatische« Bezirke den Kongress. Die gegenseitigen Vorwürfe blieben bitter. Die Kontrahenten warfen sich gegenseitig vor, in ideologischen Schützengräben zu liegen.

Peter Glotz referierte zum Thema »Die SPD als organisatorisches Zentrum einer mehrheitsfähigen Linken – sieben Monate vor der Bundestagswahl«. Die verabschiedete Resolution forderte unter anderem die Auflage eines Beschäftigungsprogramms von 200 Milliarden DM mit einer Laufzeit von zehn Jahren in den Bereichen Umwelt, rationelle Energieverwendung, sozialer Wohnungsbau und Städtebau, öffentlicher Nah- und Fernverkehr, soziale Dienste, gesetzliche Absicherung der 35-Stunden-Woche, Einführung einer »Berufsbildungsabgabe« zur Bekämpfung der Jugendarbeitslosigkeit, Ausstieg aus der Atomenergie bis spätestens 1990, Durchsetzung der tatsächlichen Gleichstellung von Mann und Frau, Einführung eines kommunalen Wahlrechts für Ausländer, Aufhebung der ausländerdiskriminierenden Bestimmungen des Ausländerrechts, Ausdehnung der Montanmitbestimmung, vollständiger Abzug der Pershing II-Raketen und anderer Waffen aus Deutschland sowie die Rücknahme der Sicherheitsgesetze und die Abschaffung der Berufsverbote.

Willy Brandt nahm am zweiten Kongresstag teil. Fast 50 Prozent der Delegierten waren weiblich, und erstmals wurden auch drei der sechs stellvertretenden Vorsitzposten mit Frauen besetzt.

Zwischenlösungen und die jugendpolitische Orientierung

Die Wahlniederlage der SPD 1987 war deutlich. CDU/CSU erreichten 44,3 Prozent, die FDP konnte sich wieder steigern und kam auf 9,1 Prozent, die Grünen erreichten 8,3 Prozent. Bei 37,0 Prozent waren die Verluste der SPD nur mäßig, gemessen am eigenen Anspruch, dieses Mal eine absolute Mehrheit zu erreichen, aber deutlich zu wenig.

Im Juso-Verband wurde kritisiert, dass die Partei ausschließlich darauf setzen würde, eine absolute Mehrheit zu erreichen. Sie sahen den Verzicht auf Inhalte im Wahlkampf als ausschlaggebend für die Niederlage an. Niemand habe gewusst, was er mit dem Motto »Versöhnen statt spalten« hätte anfangen sollen, insgesamt sei Johannes Rau vor allem als netter Mann präsentiert worden, der alles etwas menschlicher, etwas gerechter und etwas sozialer hätte machen sollen.[191]

Dass die Debatten in den 1980er-Jahren besser waren als ihr Ruf, lässt sich am Beispiel eines der Vordenker des Hannoveraner Kreises, Uwe Kremer, zu Eckpunkten einer modernen sozialistischen Konzeption aufzeigen.[192] Die Grundüberlegung lautete: Die wesentliche Aufgabe sozialistischer Politik bestehe darin, die Entfaltung der fortschrittlichen, zivilisatorischen Potenziale der Produktivkraftentwicklung voranzutreiben und um die Aneignung dieser Potenziale durch die Werktätigen, die Frauen und die Jugend zu ringen. Ein offensives Herangehen an die wissenschaftlich-technische Revolution setze voraus, dass die Linke an den entwickelten Ansprüchen der Menschen ansetze und sie in den sozialen Kämpfen radikalisiere. Man müsse aber feststellen, dass sowohl die gesellschaftlichen Regulierungssysteme der kapitalistischen und der sozialistischen Staaten wie auch das System der internationalen Beziehungen dem Entwicklungsstand der wissenschaftlich-technischen Revolution und ihrer Folgeprobleme noch nicht gerecht würden. Intellektualisierung der Lohnarbeit, Ausweitung des Dienstleistungssektors, Ausdifferenzierung von Lebensstilen und der sogenannte Wertewandel seien progressive Tendenzen, die sich unter den Bedingungen von Krise und Kapitalherrschaft nur vielfach gebrochen und deformiert durchsetzen würden. »Diese neuen Probleme der Klassenformierung bündeln sich vor allem in der nachwachsenden Generation.«[193] Dies treffe auch auf das wichtigste Element der sozialen und kulturellen Veränderungen zu: das Aufbrechen der überkommenen patriarchalischen Geschlechterbeziehungen, die Veränderungen der geschlechtsspezifischen Arbeitsteilung und die wachsende gesellschaftliche Rolle der Frauen und ihrer Ansprüche. Die Geschlechterfrage werde zum zentralen Faktor der subjektiven Aneignung und weiteren Entfaltung der wissenschaftlich-technologischen Revolution. Unter veränderten Systembedingungen seien in den sozialistischen Ländern vergleichbare Herausforderungen anzutreffen, die sich mehr oder weniger ausgeprägt im sowjetischen Umgestaltungsprogress niederschlagen würden.

In der Konsequenz gehe es darum, in den 1990er-Jahren Zwischenlösungen und Klassenkompromisse national wie international zu finden, die eine Eindämmung der Risiken der wissenschaftlich-technologischen Revolution (WTR) und eine Entfaltung ihrer fortschrittlichen Potenzen erlauben würden. Die Linke müsse die komplexen ökonomischen, ökologischen und sozialen Probleme mit einem demokratischen Regulierungs- und Innovationskonzept angehen, das sich um ein großangelegtes Zukunftsinvestitionsprogramm gruppiere und die Sinnhaftigkeit öffentlicher Lenkung anhand der Zukunftsaufgaben plausibel mache. Im Verhältnis von sozialen Bewegungen komme es darauf an, die Entwicklung der öffentlichen Infrastrukturen für die Beteiligung und Einflussnahme von Gewerkschaften, Frauenbewegung, Bürgerinitiativen unter anderem systematisch zu öffnen und damit demokratische Gegenmachtpositionen zu stärken.

Heißes Thema auf dem Bundeskongress 1987 in Castrop-Rauxel war das »Zukunftsaktionsprogramm für die Jugend« – genannt ZAP –, das mit einer Neugestaltung der Materialien der Jusos verbunden wurde. Olaf Scholz wurde als Kandidat für den IUSY-Vize-Präsidenten nominiert, Hans-Jochen Vogel referierte zu den Grundlinien des »Irseer Entwurfs« für ein neues SPD-Grundsatzprogramm.

Mit der »jugendpolitischen Orientierung« wurde versucht, die »Wandlungen der Jugendphase zu einer eigenständigen und sie tendenziell verlängernden Lebensphase« politisch aufzugreifen.[194] Mit der Herausbildung der Jugendphase gehe die Ausprägung von Individualität einher. Seine politischen Ausdrucksformen finde dies in einem relativ starken Engagement in außerparlamentarischen Aktivitäten und der Entfaltung einer linken Alternativ- und Gegenkultur. Diese Entwicklungen würden mit einem Umbruch in der Produktions-, Arbeits- und Lebensweise insgesamt zusammentreffen. Dynamik bekomme dieser Trend aus der wissenschaftlich-technischen Revolution. Diese Tendenzen bildeten die Folie für einen widersprüchlichen, aber dynamischen Umstrukturierungsprozess der Klassen- und Sozialstruktur sowie der gesellschaftlichen Arbeitsweise. Die WTR mache eine Intellektualisierung der Lohnarbeit notwendig, die sich in einer durchschnittlichen Höherqualifizierung des Gesamtarbeitskörpers niederschlage. Intellektualisierung und Feminisierung seien die progressiven Tendenzen der WTR. Unter den Bedingungen von kapitalistischer Herrschaft und Krise setzten sie sich aber nur gebrochen durch und verstärkten, die Gefahr der Segmentierung und Spaltung der Arbeiterklasse, die von Konservativen bewusst herbeigeführt werde.

Im Kern gehe es darum, den scheinbaren Widerspruch zwischen kollektiver Interessenvertretung und individuellen entwickelten Ansprüchen an die eigene Arbeits- und Lebensgestaltung aufzulösen – also gerade nicht um eine reine Addition von Arbeiterbewegung und neuen sozialen Bewegungen.

Was unter der vor allem im Hannoveraner Kreis entwickelten Politik der »Jugendpolitischen Orientierung« verstanden werden sollte, blieb schon analytisch strittig. Jugendliche seien Teil dieser Gesellschaft, seien Teil von unterschiedlichen Klassen und Schichten, hätten unterschiedliche Interessen und Vorstellungen aufgrund ihres Alters, ihrer Herkunft (Stadt, Land, Region), ihrer Bildung usw. Natürlich gebe es jugendspezifische Konfliktlagen wie Pubertät, Sexualität, Konflikte mit den Eltern und anderes. Diese würden jedoch von klassen- und geschlechtsspezifischen Differenzierungen überformt. Wenn man sich also mit »jugendspezifischen Problemen« auseinandersetzen wolle, müsse man sich differenziert mit den Problemen beschäftigen.[195]

Allerdings hatte die Debatte vonseiten der Undogmatischen auch etwas Unernstes, griff die Verbandsmehrheit mit den Stichworten Individualisierung und Pluralisierung der Lebensstile aktuelle Ansätze auf, die auch bei den Refos lange diskutiert worden waren.

Zukunft der Arbeit oder Recht auf Faulheit?

Auf dem Juso-Bundeskongress 1988 in Karlsruhe wurde mit der Bremer Studentin Susi Möbbeck eine Vertreterin des Hannoveraner Kreises zur Bundesvorsitzenden gewählt. Mit 23 Jahren ist Möbbeck die bis heute jüngste Vorsitzende des Verbandes. Möbbeck ging später nach Sachsen-Anhalt, wo sie zunächst als Landesgeschäftsführerin der SPD und später als Integrationsbeauftragte des Landes tätig wurde. Bei ihrer Wahl 1988 musste sie sich gegen zwei Mitbewerberinnen durchsetzen: die spätere rheinland-pfälzische Bildungsministerin Doris Ahnen, die für den undogmatischen Flügel antrat, sowie Martina Naujoks vom süddeutschen Flügel. Von einigen war vor der Abstimmung vorgeschlagen worden, alle drei als Kollektiv die Führung bilden zu lassen – ein Vorschlag, der bei drei männlichen Kandidaten vermutlich nicht erfolgt wäre. Nach dem Rückzug von Naujoks setzte sich Möbbeck im zweiten Wahlgang mit 150 zu 143 Stimmen gegen Doris Ahnen durch, die dann als Stellvertretende Vorsitzende gewählt wurde. Dieses Ergebnis konnte sie zwei Jahre später auf dem Bundeskongress in München 1990 noch ausbauen. Susi Möbbeck wurde mit 169 zu 135 Stimmen gegen Ralf Ludwig in ihrem Amt bestätigt.

In einem Interview mit dem »JUSO-Rundbrief« des Juso-Landesverbandes Bremen beschrieb Möbbeck als größte Defizite des Verbandes die »ausgeprägte Neigung zur Nabelschau und Selbstbeschäftigung«.[196] Jusos müssten demgegenüber viel stärker auf allen Ebenen ansetzen, konservative Denkmuster auseinanderzunehmen und eigene populär zu machen. Der Juso-Verband benötige ein modernes sozialistisches Profil. Gemeint sei damit ein »zusammenhängendes Konzept der Gesellschaftsveränderung, das der fortschreitenden Entwicklung von Arbeit und Technik, Wissenschaft und Kultur gerecht wird«[197]. Der jugendorientierte Umbau des Verbandes solle beispielsweise durch Stärkung der SchülerInnenarbeit weiter vorangetrieben werden. Zudem solle für den Gesamtverband eine zentrale »Zukunftsoffensive für Frauen« (ZOFF) gestartet werden. Es gehe um eine sozialistische Politik mit dem Ziel, möglichst viele Möglichkeiten für alle zu schaffen. In Bezug auf den »Streitfall Lafontaine« merkte Möbbeck an, Lafontaine wolle mit der Marktwirtschaft den wirtschaftlichen Strukturwandel bewältigen. Statt Gelder für öffentliche Investitionen abzuschöpfen, setze er auf Umverteilung unter den Lohnabhängigen. Die Opfer dieser Marktwirtschaft seien vor allem Frauen, die mit Eigenarbeit plus Mindesteinkommen abgespeist würden. Angesprochen auf die Strömungskämpfe stellte Möbbeck fest, »Stamokap« sei ein Kampfbegriff aus den 1970er-Jahren, unter dem sich die meisten kaum noch etwas vorstellen könnten. Sie selbst sei Marxistin und vom Feminismus stark geprägt. Gemessen werden wolle sie nur an ihren Vorstellungen für die Zukunft des Verban-

Juso-Bundesvorsitzende Susi Möbbeck (1989).

des. »Strömungen können eine sehr produktive Rolle spielen. Schlimm wird es dann, wenn der Streit in Erbhofpolitik und Vereinsmeierei umschlägt. Zur Verbandserneuerung gehört, dass derartige Verbandrituale überwunden werden.[198]«

Doris Ahnen benannte im »SP-Info« der undogmatisch-reformsozialistischen JungsozialistInnen als ihre inhaltlichen Schwerpunkte Gleichstellung der Frau in allen Bereichen, ökologischer Umbau der Industriegesellschaft, Nord-Süd-Konflikt und Bekämpfung der Arbeitslosigkeit. In Bezug auf die Aufstellung in der SPD schrieb sie: »Die Erneuerung der SPD und die Beschreitung eines hegemoniefähigen Weges ist für uns nur mit den ›EnkelInnen‹ denkbar. Dies bedeutet nicht, dass wir blindäugig auf sie vertrauen. Wir unterstützen sie, wenn sie in wichtigen gesellschaftlichen Fragen Würfe wagen und damit auf erstarrte und verknöcherte Strukturen treffen. Wir werden sie weiterhin kritisieren, wenn sie beispielsweise zu sehr dem freien Markt oder neuen Technologien huldigen. Unsere Inhalte und Positionen bilden auch hier die Grundlagen für die Zusammenarbeit. Unser Verhältnis zu den EnkelInnen ist bestimmt durch eine kritische Solidarität, da nur mit ihnen eine grundlegende Wandlung der SPD denkbar ist. Unseres Erachtens hat Lafontaine einen wichtigen Anstoß für eine Zukunftsgestaltung gegeben, der auch die Kapitalseite nicht ausspart.«[199] Nur ein starker Jugendverband biete die Chance dafür, dass »unsere Utopien die Wirklichkeit von morgen« sein könnten. Von daher sei es völlig falsch, die Doppelrolle als sozialistischer Richtungsverband und Jugendverband gegeneinander zu diskutieren.

Martina Naujoks hatte in ihrem Kandidatinnenschreiben ihre Kandidatur als »Angebot an den Verband« bezeichnet. Das Amt der Bundesvorsitzenden empfinde sie unter menschlichen Gesichtspunkten als Zumutung, aus politischen Gründen sei sie für eine Veränderung der Bundesvorstandsstrukturen mit dem Ziel, ein »kollektives Koordinationsgremium mit SprecherInnen für die einzelnen Arbeitsbereiche« zu schaffen.

Vor allem die Juso-Hochschulgruppen begannen danach eine regelrechte Kampagne gegen Möbbeck, der aufgrund ihrer Mitgliedschaft im SHB zu große DKP-Nähe unterstellt wurde. Insgesamt fällt auf, dass sich in Antragstexten die alten Reizworte der unterschiedlichen Strömungen kaum noch fanden und sich in allen Winkeln des Verbandes auch Interesse an neuen Diskussionen herausbildete. Der Vorwurf gerade der »Stamokap-Zugehörigkeit« als komplette öffentliche Disqualifizierung war dennoch schnell zur Hand. So wies Karsten Rudolph für den Bezirk Westliches Westfalen die Kritik an Möbbeck zurück und bezeichnete das »Spiel mit dem antikommunistischen Ressentiment« als üblen politischen Stil. Dabei zeigen die Auszüge aus den Vorstellungen von Möbbeck und Ahnen, dass der tatsächliche Dissens über die Ausrichtung der Jusos nicht in ideologischen Schlachten bestand, sondern wesentlich konkreter das Agieren in der SPD sowie konkrete Projekte für den Juso-Verband zum Inhalt hatte.

Während der 1980er-Jahre gründeten sich immer wieder Zusammenschlüsse »rechter« Jusos. So schafften es vor dem Bundeskongress 1988 Hamburger »Junge Sozialdemokraten« bis in einen Spiegel-Artikel und schufen mit dem »Duisburger Kreis« sogar eine bundesweite Vernetzung, die innerhalb des Juso-Verbandes aber nie großes Gewicht erlangte. Mit Ferhat Cato kandidierte im Jahr 1991 auch ein »Duisburger« für den Juso-Bundesvorsitz, zog seine Kandidatur aber nach der Vorstellungsrede auf dem Kongress zurück.

Inhaltlich diskutierte der 1988er-Kongress unter anderem auch das Recht auf Faulheit. Der Antrag aus Hessen-Süd versuchte hier, diverse Varianten von Tätigkeit mit Erwerbsarbeit gleichzustellen. Ein kleiner Skandal geschah bereits vor dem Kongress, als sich der Bundesvorstand dagegen aussprach, den damaligen stellvertretenden SPD-Vorsitzenden Oskar Lafontaine zum Kongress einzuladen. Grund waren vor allem dessen Sozialstaatspositionen, die als Aufweichung hergebrachter sozialdemokratischer Überzeugungen verstanden wurden.

Im Antrag hieß es unter anderem, sowohl neoklassische wie auch keynesianische Wirtschaftspolitik hätten in den 1970er- und -80er-Jahren nicht vermocht, die wirtschaftlichen Probleme zu lösen. Die Schaffung von Arbeitsplätzen benötige Wachstum, den herkömmlichen wachstumspolitischen Maßnahmen seien jedoch enge Grenzen gesetzt. Diese bestünden zum einen in der zunehmenden materiellen Sättigung von großen Teilen der Bevölkerung, vor allem im Bereich der langlebigen Gebrauchsgüter, zum anderen durch ökologische, soziale und finanzielle Grenzen in der Produktion öffentlicher Güter und Dienstleistungen. Darüber hinaus stellten sich aber auch grundsätzliche Fragen. Hatte Arbeit früher an sich sinnstiftende Funktion, so sei heute eine stärkere Orientierung auf sinnvolle und qualifizierte Arbeit angestrebt. »Die Menschen wollen ihr Leben stärker selbst bestimmen, Spaß haben und sich emanzipieren«.[200] Arbeit sei nur dann sinnhaft, wenn deren Produkt einem gesellschaftlichen Bedürfnis entspreche. Zudem werde nach der herrschenden Arbeitsethik nur das als Arbeit anerkannt, was unter einzelwirtschaftlicher Betrachtung rentabel sei. »Es wird ignoriert, dass unsere Gesellschaft überhaupt nicht funktionsfähig wäre ohne die unentgeltlich erbrachten Leistungen von Hausfrauen und Müttern, ohne das ehrenamtliche Engagement tausender Vereinsmitglieder, sozialer Helfer und politisch Aktiver.«[201] Diese Bewertungsstrukturen müssten revidiert werden, nicht mehr die Bezahlung, sondern der gesellschaftliche Nutzen dürften in Zukunft Beurteilungsmaßstab der Arbeit sein.

Unter der Überschrift »Unsere sozialistische Utopie: Selbstbestimmte Arbeit und Freizeit« entwarfen die Antragssteller ein neues Paradigma der Arbeit. Grundlage sei eine gebrauchswertorientierte Kreislaufwirtschaft, die sich durch die Merkmale möglichst geringer Verbrauch von Rohstoffen, möglichst geringer Verbrauch von Energie, Minimierung von Umweltschäden, Recycling als Grundprinzip und Dezentralisierung, beispielsweise durch Entzerrung der Ballungsgebiete, auszeichne. In Bezug auf die Arbeit gehe es um »Befreiung in der Erwerbsarbeit und Befreiung von der Erwerbsarbeit«.[202] Der materielle Wohlstand habe in der Bundesrepublik ein Niveau erreicht, bei dem für große Teile der Bevölkerung eine bessere Lebensqualität nur noch über eine freiere Gestaltung ihres Lebens, ihrer Erwerbsarbeit und ihrer Freizeit erreicht werden könne. Im Einzelnen gehe es um eine Erhöhung der Qualität der Erwerbsarbeit beispielsweise durch Abbau der bestehenden extremen Arbeitsteilung, durch Verkürzung der täglichen Arbeitszeit auf die 30-Stunden-Woche bei vollem Lohnausgleich für niedrige und mittlere Einkommen sowie die selbstbestimmte Individualisierung der Arbeitszeit. Den Forderungen zur Arbeit gegenübergestellt wurde der Block »Erfüllte Freizeit«, der unter anderem aus gesellschaftlichem Engagement, Eigenarbeit – beispielsweise im Bau- und Wohnbereich oder in der Pflege von Freizeitanlagen – und Bildung und Kultur bestehe: »Bei zunehmender Freizeit ist eine Ausweitung des Bildungs- und Kulturangebots notwendig. Da es erstens keinen einheitlichen Kulturbegriff gibt, zweitens Kulturpolitik nicht nur auf den Konsum ausgerichtet sein darf und drittens Kulturpolitik auch bezahlbar sein muss, muss Kulturarbeit an der Basis ansetzen, muss sie dezentralisiert, das heißt kommunalisiert werden. Deshalb ist eine massive Förderung von basiskulturellen Einrichtungen zu fordern, in denen möglichst viele Menschen aktiv mitarbeiten können, in denen möglichst vielen Bürgern die Möglichkeit der eigenen Aneignung von Kultur ermöglicht wird. Damit würden Kulturbarrieren abgebaut, die Kreativität in uns geweckt und einfach Formen der Kulturausübung wie Amateurkunst hervorgehoben. Deshalb ist die Einrichtung von Bildungs-, Kultur- und Kommunikationszentren notwendig. Diese Zentren sollen dem Austausch der Menschen in ihrer Umgebung dienen. Sie müssen in den Orten oder Stadteilen dezentral angesiedelt sein«.[203] Zu »erfüllter Freizeit« gehöre auch »Muße«, dass heißt die Möglichkeit, »sich einmal von allem zu loszulösen, uninformiert zu sein, nicht zu kommunizieren oder zu partizipieren«, also auch nicht den vorher beschriebenen anderen Möglichkeiten einer »erfüllten Freizeit« nachzugehen.

Zur Umsetzung dieser Ziele wurde eine Demokratisierung aller Lebensbereiche gefordert. Nötig wäre darüber hinaus – als Ergänzung des Bruttosozialprodukts – eine neue Wohlstandsmessung, beispielsweise über Sozialindikatoren zu den Bereichen Umwelt, Arbeitsmarkt, Einkommensverteilung, Wohnsituation, Gesundheit und Bildung. Ein weiteres Mittel sei eine »vorbeugende Sozialpolitik«, zum Beispiel durch die Abschaffung der Arbeitslosigkeit sowie den Ausbau der Präventivmedizin.

Der Bundeskongress folgte einem anderen Beschlussvorschlag mit dem Titel »Der moderne Sozialismus und die Zukunft der Arbeit«.[204] In der Zeit krisenhafter Umbrüche sei für immer mehr Menschen die bislang selbstverständliche Lebensweise brüchig geworden: das Verhältnis von Arbeit und Freizeit, der Sinn verschiedener menschlicher Betätigungsformen und gesellschaftlicher Einrichtungen, die überkommenen Beziehungen von Mensch und Natur, die Skala der Werteorientierungen, Lebensansprüche und Bedürfnisse stünden zur Debatte. Im Mittelpunkt dieser Debatte stehe die Frage, welche Rolle die Arbeit in der Gesellschaft von heute und von morgen spielen werde. Arbeit entwickele sich im Rahmen der gesellschaftlichen Arbeitsteilung. Die herausragende Bedeutung der Erwerbsarbeit sei keine Frage der subjektiven Wertschätzung, sondern eine objektive Konsequenz der gesellschaftlichen Arbeitsteilung. Die erste Grundfrage der Zukunft der Arbeit sei die nach der sozialen Kontrolle der gesellschaftlichen Arbeitsteilung. Die zweite Grundfrage sei die nach der Auflösung der geschlechtsspezifischen Arbeitsteilung. Im Kapitalismus sei Arbeit grundsätzlich entfremdet, denn sie finde in einer naturwüchsigen gesellschaftlichen Arbeitsteilung statt, in der das Profitmotiv bestimme und patriarchalische und Klassenverhältnisse immer wieder reproduziert würden.

Zwischen den persönlichen Spielräumen in der konkreten Arbeit und der gemeinschaftlichen Arbeit gebe es ein Wechselverhältnis. Zugleich sei die Zukunft der Arbeit unlösbar mit den Problemen der Akkumulation und der Innovation verknüpft. Die größte innovative Herausforderung der Zeit sei die ökologische Herausforderung. Es gehe um die Durchsetzung einer naturverträglichen Produktionsweise. Anders als im Antrag aus dem Bezirk Hessen-Süd hielt die Verbandsmehrheit aber fest, gemessen an den Lebensgewohnheiten besserverdienender Einkommensschichten gebe es großen Nachholbedarf in der Bevölkerungsmehrheit und keine allgemeine Sättigung der Bedürfnisstruktur. Abgleitet wird hieraus die Forderung nach einem qualitativen Wachstum. Die brachliegenden und fehlgelenkten Potenziale müssten ökologisch und sozial sinnvoll genutzt werden. Der Abbau der Erwerbslosigkeit und die deutliche Anhebung der Frauenerwerbsquote wären nur möglich, wenn die 30-Stunden-Woche und der 6-Stunden-Arbeitstag eingeführt würden. Auch hier geht es um mehr Zeitsouveränität sowie die Zurückdrängung prekärer Beschäftigung. Der Erwerbssektor wird als Zentrum der gesellschaftlichen Reichtumsproduktion gewertet, der Kampf um dieses Zentrum, verbunden mit dem Kampf um politische Macht, sei strategische Aufgabe. Neo-liberale wie links-alternative Staatsfeindlichkeit sei zurückzuweisen. Ohne den Staat ließe sich die gesellschaftliche Arbeitsteilung nicht regulieren. Auch im Mehrheitsantrag wurde die Demokratisierung aller Lebensbereiche als Schlüsselfrage bezeichnet. Wesentlich deutlicher als im anderen Antrag wurde hier die Rolle der Gewerkschaften und die Bedeutung sozialer Auseinandersetzungen akzentuiert. Zu beachten sei, dass eine solche Entwicklung nur in einem europäischen Rahmen zu realisieren sei.

Die »Frauenfrage« spielte auch zunehmend eine Rolle. Erstmalig fanden auf dem Bundeskongress zwei Frauenplena statt, und die Diskussion über Diskriminierung wurde verstärkt geführt. Unter dem Stichwort »Möglichst viele Möglichkeiten« sollte die Forderung nach mehr Selbstbestimmung und Individualität politisch-ökonomisch untermauert werden. Die ökonomische Bedeutung der Erwerbsarbeit angesichts eines großen Bedarfs an Zukunftsinvestitionen, die entsprechenden Pionieraufgaben des Staates und die Rolle einer modernen Arbeiterbewegung sollten demnach die Grundlagen für sinnvolle Arbeit und selbstbestimmtes Leben bilden.

In weiteren Anträgen sprach sich der Kongress gegen die Privatisierung von Post, Telekom und Postbank aus, forderte die Re-Kommunalisierung der Stromnetze durch Rückkauf von den Energieversorgern und forderte eine Aufnahme des deutschen Atomwaffenverzichts ins Grundgesetz. Darüber hinaus unterstützte der Verband die Initiative von SPD-geführten Bundesländern zur Einführung eines kommunalen Wahlrechts für Ausländer.

Im Sommer 1988 gehörten die Jusos zu den Mitveranstaltern eines Gegenkongresses zur Jahrestagung des Internationalen Währungsfonds (IWF), der vom 23. bis zum 24. September in Berlin stattfand. Hauptgrund war die Schuldenkrise der sogenannten Entwicklungsländer. Ziel war die Errichtung einer neuen, gerechten Weltwirtschaftsordnung.

Im »Juso-AG-Rundschreiben« diskutierten im Herbst 1988 die beiden Bundesvorstandsmitglieder Ralf Ludwig und Werner Schreiber über das Für und Wider von Öko-Steuern. Während Ludwig sich eine ökologische Steuerungswirkung erhoffte, warnte Schreiber vor »erzwungenem Wohlstandsverzicht einkommensschwächerer Individuen«.[205]

Am 25. und 26. Februar 1989 führte der Bezirk Hessen-Süd in Frankfurt den »Kongress Zukunft der Arbeit« durch. Hauptrednerin dort war die südhessische Jungsozialistin Christa Müller, die zum Thema »Undogmatische Thesen zur Zukunft der Arbeit« referierte. Sie hatte die »Recht auf Faulheit«-Debatte maßgeblich mit gestaltet. Christa Müller, die später Oskar Lafontaine heiratete, blieb diesem Thema treu. Weitere Referenten waren der Soziologe Martin Baethge und der Politologe und ehemalige Juso Johano Strasser. In Arbeitsgruppen wurden unter anderem die Themen »Humanisierung der Nichterwerbsarbeit«, »Ökologischer Umbau der Industriegesellschaft«, »Grundsicherung contra Sozialhilfe«, »Feminismus als utopische Kraft – die Trennung von Privatheit und Erwerbsarbeit überwinden« diskutiert.

53 Thesen

Innerhalb der Strömungen startete der Hannoveraner Kreis noch einmal ein größeres Projekt der Gesellschaftsanalyse. Die »53 Thesen« des »Projektes moderner Sozialismus« sollten wieder Orientierungspunkte für die Arbeit von Jusos und SPD bieten. AutorInnen der unter anderem von der Juso-Bundesvorsitzenden Susi Möbbeck herausgegebenen Thesen waren Oliver Brosch, Florence Guesnet, der Vorsitzende der Jusos NRW, Ralf Krämer, der Koordinator des Hannoveraner Kreises und stellvertretende Juso-Bundesvorsitzende, Uwe Kremer, Susi Möbbeck, Joachim Schuster, später unter anderem Staatsrat in Bremen, sowie der heutige SPD-Bundestagsabgeordnete Carsten Sieling, der damals dem Juso-Landesvorstand Bremen angehörte.

Selbst erklärter Anspruch der Thesen war, einen Beitrag zur theoretischen Basis für fortschrittliche Politik in den 1990er-Jahren zu leisten. Veröffentlicht wurden die Thesen im April 1989, nur wenige Wochen bevor mit den Ausreisewellen aus der DDR der Fall der Mauer beginnen sollte. Die Thesen wollten anhaltende globale und gesellschaftliche Umbrüche verstehen und einordnen, bisherige theoretische Instrumente und Auffassungen in Erinnerung rufen und überprüfen, Grundlagen für ein modernes sozialistisches Politikkonzept legen und damit auch kritische Lernprozesse unter jungen Sozialistinnen und Sozialisten in Gang setzen. Ein weiteres Ziel sei, sich nicht mehr an Reizvokabeln wie beispielsweise dem Begriff »Stamokap« abzuarbeiten, sondern die verschiedenen Analyseansätze sachlich zu diskutieren.

Hier einige Auszüge:
»Die Regulierungskrise des modernen Kapitalismus findet ihre Zuspitzung in den globalen Problemen. Darunter sind solche Probleme zu verstehen, deren Aktivierung oder Fortschreibung die Vernichtung der gesamten Menschheit zur Folge haben würde. Die globalen Probleme bedrohen die Menschheit als Ganzes, unabhängig von Staaten-, Klassen- oder Geschlechtszugehörigkeit. Die globalen Probleme können in drei Bereiche gegliedert werden: erstens das Problem der Friedenssicherung bzw. der atomaren Bedrohung, zweitens das Problem der Unterentwicklung des größten Teils der Erdbevölkerung und drittens das Energie-, Ressourcen- und Umweltproblem.[206]« Und weiter: »Die Ursachen der globalen Probleme wurzeln in der Geschichte der Produktivkräfte und Produktionsverhältnisse. Erstens hat der erreichte Stand der Produktivkraftentwicklung – bei einer Zuspitzung durch die WTR – die gegenwärtigen Möglichkeiten der atomaren Bedrohung, der militärischen Aufrüstung, der ökologischen Zerstörung und der globalen Ressourcenplünderung, der Ausbreitung riskanter Technologien und des weiteren Auseinanderklaffens sozialer Entwicklungsperspektiven geschaffen. Gleichzeitig stellt die WTR die Möglichkeiten zur Ver-

fügung, die globalen Probleme zu bewältigen und die Gattungsfragen zu lösen. Doch beruhen die globalen Probleme nicht nur auf inneren Widersprüchen der WTR, die sich auch in sozialistischen Ländern mühelos aufspüren lassen (zurückbleibender Wissensstand, überkommene Denkweisen, falsche Prioritätensetzung usw.), sondern auch auf dem Imperialismus und der weltweiten Vorherrschaft von Kapitalinteressen: Die globale Entwicklung und Durchsetzung der WTR wird in erster Linie von der Systemkonkurrenz zwischen Kapitalismus und Sozialismus, von der imperialistischen Aufrüstung und Militarisierung und von den ökonomischen Interessen und Konflikten auf dem kapitalistischen Weltmarkt bestimmt. Der Imperialismus und die WTR sind also ursächliche Bestandteile des globalen Problemkomplexes und bestimmen dessen Doppelcharakter als Klassen- und Gattungsfrage.[207]«

»Die unkontrollierte Expansion der Finanzmärkte und die fortschreitende imperialistische Ausplünderung der 3. Welt haben sich in der internationalen Verschuldungskrise verflochten und bedrohen die gesamte Weltwirtschaft. Während viele Entwicklungsländer faktisch bankrott sind, finanzieren die USA ihre gegenwärtige Hegemonialpolitik mit einer noch weiter wachsenden Verschuldung. Die vielfältigen weltwirtschaftlichen Krisenprozesse stehen also einem vollkommen unzureichenden internationalen Regulierungsmechanismus gegenüber.«[208]

Zudem sei ein Umbruch in der Erwerbsarbeit zu verzeichnen, die vor allem eine Veränderung der Qualifikationsprofile bedingt durch die wissenschaftlich-technische Revolution bedinge – ohne dass jedes neue Arbeitsprofil gleich qualitativ besser als das vorherige werde. Mit dem Wandel der Arbeit vollziehe sich auch ein Wandel der Klassenstruktur. Generationen entwickeln ihre eigenen Ausdrucksformen aus dem Ensemble von ökonomischen, sozialen, politischen und ideologischen Formen ihrer Zeit. »Den Untergrund für die Generationsbildung machen eine gemeinsame Generationslage und sich darauf entwickelnde Generationszusammenhänge aus, die wiederum gebrochen werden durch Klassenstruktur, Geschlechterverhältnisse, regionale und ethnische Besonderheiten, religiöse Praxen etc.«[209]

»Aufgrund der ökonomischen Dynamik des kapitalistischen Systems und der gesellschaftlichen Stärke des Monopolkapitals kann der Übergang zum Sozialismus auch in Zukunft nur als grundlegender Bruch mit der ökonomischen Logik und der Macht des Kapitals und in einer

Periode zugespitzter Klassenkämpfe vollzogen werden. Der Übergang zum Sozialismus kann in den kapitalistischen Metropolen nur unter umfassender Bewahrung und Weiterentwicklung dieser zivilisatorischen Errungenschaften – und das heißt auf friedlichem und demokratischem Wege – vollzogen werden.«[210]

An konkreten Herausforderungen für die 1990er-Jahre werden in dem Papier die Friedensfrage, die ökologische Herausforderung, die »Gestaltung von Arbeit und Bedürfnissen« sowie der Umbau der Volkswirtschaft benannt. Pointiert herausgestellt wird die »Pionierrolle des Staates« bei zentralen Zukunfts- und Investitionsaufgaben, unter anderem auch durch die Pilotfunktion öffentlicher Betriebe. Gefordert wird auch ein »gemeinsames Haus Europa«. Im Bereich der Gestaltung der Arbeit wird die Einführung der 30-Stunden-Woche gefordert. Zudem gehe es um die Rücknahme betrieblicher und geschlechtlicher Arbeitsteilung. Politisch-strategisch münden soll die Konzeption in ein »Bündnis von Arbeit, Wissenschaft und Kultur«.

Der Juso-Bundeskongress vom 31. März bis zum 2. April 1989 in Osnabrück stand auch unter dem Zeichen der Kanzlerkandidatur Oskar Lafontaines, die von einer Mehrheit des Verbandes abgelehnt wurde. Dies hinderte den »undogmatischen« Verbandsteil aber nicht, Lafontaine auf einer Pressekonferenz zum Kanzlerkandidaten auszurufen. Zur Interpretation des von Lafontaine mit verantworteten Entwurfs für ein neues SPD-Grundsatzprogramms standen sich zwei Anträge gegenüber. Ein Rückzug beider Anträge scheiterte am Abstimmungspatt, woraufhin der reformsozialistische Flügel den Saal verließ, um die Beschlussunfähigkeit herzustellen. Dies misslang, so dass der verbleibende Antrag eine breite Mehrheit unter den verbliebenen Delegierten fand. In einem Interview mit der Neuen Osnabrücker Zeitung führte Susi Möbbeck an, Lafontaine stehe für eine neue, moderne sozialliberale Strömung innerhalb der SPD. Dies bedeute eine Aufnahme neuer sozialer Fragestellungen wie Freiden, Abrüstung und Ökolgie, Frauenpolitik auf der einen Seite und auf der anderen Seite ein marktkonformes liberales Verständnis der Ökonmie.[211] Kern war die Frage, ob das Betonen der kleinen Möglichkeiten von solidarischer Zusammenarbeit, wie es Lafontaine vorstellte, nicht den Blick auf den notwendigen Angriff auf die Strukturen des Systems insgesamt verstellen und die falschen Schwerpunkte bilden könnte, und auch, ob nicht der Versuch, kleinräumig Solidarität zu organisieren, nicht zwangsläufig scheitern müssten, wenn nicht zugleich Widerstand gegen die Marktkräfte organisiert werde. Lafontaine wurde vorgeworfen, dass das Problem der Vollbeschäftigung für ihn kein ökonomisch-materielles, sondern eher ein begriffliches Problem sei.

Erstmals sprach mit Abdallah Frangi auf dem Bundeskongress neben Vertretern der israelischen Partnerorganisationen gleichberechtigt auch ein Vertreter der palästinensischen PLO.

Diskussionen über die Zukunft des Sozialismus

Im ehemals reformsozialistischen Verbandsteil blieb der Blick auf die Umweltzerstörung zentral. Immer stärker akzentuiert wurde die grundsätzliche Kritik an der Erwerbsarbeit sowie Forderungen nach einer Umgestaltung der Erwerbsgesellschaft. Dies beinhaltete zum einen die Forderung nach einer radikalen Arbeitszeitverkürzung auf 25 Wochenstunden. Neben die Debatte um ein »Recht auf Faulheit« trat die Forderung nach einem »Grundeinkommen« für alle Menschen. Daneben wurde vor allem die Diskussion um Drogenpolitik sowie ein »Recht auf Rausch« geführt.

Entgegen mancher Annahme wurde das Thema »Integration« auch in den 1980er-Jahren bei den Jusos rezipiert. So beschrieb die Kasseler Hochschullehrerin Ingrid Haller in einem Beitrag für das JUSO-Magazin Anfang 1990 einige Grundthemen der Integrationspolitik, die 20 Jahre später als große »neue« Erkenntnisse in die öffentlichen Debatten eingebracht wurden: Die Notwendigkeit von Integration in der Schule bei Förderung der jeweiligen Muttersprachen, eine Definition von »interkulturellem Lernen«, die gerade nicht von festgefahrenen Kulturen ausgeht, sondern auf ein Aushalten von Mehrdeutigkeiten, eine Politik für das gute Zusammenleben im Stadtteil und die Schaffung von Solidarität innerhalb der Gesellschaft insgesamt.[212]

Innerhalb der undogmatischen Strömung begann eine kurze Diskussion über die Sinnhaftigkeit des Begriffs »Sozialismus«. Susanne Gaschke, später Journalistin bei der »Zeit« und seit 2012 Oberbürgermeisterin von Kiel, Matthias Schuldt und der heutige Kieler SPD-Bundestagsabgeordnete Hans-Peter Bartels schrieben »Über den Abschied vom Sozialismus«[213]. Der politische Erfolg der Jungsozialisten werde spätestens seit der demokratischen Revolution in Osteuropa 1989 wesentlich von seiner Positionsbestimmung gegenüber all den gescheiterten »Sozialismus«-Konzepten abhängen. Wer als Sozialdemokrat oder Juso vom »Sozialismus« rede, müsste mehrfach »Aber« sagen, um sich von Gulag, politischen Säuberungen, Kommandowirtschaft, Personenkult, Mao und Pol Pot abzusetzen. Der Begriff »Sozialismus« stehe für das unermessliche Leid, das Millionen Menschen im Namen sozialistischer Ideale angetan wurde, aber auch für all das Gute, das die Menschheit heute noch vor sich habe. Tatsächlich hätten alle noch so unterschiedlichen »Sozialismus«-Konzepte, die mörderischen wie die menschenfreundlichen, nicht nur den Namen und die Berufung auf gemeinsame Wurzeln und Ideale gemeinsam, sondern auch den Glauben an eine »Systemgrenze, eine Fixierung auf das Privateigentum an den Produktionsmitteln, die Negation des Leistungsprinzips und ein mechanistisches Staatsverständnis«. Mit dem Abschied vom Begriff »Sozialismus« würde auch dieser ideologische Ballast abgeworfen werden. Mit dem Zusammenbruch der realsozialistischen System-Alternative werde der Reformspielraum im Innern der Gesellschaften des Westens größer, da die Hauptlinie der Gesellschaftskritik nicht mehr entlang der Blockgrenzen verlaufe, sondern jetzt ins Zentrum der eigenen Gesellschaft rücken könne. Die 1990er-Jahre können nun endlich zum Jahrzehnt grundlegender gesellschaftlicher Reformen werden – nicht im Namen irgendeines »Sozialismus«, sondern im Sinne menschlicher Emanzipation.

Dem hielt der spätere Juso-Bundesvorsitzende Ralf Ludwig entgegen, der Sozialismus als Gesellschaftsformation und als zwingender teleologischer Prozess sei tot, und das mit Recht.[214] Von diesem Sozialismus dürfe nichts übrig bleiben. Was aber bleibe, seien die Widersprüche des Kapitalismus, des freien Marktes, der einerseits radikale Momente der Emanzipation und Individualität bedeute, aber auch alte und neue Formen der Unterdrückung, der Ausbeutung und der Entfremdung hervorrufe. Sozialismus könne nicht mehr definiert werden als eine Endstation des historischen Prozesses und globaler Gegenentwurf, sondern als Bewegung der Emanzipation der Individuen und ihres Selbstbestimmungsrechts gegen die Profitlogik des Kapitalismus, der ihnen Freiraum und Entfaltungsmöglichkeiten nehme. Deshalb seien die Forderungen nach radikaler Arbeitszeitverkürzung und auch das Einklagen des »Rechts auf Faulheit« zutiefst antikapitalistisch und damit Anknüpfungspunkte für einen Sozialismus der Zukunft.

Junge Sozialdemokraten und Jungsozialisten

Im Frühjahr 1989 hatte sich im brandenburgischen Schwante die »Sozialdemokratische Partei in der DDR« (SDP) gegründet. Als Jugendverband gründeten sich die Jungen Sozialdemokraten. Diese waren unabhängig von der Partei und zählten auch viele Nicht-SDP-Mitglieder zu ihren Aktivisten.

Schon bald kam es zu Gesprächen zwischen Jusos und Jungen Sozialdemokraten, die parallel zu den Verhandlungen von SPD und SDP über eine Vereinigung der beiden Jugendverbände sprachen. Neben praktischen Fragen über Ablauf und Folgen einer Vereinigung stand auch der Blick auf die dann zu erwartenden Mehrheitsverhältnisse im Verband im Fokus. Dabei konnten sich im Juli 1990 zunächst die Refos mit der Forderung nach einem langsamen Tempo der Annäherung durchsetzen. So sollte auch den ostdeutschen Jungen Sozialdemokraten Zeit gegeben werden, ihre eigene Organisation und neugewonnene Identität zunächst weiterzuentwickeln. Demgegenüber plädierte die Juso-Vorsitzende Möbbeck für eine schnelle Vereinigung, auch um nach dem Zusammenschluss von SPD und SDP den Aufbau von Parallelstrukturen zu verhindern.

Den Weg der Wiedervereinigung begleiteten die Jusos kritisch. So hatte der Juso-Bundesausschuss am 10. Juni 1990 die SPD aufgefordert, den Staatsvertrag abzulehnen, da die schnelle Einführung der Währungsunion zu massenhaften Firmenzusammenbrüchen und zu Massenarbeitslosigkeit führen würde. Gefordert wurde unter anderem auch eine weitere Finanzierung der Leistungen für Frauen in der DDR. Als Alternative benannte der Beschluss die schrittweise Entwicklung über einen festen Wechselkurs zwischen D-Mark und Ost-Mark, der der DDR-Wirtschaft einen Schutzraum belassen hätte. Nötig sei auch ein deutsch-deutsches ökologisch-soziales Zukunftsinvestitionsprogramm mit den Schwerpunkten Ausbau des Schienennetzes, Sanierung ökologischer Katastrophengebiete und ökologischer Umgestaltung der Industrie. Eine neue Verfassung solle erarbeitet und durch Volksabstimmungen in beiden deutschen Staaten angenommen werden. Die Durchführung von gesamtdeutschen Bundestagswahlen bereits zum Jahreswechsel 1990/1991 wurde abgelehnt.[215]

Am 2. Dezember 1990 fanden die ersten gesamtdeutschen Bundestagswahlen statt. Erwartungsgemäß erreichte die schwarz-gelbe Regierungskoalition noch einmal eine Mehrheit. Die CDU/CSU kamen auf 43,8 Prozent, die FDP auf 11,0 Prozent. Die SPD verlor noch einmal deutlich und erreichte nur 33,5 Prozent. Noch schlimmer traf es allerdings die Grünen: Da der Vereinigungsprozess von Grünen in West und Ost noch nicht abgeschlossen war und die Parteien mit eigenständigen Listen in West- und Ost angetreten waren, kamen beide Listen im Bundesgebiet gemeinsam zwar aufknapp mehr als 5 Prozent. Da die Liste im Westen mit 4,8 Prozent die Hürde in den Bundestag aber verfehlte, zogen nach der Wahl nur acht Abgeordnete von Bündnis90/Die Grünen aus dem Osten ins Parlament ein.

Der Vereinigungskongress von Jusos-Ost und Jusos-West in Potsdam verlief nicht ohne Kontroversen. So wurden die nicht-quotierten ostdeutschen Delegationen aufgefordert, einige Mandate zurückzugeben, was diese mit wütendem Protest beantworteten, der erst durch eine vom reformsozialistischen Flügel eingebrachte Resolution abebbte, die feststellte, der Bundeskongress respektiere die Quotierungsprobleme der Ostdeutschen. Als neuer Bundesvorsitzender wurde Ralf Ludwig gegen die für den Hannoveraner Kreis angetretene Claudia Walther gewählt. Ludwig setzte nach seiner Zeit als Bundesvorsitzender seine politische Karriere nicht fort, sondern konzentrierte sich auf seine Arbeit als Wissenschaftler. Seit 2004 ist er Professor für Physikalische und Theoretische Chemie an der Universität Rostock.

Mit der »Potsdamer Erklärung« wurde eine neue Grundsatzerklärung des Verbandes verabschiedet, die bis heute gültig ist. Sie war vor allem von Positionen des Hannoveraner Kreis geprägt. Die Problematik, einen trotz der Mitgliederverluste der letzten Jahre immer noch großen und etablierten westdeutschen Jugendverband mit einem kleinen, erst wenig mehr als ein Jahr vorher gegründeten ostdeutschen Verband zu vereinigen, war den Beteiligten bewusst.

So stellte die Erklärung eingangs fest: »Wurden die Jusos-West vor allem durch den gesellschaftlichen Aufbruch in der Folge der 68er-Bewegung, die Erfahrung innerparteilicher Opposition und die Mitarbeit in den neuen sozialen Bewegungen der 1980er-Jahre geprägt, so entstanden die Jusos-Ost im demokratischen Herbst 89 und wurden durch die Basisbewegungen im Widerstand gegen den autoritär-zentralistischen DDR-Staat geprägt. Wir wollen diese Erfahrungen produktiv nutzen und im konstruktiven Streit zu gemeinsamen Grundüberzeugungen gelangen.«[216] Festgehalten werden sollte am Sozialismus als politischem Ziel. Aber: »Dieser Sozialismus ist eine Gesellschaft der Selbstbestimmung in Solidarität, deren Voraussetzung es ist, ›die freie Entfaltung eines jeden als Bedingung für die freie Entfaltung aller‹ (Karl Marx) zu begreifen. Sozialismus ist unsere Vorstellung einer Weltgesellschaft mit gerechten Austauschbeziehungen und friedlicher Konfliktlösung, ist die Gesellschaft des ökologischen Umbaus der Industrie, der Befreiung der Menschen in der Arbeit, der sozialen Sicherheit und persönlichen Emanzipation. Sozialismus ist für uns keine unerreichbare Utopie, sondern notwendig, um die Probleme unserer Zeit zu lösen. Wir wollen SozialistInnen bleiben im Bewusstsein der Tatsache, dass jede moderne sozialistische Politik sich heute an den Widersprüchen ihrer eigenen Theorie und an dem praktisch-historischen Versagen des ›realen Sozialismus‹ messen muss.«[217]

Die Auseinandersetzung mit dem »Sozialismus« in Osteuropa nahm breiten Raum ein, weiterhin heißt es im Text: »Mit staatlichem Terror wurden Andersdenkende unterdrückt. Der reale Sozialismus stützte sich nicht auf die Mitwirkung der Menschen (Stichwort: Zivilgesellschaft), sondern nur auf administrative, zentralisierte, staatliche Macht. Dies haben wir nicht immer in voller Tragweite erkannt. Der autoritäre Staatssozialismus bot keine fortschrittliche Alternative zum modernen Kapitalismus, er ist ökologisch, sozial und politisch gescheitert.«[218]

»Sozialismus kann also nicht die bloße Zerschlagung des Kapitalismus bedeuten, sondern seine »positive Negation«. Moderner und demokratischer Sozialismus, das ist die reale Utopie einer Gesellschaft, die auf hohem materiell-technischen Niveau die kapitalistischen, patriarchalen und bürokratischen Fesseln der Produktivkraftentwicklung abstreift und zum ersten Mal individuelle Freiheit sowie gesellschaftliche und internationale Solidarität umfassend verwirklichen kann. Gegen das Profitprinzip setzen wir die Ausrichtung der Produktion an den Interessen und Bedürfnissen der Menschen, gegen Fremdbestimmung die Selbstorganisation der arbeitenden Menschen. Der Übergang zum Sozialismus kann in den kapitalistischen Metropolen nur unter umfassender Weiterentwicklung der zivilisatorischen Errungenschaften des modernen Kapitalismus und somit nur auf friedlichem und demokratischem Wege vollzogen werden. Wir verstehen Sozialismus aber nicht nur als bloße Weiterentwicklung von Sozialstaatlichkeit, ökologischer

Regulierung, parlamentarischer Demokratie und Rechtstaatlichkeit im Rahmen des Kapitalismus. Es geht vielmehr um eine neue Qualität an sozialstaatlich abgesicherter Möglichkeit selbstbestimmten Lebens für alle und die Ausweitung demokratischer Gestaltungsmöglichkeiten durch die Betroffenen in allen gesellschaftlichen Bereichen, also um Alltagsdemokratie und Wirtschaftsdemokratie.«[219]

Weiteres wichtiges Thema der Erklärung war die Frauenarbeit mit dem Ziel auch der Überwindung der »gegenwärtigen patriarchalen Strukturen« auch im Juso-Verband. Deutlich im Hintergrund stand damit die in den 1980er-Jahren im Verband noch breit geführte Umwelt-Debatte, die nur in allgemeiner Form im Text auftaucht. Wenig konkret ist das Papier dann bei der Beschreibung der konkreten Handlungsschritte, bei denen nur allgemein die Themen Friedenssicherung, Ökologischer Umbau, Feminisierung der Gesellschaft, Abbau sozialer Ungleichheit und »Zurückdrängung kapitalistischer Profitinteressen«, ein Recht auf Bildung und Arbeit sowie die Demokratisierung aller Lebensbereiche benannt werden.

Bezogen auf die Mutterpartei heißt es: »Die Sozialdemokratie befindet sich jedoch in einer Krise: Ihre Fixierung auf das Parlament und den Staat wird den gestiegenen Ansprüchen auf demokratische Beteiligung nicht gerecht. Ebenso wenig hat sie eine ökonomische Strategie, die Perspektiven für eine Demokratisierung der Wirtschaft und eine ökonomisch und ökologisch erträgliche Produktion eröffnet. Es geht heute um eine moderne Verbindung von Individualität und Solidarität, von sozialer Sicherheit, persönlicher Emanzipation und gesellschaftlicher Partizipation als Kern sozialdemokratischer Identität.«[220]

Die 1980er-Jahre gelten in der populären SPD-Geschichtsschreibung oft als das Jahrzehnt des Stillstands und des Rutschens in die Bedeutungslosigkeit der Jusos vor allem durch die gegenseitige Blockade der innerverbandlichen Strömungen. Diese Perspektive ist schief. Zum einen liefen in allen drei Strömungen innovative Diskussionen um aktuelle Kapitalismusanalyse und in Bezug auf die Neuausrichtung sozialdemokratischer Politik.

Innerhalb des Hannoveraner Kreises setzte sich zunehmend die Gruppe durch, die unter Rückgriff auf modernere marxistische Theorien wie die Regulationsschule eine neue Analyse vornahm. Die »53 Thesen« sind ein gutes Beispiel für das neue Denken, dass nur noch sehr am

Rande mit klassischer Stamokap-Theorie zu tun hatte. Vor diesem Hintergrund sind die reformsozialistischen Argumentationen, der Hannoveraner Kreis verharre statisch in alten Stamokap-Ideologien, nicht zutreffend. Mit der jugendpolitischen Orientierung gelang dem Verband zudem der Einstieg in ein neues Aktionsverständnis. Innerhalb der Parteilinken beteiligten sich Angehörige des HK auch intensiv an den Debatten um das im Herbst 1989 beschlossene Berliner Programm. Insbesondere bei der Forderung nach einem sozial-ökologischen Umbau sowie bei der Diskussion um Wirtschaftsdemokratie und Wirtschaftslenkung lassen sich Spuren der Debatten aus dem Hannoveraner Kreis finden.

Auch die Diskussionen innerhalb des undogmatischen Lagers entfalteten auf mittlere Sicht Relevanz – sowohl in ökologischer wie auch in arbeitspolitischer Perspektive. Die Debatte um Wachstum und persönlichen Wohlstand – die Verbindung von Leben, Arbeiten, Freizeit – spielt auch aktuell eine Rolle – und daran anschließend ebenfalls die Diskussion um die Zukunft der Erwerbsarbeit.

Die Jusos der 1980er-Jahre trafen auf eine SPD, in der einige der »Enkel« aus der Juso-Generation der 1970er-Jahre intensiv mit den Kämpfen um die beste Position für den weiteren politischen Aufstieg beschäftigt waren.

Wiedervereint und dennoch gespalten Jusos im gesellschaftlichen Wandel der Globalisierung

Die Vereinigung der beiden Juso-Organisationen in Ost- und West-Deutschland stellte keinen Neustart für den Verband dar. Im Gegenteil: die alt bekannten Auseinandersetzungen und Probleme der Jusos setzten sich fort. Die neu dazugekommenen Mitglieder und Aktiven konnten nicht dazu beitragen, den Verband aus seinem Stillstand zu bewegen. Stellt man in Rechnung, dass die circa 3000 Genossinnen und Genossen aus den neuen Bundesländern auf einen 150 000 Mitglieder starken Verband trafen, der tief gespalten war und seine Streitigkeiten ritualisiert hatte, konnte dies auch nicht so sein. Die 1990er-Jahre waren geprägt durch weiteren politischen Bedeutungsverlust der Jusos, heftige Auseinandersetzungen mit der Mutterpartei und immer wiederkehrenden Streit über Ausrichtung und Arbeitsweise des eigenen Verbandes.

Der Zustand der Jusos wurde sowohl von den Medien als auch aus der eigenen Partei nicht nur kritisch bewertet, sondern sogar zunehmend verspottet. Dabei unterschied sich der Zustand der Jusos im Verhältnis zu anderen linken Bewegungen in dieser Zeit nicht grundlegend. Mit dem Zusammenbruch des »real existierenden Sozialismus« waren sozialistische Politikansätze in den Augen vieler, auch ehemals linker Menschen diskreditiert. Auch wenn die Jusos nie nach einem Sozialismus à la DDR gestrebt hatten und damit eigentlich an ihren bisherigen Konzeptionen weiterarbeiten konnten, war das Verschwinden der – vermeintlichen – Alternative zum Kapitalismus ein Schock, der bei vielen das eigene Selbstverständnis infrage stellte. Den Zeitgeist brachte der amerikanische Politikwissenschaftler Francis Fukuyama mit seinem Buchtitel »Das Ende der Geschichte« auf den Punkt: Kapitalismus, Liberalismus und Demokratie würden sich überall auf der Welt durchsetzen, die Zeit für alternative Entwicklungspfade sei vorbei. Teile der Linken in Deutschland reagierten darauf mit einer Aufweichung ihrer marxistischen Theorien und verlegten sich auf die Diskussion gesellschaftlicher Nebenwidersprüche. Diesen Weg beschritt zumindest die große Mehrheit der Juso-Funktionäre nicht. Für sie waren die Jusos weiterhin ein sozialistischer Richtungsverband.

Der Abwärtstrend der Jusos in den 1990er-Jahren wird in erster Linie immer mit der schwindenden Zahl ihrer Mitglieder begründet. Von den ehemals 300 000 Jusos waren im Wendejahr 1989 noch die Hälfte geblieben, und der Sinkflug ging weiter. Im Schnitt verlor der Verband circa 10 000 Mitglieder in jedem Jahr. Nur ein schwacher Trost war die Tatsache, dass die Jusos mit dieser Entwicklung nicht alleine waren, sondern auch die SPD selbst sowie andere Parteien und ihre Jugendverbände ebenfalls Mitgliederverluste hinnehmen mussten. Was die Jusos noch mehr traf als die schwindende Mitgliederzahl war der damit einhergehende Bedeutungsverlust innerhalb der SPD. Zu ihren Hochzeiten in den 1970er-Jahren repräsentierten sie fast ein Drittel der Parteimitglieder und konnten schlicht durch Masse politisches Gewicht erlangen. Der Anteil sank von 1990 mit circa 17 Prozent im Verlaufe des folgenden Jahrzehnts auf unter 10 Prozent der SPD-Mitglieder ab.

Aber auch die SPD steckte nach der Wende in einer ihrer schwierigsten Phasen nach dem Zweiten Weltkrieg. Insgesamt fand die Partei kein Konzept, wie sie mit zunehmender Internationalisierung von Politik und Wirtschaft nach dem Ende der Blockkonfrontation umgehen sollte. Auch die Debatten über die Erneuerung des bundesdeutschen Sozialstaats liefen weitgehend an der SPD vorbei. Zumindest in den Ländern gelang es, angeführt durch ehemalige Jusos, wieder politische Verantwortung zu übernehmen: so ab 1990 durch den ehemaligen Juso-Vorsitzenden Gerhard Schröder als Ministerpräsident in Niedersachsen und ab 1991 in Hessen durch Ministerpräsident Hans Eichel, der von 1969 bis 1972 stellvertretender Juso-Bundesvorsitzender gewesen war. Unter der Führung des neuen Hoffnungsträgers Björn Engholm versuchte die Partei einen Schwenk ihrer politischen Ausrichtung und gestaltete ihre Forderungen wirtschaftsfreundlicher und gesellschaftspolitisch konservativer.

Der Bruch mit den VorgängerInnen

Schon seit Mitte der 1980er-Jahre hatten die CDU und einige Medien eine heftige Kampagne gegen eine angebliche »Überfremdung« Deutschlands gefahren. Unter der informellen Überschrift »Das Boot ist voll« wurde vor allen eine Reformierung des Asylrechts gefordert. Gezeichnet wurde das Bild von Menschenmassen, die nach Deutschland drängen würden, um den Sozialstaat auszunutzen und den inneren Frieden durch Kriminalität zu untergraben. Begleitet wurde die Debatte von rassistisch motivierten Straftaten, wie die Angriffe auf das Flüchtlingswohnheim in Rostock-Lichtenhagen im Jahr 1992. Die staatlichen Sicherheitskräfte konnten oder wollten den Nazi-Mob nicht aufhalten. Lange stellten sich sowohl die SPD als auch der Koalitionspartner der Union, die FDP, gegen die Pläne der CDU. Noch in ihrem Berliner Grundsatzprogramm von 1989 wurde die Ablehnung dieses Ansinnens festgehalten. Dort heißt es: »Wir wollen das Aufenthaltsrecht für Ausländerinnen und Ausländer verbessern, ihnen das kommunale Wahlrecht geben. Das Asylrecht für politisch Verfolgte muss uneingeschränktes Grundrecht bleiben. Dies schließt politische Verfolgung aus Gründen des Geschlechts und der Rasse ein. Jeder Ehegatte hat ein eigenständiges Aufenthaltsrecht.«[221]

Von dieser Ausrichtung verabschiedete sich die SPD auf ihrem Bundesparteitag 1992 durch die sogenannte »Petersberger Wende«. Begleitet wurde dieser Politikwechsel von heftigen Auseinandersetzungen innerhalb der Partei. Die Jusos waren bei dieser Frage über alle Strömungs-Auseinandersetzungen hinweg geschlossen: Sie lehnten jede Einschränkung des Rechts auf Asyl strikt ab. Auf ihrem Magdeburger Bundeskongress von 1992 warfen die Jusos dem Parteivorsitzenden Engholm eine Kurswende im Handstreich vor, um gemeinsam mit der CDU-FDP-Koalition das Grundrecht auf Asyl praktisch abzuschaffen. Die Jusos belebten ihr Engagement in breiten gesellschaftlichen Bündnissen und beteiligten sich überall an den Protesten. Am Rande der Demonstration vor dem entscheidenden Parteitag wurde deutlich, wie groß der Riss zwischen Jusos und SPD in dieser Angelenheit war: Der Bundesgeschäftsführer der SPD, Karlheinz Blessing, verweigerte einer Gruppe Jusos mit Hilfe eines Polizeiaufgebotes den Zugang zum Parteitag. Auch bei der letzten Großkundgebung am Tag der Verabschiedung der Grundgesetzänderung beteiligten sich Jusos bei der Blockade des Bonner Bundestages. Der Protest war so heftig, dass der Großteil der Abgeordneten mit Schiffen und Hubschraubern zur Abstimmung gebracht werden musste. Der Asylkompromiss war der endgültige Bruch der aktiven Jusos mit ihren Vor- bzw. Vorvorgängern, die nun als »Enkel-Generation« die Verantwortung in der Partei trugen.

Ein paradoxes Ergebnis hatte die klare Position der Jusos doch: Mit ihrer Haltung gegen die Einschränkung des Asylrechts gelang es den Jusos, wieder mehr Jugendliche für die politische Betätigung im Verband zu gewinnen. Die Mobilisierung durch die Asylfrage blieb aber ein kurzfristiger Erfolg, da sich die Stimmung mit der Zustimmung der SPD im Bundestag zum Asylkompromiss ins Gegenteil verkehrte und zur Lethargie vieler Aktiver führte.

Die Strömungs-Auseinandersetzungen dominierten weiterhin das innerverbandliche Geschehen, allerdings in neuer Zusammensetzung und unter neuem Namen. Grundsätzlich war der Verband neben einer zu vernachlässigenden kleinen Minderheit von »Jungen Sozialdemokraten« in zwei Lager gespalten. Auf der einen Seite die marxistisch orientierten Teile und auf der anderen Seite die reformsozialistischen »Undogmatischen«. Die Struktur der Strömungen gab diese Zweiteilung allerdings nicht wieder. Auf der dogmatischen Seite hatte sich der Hannoveraner Kreis bereits 1991 aufgelöst und sich als »Juso-Linke« neu gegründet. Sie bildete den Kern der Verbandslinken. Die nachlassende Bindungskraft der Strömungen zeigte sich auch daran, dass in den Jahren 1994 und 1995 die Zeitschriften »Sozialist« und »Sozialistische Praxis« ihr Erscheinen einstellen mussten. Die spw öffnete sich Anfang der 1990er-Jahre für andere Strömungen in der Parteilinken und konnte so ihr Bestehen sichern. Die Undogmatischen stellten auf den Bundeskongressen zwar lange die meisten Delegierten, konnten dies aber im Laufe der Jahre immer weniger in Inhalte umsetzen und verlagerten sich zunehmend auf eine reine Blockadehaltung.

Die Situation der Jusos wurde nicht nur von außen kritisch bewertet, auch innerhalb des Verbandes gab es über Ausrichtung und Strategie der Jusos langwierige Diskussionen. Die neue Debatte spielte sich unter dem Titel »kampagnenpolitische Orientierung« ab. Angesichts sinkender Mitgliederzahlen und zu geringer Neueintritte aber auch aufgrund des abnehmenden Einflusses innerhalb der Partei und kaum noch vorhandener Beachtung in der Öffentlichkeit, mussten die Jusos etwas ändern, um nicht in der Bedeutungslosigkeit zu verschwinden. Die althergebrachten Arbeitsweisen hatten sich nach Ansicht der Verbandsmehrheit überlebt. Auch wenn die Auseinandersetzungen zwischen den unterschiedlichen Fraktionen schon immer sehr heftig waren, nahmen sie ausgerechnet in einer Debatte noch mehr zu, die zum

Ziel hatte den Verband wieder attraktiver zu gestalten. Hinzu kamen auch mehr und mehr persönliche Anfeindungen, die außerhalb einer politischen Auseinandersetzung lagen. Kernanliegen der von der Juso-Linken eingebrachten kampagnenpolitischen Orientierung war die Anpassung der politischen Arbeit der Jusos an die neuen Anforderungen der medialen Kommunikation, die einer gewissen Dramaturgie und Erkennbarkeit bedürfte. Darüber hinaus sollte auf die geringer werdenden materiellen und personellen Ressourcen reagiert werden. Dies sollte zum einen durch eine Übersetzung der Programmatik in eine moderne und professionelle Außendarstellung gelingen. Die Gegner erhoben den Vorwurf, die Jusos mit einer solchen Ausrichtung auf einen unseriösen Weg zu führen und den Verband mit Pseudo-Politik zu »amerikanisieren«[222]. Zum anderen sollte die thematische Arbeit zugespitzt werden. Nicht alle Bereiche der Politik sollten nebeneinander behandelt werden. Im Laufe der Jahre waren bei den Jusos eine Vielzahl an Gremien und Strukturen entstanden, um alle denkbaren Themen zu behandeln, so dass nach Ansicht der Verbandsmehrheit der Juso-Linken nicht mehr erkennbar war, wofür die Jusos eigentlich stehen würden. Gerade gegen die Pläne, diesen Zustand aufzubrechen und im gesamten Verband thematische Schwerpunkte zu bilden, begehrten die Reformsozialisten auf. Sie gingen davon aus, dass es in der pluralen Gesellschaft der Bundesrepublik keine gemeinsame Erfahrung und Orientierung der Jugend gäbe und der Verband sich durch eine Verengung des Juso-Programms noch weiter von der eigenen Generation entfernen würde. Sie setzten den Ansätzen der kampagnenpolitischen Orientierung eine »Strategie der programmatischen Breite« entgegen, bei der für die unterschiedlichen Zielgruppen ein jeweils passendes inhaltliches und zielgruppenadäquat aufgearbeitetes Angebot geschaffen werden sollte.

Schließlich wurde die kampagnenpolitische Orientierung auf dem Bundeskongress 1993 in Magdeburg beschlossen. Auf diesem Kongress konnte die Juso-Linke mit Thomas Westphal auch wieder den Vorsitzenden stellen. Darüber hinaus konnte sie mit Anke Stille auch den Posten der Bundesgeschäftsführung besetzen.

Ein Punkt der organisatorischen Neuausrichtung war die Öffnung der Jusos. Auch Nichtparteimitglieder durften mitarbeiten. Dieser wurde auf dem SPD-Bundesparteitag 1994 satzungstechnisch umgesetzt:

»In der Arbeitsgemeinschaft der Jungsozialistinnen und Jungsozialisten können Jugendliche ohne Mitgliedschaft in der SPD die vollen Mitgliedsrechte auf allen Ebenen wahrnehmen, wenn sie den JungsozialistInnen gegenüber ihre Mitgliedschaft schriftlich erklären und keine Unvereinbarkeit gemäß § 6 Organisationsstatut vorliegt.«[223] Damit wurde der Ausspruch Benneters, die Mitgliedschaft in der SPD sei für die Jusos kein Dogma – der seinen Parteiaustritt begründet hatte –, in geltendes Parteirecht gegossen.

Kampf um die »unpolitische Jugend«

Die Entwicklung der Jusos vollzog immer auch den Wandel der Gesellschaft und der jungen Generation nach. Nur war die Generation junger Menschen der 1990er-Jahre weniger durch grundsätzlich politische Fragen, als vielmehr durch das Streben nach eigenem Vorteil und Vorankommen geprägt. Der Satz von der »Generation Golf« machte die Runde.

Das Bekenntnis zum demokratischen Sozialismus war nicht mehr für alle Mitglieder der Jusos selbstverständlich. Es gab nicht nur im Osten der Republik eine klare Ablehnung des Sozialismus, sondern auch an einigen Stellen im Westen. Sie nannten sich »Junge Sozialdemokraten«. Ihre Versuche, den Namen von Bezirken, in denen sie eine Mehrheit hatten, dementsprechend zu ändern, scheiterten aber vor den Schiedskommissionen der Partei: Die Umbenennungen waren ungültig, da laut SPD-Organisationsstatut der Name »Arbeitsgemeinschaft der Jungsozialistinnen und Jungsozialisten in der SPD« nicht selbstständig geändert werden kann. Für die Ausrichtung der Bundesebene hatte diese Bewegung keine größere Bedeutung. Sie hatte ihre Schwerpunkte in kleinen Landesverbänden und Bezirken, Rheinhessen, Thüringen und Mecklenburg-Vorpommern. So kommentierte der Bundesvorsitzende Thomas Westphal, dass dieser Verbandsteil »politisch daneben ... und inhaltlich nichts zu bieten«[224] habe.

Während die Jusos der 1990er-Jahre um ihre Bedeutung kämpfen mussten, hatten einige ihrer Vorgängerinnen und Vorgänger den Weg an die Parteispitze beschritten. Bei der Urwahl um den Parteivorsitz der SPD im Jahr 1993 standen gleich drei ehemalige Juso-Funktionäre im Wettbewerb. Mit Heidemarie Wieczorek-Zeul und Gerhard Schröder traten zwei ehemalige Juso-Bundesvorsitzende an, wobei die Sympathien der meisten aktiven Jusos bei der »Roten Heidi« lagen, die sich nach allgemeiner Ansicht viel von ihren politischen Ansichten aus der Juso-Zeit erhalten hatte. Die Urwahl gewann dann aber mit einer relativen Mehrheit der stellvertretende Juso-Bundesvorsitzende der Jahre 1974 bis 76, Rudolf Scharping. Mit dem Parteivorsitz fiel ihm auch die Aufgabe zu, als Kanzlerkandidat Helmut Kohl bei der Bundestagswahl herauszufordern. Ein fehlgeschlagenes Unterfangen für Scharping und die SPD, die Steigerung der eigenen Stimmanteile auf 36,4 Prozent reichte nicht, um nach immerhin zwölf Jahren wieder die Regierungsbeteiligung zu erreichen. Die Jusos brachten sich in den Wahlkampf ein und versuchten schon im Vorfeld, die mit der kampagnenpolitischen Orientierung beschlossenen Aktionsformen in die Tat umzusetzen. Bei der Kampagne »Bekovoli« – Bewegung kommt von links« und ähnlichen Ansätzen in einigen Landesverbänden entwickelten die Jusos viele neue Elemente der Jugendansprache und Öffentlichkeitsarbeit, die sich seitdem immer wieder bei ihnen gefunden haben.

Das Jahr 1995 hatte für die Jusos eine böse Überraschung parat und machte wieder deutlich, wie tief die internen Spannungen gingen. Im Mai trafen auf dem Juso-Bundeskongress in Jena zwei gleichgroße Blöcke unversöhnlich aufeinander. Wenig überraschend war eine breit getragene scharfe Kritik an der Politik der Bundesregierung. Die Diskussion eskalierte dann aber bei der Wahl zum Juso-Bundesvorsitzenden. Für die Juso-Linke trat erneut Thomas Westphal an, der undogmatische Verbandsteil nominierte im Bündnis mit der »Südschiene« Stephan Grüger aus dem Bezirk Niederrhein. Die Auszählung ergab eine einzige Stimme mehr für den amtierenden Westphal. Nach der Verkündung zogen mehrere Landesverbände aus dem Saal aus, weil die Wahl nicht satzungsgemäß abgelaufen wäre. Dies wurde kurz darauf auch von der Bundesschiedskommission der SPD bestätigt, die die Wahl annullierte. Einige Delegationen hatten Ersatzdelegierte akkreditieren lassen, die nicht von einer Bezirkskonferenz gewählt worden waren. Damit war ein neuer Tiefpunkt bei den Jusos erreicht, sie hatten sich selbst in starke Bedrängnis gebracht. Nicht umsonst wurde »Gera« zum Unwort im Verband. Als Leitspruch setzte sich durch: »Es darf kein zweites Gera geben!« Um die Wahl erneut durchzuführen, gab es einen außerordentlichen Bundeskongress in Bad Godesberg. Thomas Westphal trat nicht wieder für den Vorsitz an. Die Juso-Linke unterstützte nun die nicht klar in einem der beiden Blöcke verortete Landesvorsitzende von

Rheinland-Pfalz, Andrea Nahles. Stephan Grüger hielt seine Kandidatur aufrecht, unterlag aber Nahles mit 165 zu 147 Stimmen.

Nahles sollte vier Jahre lang – und damit länger als alle ihre VorgängerInnen seit der Linkswende 1969 – Bundesvorsitzende bleiben. Der Verband begann sich nach dem Schock von Gera langsam zu erholen. Mit den Forderungen nach der Einführung einer Ausbildungsplatzumlage für nicht ausbildungswillige Unternehmen und der Förderung der Solarenergie wurden Themen gesetzt, die auch Ausstrahlung in die Partei besaßen. Gerade mit dem Thema Ausbildungsumlage, unter dem Motto »Wer nicht ausbildet, wird umgelegt«, konnte auch die Zusammenarbeit mit der Gewerkschaftsjugend intensiviert werden. Die neue Bedeutung der Jusos – und auch ihre Handlungsfähigkeit – demonstrierte die AG auf dem Jugendparteitag der SPD im November 1996 in Köln, auf dem die Forderung der Ausbildungsplatzumlage beschlossen wurde. Es gelang nicht nur, diese Forderung durchzusetzen, sondern es wurden weitere zentrale Umbausteine im jugendpolitischen Memorandum festgeschrieben. So beschloss der Parteitag auf Antrag der Jusos eine neue Bildungsoffensive und lehnte Studien- und Einschreibegebühren ab. Weitere erfolgreiche Punkte waren das Wahlalter auf 16 Jahre zu senken und für die nächste Bundestagswahl 30 Kandidaten unter 40 Jahren aufzustellen.

In der Rückschau handelt es sich um Triumphe, die, wie die Zukunft zeigen sollte, die Regierungspolitik der SPD nach 1998 kaum beeinflussen sollten. Neben die tradierten Auseinandersetzungen zwischen Juso-Linken und Refos traten zunehmend Wortmeldungen, die den alten Grundkonsens des sozialistischen und feministischen Richtungsverbandes nicht mehr mittragen wollten. Wie heftig die Auseinandersetzungen in den Jahren der Linkswende auch gewesen sein mögen, stritt man doch um den richtigen Weg zum Sozialismus und nicht, ob man grundsätzlich eine sozialistische Gesellschaft erreichen wollte.

Auf dem Juso-Bundeskongress 1997 wiederholte sich die Wahlauseinandersetzung um den Bundesvorsitz ein weiteres Mal. Diesmal setze sich Andrea Nahles aber mit 188 zu 142 Stimmen für Juso-Verhältnisse deutlich gegen den erneut kandidierenden Stephan Grüger durch. Seine Kandidatur wurde erst in der Nacht vor der Wahl bekannt und war der Versuch, das zerstrittene undogmatische Lager hinter seiner Kandidatur zu einen. Die Diskussion, die sich beginnend mit der Rechenschaftsdebatte um Andrea Nahles entfachte, war zum großem Teil unpolitisch, aber gerade deshalb ein Politikum. Der Vorwurf lautete, dass sie ihre Medienpräsenz lediglich zu persönlichen Profilierungszwecken nutze, anstatt politische Inhalte zu transportieren. Während auf diesem und dem Essener Kongress von 1998 auch Inhalte, wie Arbeitszeitverkürzung und Generationengerechtigkeit, diskutiert wurden, legte man sich in der Debatte über die Modernisierung des Verbandes besonders bei einem Symbol an. Es ging um eine Umgestaltung des Symbols der Juso-Faust mit Rose. Auch hier setzte sich die linke Mehrheit durch und gab den Jusos ein neues Erkennungszeichen.

1996 starteten die Jusos ein Projekt, das ihr Selbstverständnis bis heute prägt. Mit dem Abschluss eines Agreements zwischen den Jusos, der Labour Youth Israel und der palästinensischen Fatah Jugend in Ramallah wurde das Willy-Brandt-Center – WBC – als trilaterales Projekt ins Leben gerufen. Es soll ein gesicherter Raum für Begegnungen und Verständigung im Nahen Osten sein. Es wurde eine einmalige Jugendinitiative inmitten eines der brisantesten Konflikte der Weltgeschichte. Im Jahr 2000 kam mit Young Meretz eine weitere Partnerorganisation hinzu. Das WBC fand 2003 in einem durch die SPD gekauften Haus auf der »Grünen Linie« einen festen Standort in Jerusalem. Das »Forum ziviler Friedensdienst«, von der einstiegen Juso-Vorsitzenden Heidemarie Wieczorek-Zeul als Entwicklungshilfeministerin initiiert, bildete den Rahmen für politische Bildungsarbeit und gegenseitige Austauschreisen. Die Entwicklungen in der Region stellten die dort Engagierten immer wieder vor große Herausforderungen und harte Proben. Doch immer wieder fanden sich von allen Seiten junge Aktivisten, die dafür sorgten, dass das Projekt fortlebte. In den Beschlüssen des Juso-Verbandes wurde vor dem Hintergrund des Existenzrechts Israels wie auch der Forderung nach einem eigenständigen palästinensischen Staat als politisches Ziel die »Zwei-Staaten-Lösung« als Lösungsweg für den Konflikt abgeleitet. Trotz vieler politischer Rückschläge gehört das Projekt bis heute zum Kernbestand der internationalen Arbeit der Jusos.

Endlich Regierungsjugend

Am 27. September 1998 war es dann endlich wieder soweit. Die SPD erreichte bei der Bundestagswahl mit ihrem Kanzlerkandidaten und ehemaligen Juso-Bundesvorsitzenden Gerhard Schröder 40,9 Prozent und

Andrea Nahles und Franz Müntefering auf dem IUSY-Festival 1996 in Bonn.

bildete mit Bündnis90/Die Grünen eine Koalition. Das viel beschworene rot-grüne Projekt konnte beginnen, und die Jusos waren wieder Regierungsjugend. Die Jusos, die sich mit den sozialdemokratischen Kanzlern Willy Brandt und Helmut Schmid auseinandergesetzt hatten, waren mit Heidemarie Wieczorek-Zeul, Edelgard Bulmahn, Rudolf Scharping und später mit Hans Eichel nun selbst im Kabinett vertreten. Die aktuellen Jusos fanden reichlich Gelegenheit, die Politik der Bundesregierung zu kritisieren. Damit war ihre Meinung auch in der Öffentlichkeit wieder mehr gefragt.

Es dauerte seine Zeit, ehe die Jusos begriffen, was es heißt, Regierungsjugend zu sein. Auf einmal ging es nicht mehr darum, Parteitagsbeschlüsse herbeizuführen, sondern die Regierungspolitik zu beeinflussen. Darauf war der Verband nicht vorbereitet. Trotz der wegweisenden Beschlüsse der vergangen Jahre hemmte die innere Zerstrittenheit auf Bundesebene den Jugendverband der SPD. Aber auch die Spitzengenossinnen und -genossen der Partei hielten sich mit ihrer Kritik am eigenen Nachwachs nicht zurück. Mit Initiativen, wie »Red net« und »Junge Teams« wurde der Versuch unternommen, rein aktionsorientierte Angebote jenseits des Verbandes zu schaffen. Diese scheiterten aber allesamt, weil sie entweder von den Jusos selbst getragen wurden oder weil die neu gegründeten Gruppen nur kurze Zeit aktiv blieben. Die Verurteilung der Jusos durch die Partei konterte der ab 1999 amtierende Juso-Bundesvorsitzende Benjamin Mikfeld in seinem Rechenschaftsbericht auf dem Bundeskongress 2001 in Köln: »Ich habe auf so manchem Juso-Bundeskongress (...) an vorderster Front in den Schützengräben gelegen. Wie im Übrigen auch so mancher moderner Parteifunktionär, der jetzt die Jusos für unfähig erklärt. Aber ich sage denen: Wir haben diese Scheißkultur von euch geerbt. Mit 30 Jahren Verspätung sollten wir dieses Erbe ausschlagen.«[225]

Der Vorsitzende des Bezirks Westliches Westfalen, Benjamin Mikfeld, wurde 1999 auf dem Essener Bundeskongress mit nur knapp 51 Prozent, 148 von 289 gültigen Stimmen, zum Nachfolger von Andrea Nahles gewählt – ohne Gegenkandidatin oder Gegenkandidat. Dies verdeutlichte die nach wie vor tiefe Gespaltenheit der Jusos. Während Nahles als keiner der dominierenden Strömungen zugehörig galt, war Mikfeld wieder ein klarer Vertreter der Juso-Linken. Damit festigte die Juso-Linke ihren Führungsanspruch für den Verband, sie stellte mit Jessika Wischmeier auch wieder die Bundesgeschäftsführerin. Das auf dem Kongress beschlossene Arbeitsprogramm gab die Aufgabenstellung für den neuen Vorsitzenden und alle Funktionärinnen und Funktionäre des Verbandes vor: »Der Juso-Verband ist kein Massenverband mehr, weil Massenorganisationen sich überlebt haben. Er ist keine Massenorganisation mehr, weil Interessen sich ausdifferenzieren und Meinungen medial ausgetauscht werden. Er ist aber auch kein Massenverband mehr, weil er in weiten Teilen nicht im Austausch mit der kulturellen Alltagswelt Jugendlicher steht oder aber aktive GenossInnen selbst ihren Alltag und den Juso-Alltag einer strikten Trennung unterziehen. Vielmehr führt dies zu einem ganz anderen Phänomen. Jusos stellen eine Freizeitgemeinschaft da, der anzugehören gerade auch gegen Massenkultur abgrenzt. Verbandsumbau und das Aufbrechen der verkrusteten Strukturen wurde so für viele zu einer individuellen Bedrohung der eigenen Lebensverhältnisse. Jusos brauchen einen neuen Aufbruch. Verbandsreform muss heißen, die eigenen Strukturen existentiell infrage zu stellen.«[226] Wie dieser Aufbrauch aussehen sollte, war die dominante Frage der innerverbandlichen Auseinandersetzungen der kommenden Jahre.

Der Bundeskongress zeigte aber auch, dass die neue Rolle der Jusos als Regierungsjugend erforderte, mit problematischen Entscheidungen der Mutterpartei umgehen zu lernen. Eine wichtige Entscheidung in diesem Zusammenhang war die Beteiligung deutscher Truppen am Kriegseinsatz der NATO gegen Jugoslawien im Mai 1999, der ohne Mandat der Vereinten Nationen durchgeführt wurde. Die Bundeswehr stellte eigene Tornados für die Luftangriffe und beteiligte sich damit am ersten Kriegseinsatz deutscher Truppen nach dem Zweiten Weltkrieg. Der Bundeswehreinsatz war nicht nur bei den Grünen umstritten, sondern hatte auch in der SPD viele Gegner – von Oskar Lafontaine bis hin zu Helmut Schmidt. Für die Jusos war der Kosovokrieg völkerrechtswidrig. Sie forderten die Einstellung der Bombardierungen durch die NATO und ein UNO-Mandat für eine robust bewaffnete Friedenstruppe, die eine Pufferzone zur Ermöglichung der Rückkehr der Vertriebenen notfalls mit Waffengewalt errichten können sollte. Die Bundeswehr sollte sich an solch einem Einsatz nicht beteiligen.

Darüber hinaus bezog sich die Kritik der Jusos über die gesamte Regierungszeit der SPD auf deren wirtschafts- und sozialpolitische Ausrichtung. Die Auseinandersetzung hatte das immer wiederkehrende, folgende Muster: Die Bundesregierung unter Leitung Gerhard Schröders begründete ihre Haltung mit der Alternativlosigkeit ihrer Maßnahmen, und die Jusos warfen ihnen Neoliberalismus vor. Die Rede von »TINA – There is no alternative« wurde zum Hauptkritikpunkt der Jusos an der SPD. Dies galt sowohl für einzelne Reformvorhaben wie die Riester-Rente, bei Steuerpolitik allgemein, aber auch bei der politischen Grundausrichtung. Immer wiederkehrendes Thema war auch der Ausbildungsmarkt, wo die Bundesregierung keine Schritte unternahm, um die auf dem Kölner Jugendparteitag von den Jusos durchgesetzte Ausbildungsplatzumlage in die Tat umzusetzen.

Mit dem »Schröder-Blair-Papier« zur Modernisierung der europäischen Sozialdemokratie eröffneten die beiden Regierungschefs eine Debatte über die grundsätzliche Ausrichtung, auch für die SPD. Ihr Ausgangspunkt war die These, dass die sozialdemokratische Sozial- und Wirtschaftspolitik in den letzten Jahrzehnten in eine Sackgasse geraten wäre, da sie zu sehr auf die Herstellung von Gleichheit gesetzt und dabei die Schaffung von Wettbewerbsfähigkeit vernachlässigt hätte. Die beiden Regierungschefs forderten eine Reform der Sozialsysteme sowie die Flexibilisierung des Arbeitsmarktes, um Vollbeschäftigung und Chancengerechtigkeit zu ermöglichen. Aus dieser Diskussion stammt auch der Satz Schröders, es gäbe »keine linke oder rechte, sondern nur gute oder schlechte Wirtschaftspolitik«[227]. Die Jusos lehnten diesen Ansatz ab und warfen der Regierung vor, die Interesen der Menschen nicht zu berücksichtigen. Benjamin Mikfeld sprach die scharfe Kritik der Jusos deutlich aus: Der Kurs Schröders wäre »kein neues sozialdemokratisches Projekt, sondern mit pseudomodernen Floskeln umschmückter Secondhand-Neoliberalismus. Die SPD kuscht vor dem Shareholder-Value«[228]. In einer Stellungnahme zum Schröder-Blair-Papier hieß es weiter, Schröder habe die naive Hoffnung auf ein immer währendes Wirtschaftswachstum und den neoliberalen Glauben an die Heilungskräfte des Marktes. Er blende sowohl die ökologische Frage wie auch das Thema Mitbestimmungsrechte und Chancengleichheit in der Bildung aus.[229]

Auch innerverbandlich wurde eine neue Diskussion über politische Strategien und Inhalte geführt. Der Aufschlag kam mit dem Papier »Neue Zeiten denken« von Benjamin Mikfeld, Jessika Wischmeier und der stellvertretenden Juso-Bundesvorsitzenden Bettina Kohlrausch. Daraufhin entbrannte nicht nur im Gesamtverband ein heftiger Streit, sondern es kam auch zu Konfrontationen und Abspaltungen innerhalb der Juso-Linken. Das Papier geht von grundlegenden Änderungen in der globalisierten Gesellschaft aus, in der Arbeitswelt und Alltagskultur einem fundamentalen Wandel unterliegen und individuelle Biografien eine größere Bedeutung bekommen. Die AutorInnen beriefen sich bei der Analyse auf Milieutheorie, arbeitssoziologische Ansätze und empirische Jugendforschung. Die Schlussfolgerung daraus war, dass auch die

Jusos ihr Politikangebot zu verändern hätten, um an den Erfahrungen der Jugend ansetzen zu können. Es ging darum, die Konsequenzen aus den sich verändernden Ansprüchen nach individueller Freiheit und demokratischer Mitgestaltung bei gleichbleibendem Bedürfnis nach finanzieller und sozialer Sicherheit zu ziehen. Damit sollten nicht die Widersprüche des Kapitalismus negiert werden, sondern vielmehr an der Wahrnehmung der Folgen im Alltag der Menschen angesetzt werden. Der Widerstand innerhalb des Verbandes gegen »Neue Zeiten denken« richtete sich von links zum einen gegen die beschriebenen Veränderungen in der Arbeitswelt und zum anderen gegen die strategische Neuausrichtung hin zu einer positiv besetzten Zukunftsperspektive. Der Vorwurf war, dass damit der eigentlich notwendige Abwehrkampf gegen den Neoliberalismus vernachlässigt werden würde und die Erringung des Sozialismus zu Gunsten einer mittelfristigen Reformpolitik aufgegeben würde. Der Konflikt kann auf die Kernfrage heruntergebrochen werden, ob sich der Kapitalismus grundlegend wandeln kann oder ob die Veränderungen nur dem Erfolg der Kapitalseite im Klassenkampf geschuldet seien. Von der anderen Seite des Verbandes wurde das Papier schlicht als Beschimpfung abgelehnt. Trotzdem wurde »Neue Zeiten denken« auf dem Berliner Bundeskongress 2000 beschlossen. Damit wurden neue Impulse für Programmatik und Strategie der Jusos gesetzt.

Reinigendes Gewitter

Vor dem Bundeskongress 2001 in Köln formierte sich eine neue Gruppierung im Verband, das Y-Bündnis. Sie bestand aus der parteikonformen Verbandsrechten und den undogmatischen Nachfolgern der Refos. Sie schickte die stellvertretende Bundesvorsitzende Barbara Gersmann aus Hannover ins Rennen um den Juso-Bundesvorsitz. Ihr Gegenkandidat war der kreisfreie Hamburger Niels Annen. Er wurde von der Juso-Linken und den Dogmatischen unterstützt. Eine Neuerung war auch, dass es eine gemeinsame Grundlage für ein Arbeitsprogramm gab, die von einer Gruppe mit Vertreterinnen und Vertretern aller Richtungen erstellt wurde. So gab es auf den Kongress weniger Streit um die Inhalte und meistens breite Mehrheiten. Mit der Arbeitsversicherung präsentierten die Jusos ihre Vorschläge zur Reform des Arbeitsmarktes.

Durch die kurzfristige Umorientierung weniger Bezirke setze sich Niels Annen mit 22 Stimmen Vorsprung durch. Daraufhin eskalierte die

Stimmung dieses Kongresses durch verschiedene Streitigkeiten über das restliche Personal. Das Y-Bündnis verlangte von den Linken, ihre Mehrheit nicht auszunutzen, um auch noch die Geschäftsführung zu stellen. Es folgten persönliche Erklärungen, »Befindlichkeitsrunden« und Kongressunterbrechungen. Gewählt wurde am Ende der Juso-Linke Rüdiger Scholz. Der neue Vorsitzende zog nach dem Kongress das hoffnungsvolle Fazit: »Wir können nicht per Beschluss eine Verbandskultur verändern. Das hat auch niemand wirklich erwarten können. Wir haben aber einen wichtigen Schritt getan. Die Jusos haben auf ihrem Kongress in Köln gezeigt, dass sie so nicht weitermachen können und werden.«[230]

Eine Hoffnung, die sich im kommenden Jahrzehnt nach und nach erfüllen sollte. Aber zunächst galt es für alle Teile des Verbandes, die Ereignisse aus Köln aufzuarbeiten. Das Y-Bündnis zerfiel und hinterließ die Refos in Hessen und Teilen NRWs sowie wenige rechte Landesverbände, die sich zunehmend aus dem Bundesverband zurückzogen und nur noch bei den Bundeskongressen als immer kleiner werdende Opposition auftraten. Die Juso-Linke war schon seit der Diskussion um »Neue Zeiten denken« faktisch gespalten. Dies führte hinter den Kulissen des Kölner Kongresses zum Krach über die eigenen Kandidaturen für die Stellvertreterposten. Der Braunschweiger Romec Manns wurde von Dirk Bergrath aus dem Bezirk Mittelrhein blockiert. Schließlich zogen beide zurück und Björn Böhning aus Berlin wurde Stellvertreter. Im Nachgang des Kongresses gab es auch eine formelle Spaltung, so dass die Juso-Linke nur noch aus den Bezirken Westliches Westfalen und Braunschweig sowie der Landesorganisationen Bremen bestand.

Die traditionalisierten Strömungsgefechte flachten ab, und der Verband ordnete sich neu. Es kristallisierte sich eine weiterhin breite linke Mehrheit von 75 bis 80 Prozent heraus, die sich klar in die sozialistische Linie der Jusos seit der Linkswende von 1969 stellte. Dieser große Block unterteilte sich in zwei Strömungen, das »Netzwerk linkes Zentrum« (NWLZ) als Nachfolge der Juso-Linken und die »Traditionalisten« um die Landesverbände Bayern und Rheinland-Pfalz. Sie unterschieden sich in den folgenden drei Kernfragen: Wie sind die gesellschaftlichen Veränderungen analytisch zu bewerten? Welche Position sollten die Jusos gegenüber der SPD einnehmen? Wie sollte die innerverbandliche Arbeit organisiert werden?

Die theoretische Trennungslinie zwischen den beiden linken Strömungen zeigte sich auf den Bundeskongressen vor allem in der Form von Debatten um Begrifflichkeiten bei der politischen und ökonomischen Analyse der Lage: Gestritten wurde darum, ob sich aktuell eine Entwicklung hin zu einem »finanzmarktgetriebenen« Kapitalismus beobachten lasse, oder ob die Diskussionen um solche zusätzlichen Merkmale des Kapitalismus überflüssig wären, da die Grundsätze kapitalistischer Wirtschaft stets die gleichen seien. Dahinter steckte durchaus eine unterschiedliche Auffassung von den Eckpunkten der ökonomischen Analyse: Die »Traditionalisten« vertraten eine klassische Marxinterpretation, nach der sich die Gesellschaft durch die Verhältnisse innerhalb der Produktionsebene konstituierte. Die entstehenden Probleme seien demnach durch den Widerspruch von Kapital und Arbeit begründet, was zur Krisenhaftigkeit des Kapitalismus führen würde. Sie interpretierten die Globalisierung als Überhitzung durch Deregulierung, Flexibilisierung und Privatisierung. Demnach handele es sich nur um eine Intensivierung der kapitalistischen Verhältnisse, die es durch einen verstärkten Klassenkampf zurückzudrängen gelte. Das NWLZ hingegen ging auch von qualitativen Veränderungen innerhalb des Kapitalismus aus. Nach ihrer Interpretation war nicht nur der Klassenkampf, also die Kräfteverhältnisse zwischen Kapital und Arbeit entscheidend, sondern auch die Kräfteverhältnisse innerhalb der Kapitalseite. So bilde sich eine jeweils spezifische Formation, in der es gelte, seine Strategie anzupassen. Sie sprachen von Finanzmarktkapitalismus nicht, weil es zu einem einfachen Mehr an Finanzmarkttransaktionen gekommen wäre, sondern weil sich dadurch die Herrschaftsfunktionen im Kapitalismus verändert hätten. Die Entscheidung, was zu welchen Bedingungen wo produziert werde, werde nunmehr an den Börsen und weniger in den Vorständen der Industrieunternehmen getroffen. Dies bedeute auch, dass Krisen nicht nur auf der Ebene der Produktion, sondern auch durch Störungen auf der Zirkulationsebene, auf den Finanzmärkten, entstehen könnten. Über den Hebel, neues Investitionskapital erlangen zu müssen, setzte sich das Prinzip des »Shareholder Value« durch, und der Druck auf Arbeitnehmer steige an. In einem solchen Kapitalismus könne man nach Auffassung des NWLZ nicht mehr mit den Strategien und Forderungen der 1970er-Jahre reagieren. Dieser Unterschied zwischen den beiden linken Strömungen ging auf die Auseinan-

Demonstrierende Jusos im Jahre 2011 in Braunschweig.

dersetzungen innerhalb der Juso-Linken zurück, die sich daran auch gespaltet hatte. Er erreichte aber im Verband nie wieder die Bedeutung der vergangenen Jahre. Wenn er auch die Gründung der beiden neuen Strömungen notwendig machte, nahm er als Identifikationsgrundlage an Bedeutung schnell ab. Die folgenden Juso-Generationen orientierten sich weniger an den Feinheiten einer Kapitalismusanalyse, sondern eher an Fragen der Verbandskultur und der Auseinandersetzung mit der Regierungspolitik der Mutterpartei.

Mit ihrem Diskussionspapier »Politik der nächsten Generation« versuchten die Autoren Björn Böhning, Marc Herter, Britta Lenz, Anja Spiegel und Cornelia Walter die Ansätze der jugend- und kampagnenpolitischen Orientierung den neuen Verhältnissen des 21. Jahrhunderts anzupassen. Dabei ging es zum einen um die Frage, wie der Anspruch eines individuell gestalteten Arbeitens und Lebens in sozialer Sicherheit erreicht werden könne. Zum anderen versuchten sie die seit einigen Jahren geführte Diskussion über Generationengerechtigkeit von links zu besetzen. Im Mittelpunkt der Debatte stand die These, dass die zentrale Spaltung der Gesellschaft zwischen Jung und Alt verlaufe: Zu wenig junge Menschen müssten die Kosten für zu viele alte Menschen tragen. Diese These musste als Hauptbegründung für Sozialabbau und Privatisierung herhalten. Diesem neoliberalen Ansatz hielten die Jusos entgegen, dass die eigentliche Trennungslinie in der Gesellschaft nach wie vor zwischen Arm und Reich verlaufen würde und daher vor allem die Verteilungsfragen innerhalb der Generationen zu thematisieren seien. Sie forderten einen solidarischen Umgang der Generationen miteinander und ein Ende des Gegeneinanderausspielens.

Die nächste große Herausforderung, die für den Verband anstand, war die Bundestagswahl 2002. Sie brachte die Jusos auch wieder enger mit der SPD zusammen. Dafür waren zwei Faktoren ausschlaggebend: das Nein zum Irak-Krieg von Gerhard Schröder und dessen polarisierender CSU-Gegenkandidat Edmund Stoiber. Die SPD verlor zwar Wähleranteile und erreichte 38,5 Prozent. Da die Grünen aber zulegen konnten, reichte es nach einem Wahlkrimi knapp zur Fortführung der Rot-Grünen Bundesregierung. Die Jusos waren im Wahlkampf stark mobilisiert. Vielerorts trugen ihre Aktiven zu einem gelungenen und lebendigem Wahlkampf bei. Gerade die »Hassperson« Edmund Stoiber ermöglichte es den Jusos, weit über den Kern ihrer Zielgruppe hinaus zu wirken. Die Kampagne »Stoppt Stoiber« half nicht nur bei der Verteidigung der Mehrheit im Bundestag, sondern sorgte auch für eine weitere Belebung der Jusos. Dadurch gelang es sogar, den Mitgliederschwund nach 20 Jahren zu stoppen. Der Verband verjüngte sich deutlich. Den Großteil der Aktiven stellten nun die 17- bis 25-Jährigen.

Basta! Nein Danke!

Mit der »Agenda-Rede« am 14. März 2003 vor dem Bundestag löste Kanzler Schröder einen der größten innerparteilichen Konflikte in der Geschichte der Sozialdemokratie aus. An deren Kritik beteiligten sich die Jusos sehr engagiert. Welche Folgen dies letztendlich für den deutschen Sozialstaat und die SPD haben sollte, war auf ihrem Bundeskongress Anfang Mai 2003 in Bremen allerdings noch nicht absehbar. Wenn auch der Kurs der Bundesregierung hart angegangen wurde, blieb eine umfassende Unterstützung für ein von einigen prominenten Mitgliedern gestartetes Mitgliederbegehren gegen die Agenda 2010 aus. Wichtiger war die Frage, wie das Gesundheitssystem reformiert werden sollte. Der Kongress zeigte vor allem die Konsolidierung des Verbandes.

Niels Annen wurde ohne Gegenkandidatur mit 74,1 Prozent im Amt bestätigt. Für Juso-Verhältnisse ein Traumergebnis. Auch bei den übrigen Personalfragen kam es schon im Vorfeld zu einer Einigung. Einige Vorstandsmitglieder profitierten allerdings nur sehr knapp davon.

Das kommende Jahr stand ganz im Zeichen der Auseinandersetzung mit der Agenda 2010 und der »Basta-Politik« Gerhard Schröders. Die Jusos lehnten nicht rundweg alles ab, was an Reformen mit der Agenda verbunden war. Sie begrüßten die zusätzlichen Investitionen in Bildung, den Aufbau von Ganztagsschulen, die Reform des BAföGs und auch die Ankündigung, endlich den Mangel an Ausbildungsplätzen für junge Menschen anzugehen. Diese positiven Ansätze verblassten in den Augen der meisten Jusos aber angesichts der tiefen sozialen Einschnitte, wie der Lockerung des Kündigungsschutzes oder der einseitigen Orientierung auf eine Senkung der Lohnnebenkosten für Unternehmen. Im Mittelpunkt der Kritik standen die Reformen auf dem Arbeitsmarkt. Die Zusammenlegung von Sozialhilfe und Arbeitslosenhilfe sowie eine bessere Förderung der Arbeitssuchenden waren Forderungen, die auch von den Jusos vertreten wurden. Völlig anders hatten sich die Jusos allerdings die Art der Umsetzung vorgestellt: Die Zusammenlegung von Arbeitslosenhilfe und Sozialhilfe sollte auf dem höheren Niveau der Arbeitslosenhilfe stattfinden. Auch die harten Sanktionen und weiten Zumutbarkeitskriterien stießen auf große Ablehnung. Die Kriterien für die Annahme von Arbeit wurden im Vermittlungsverfahren von CDU/CSU und FDP nochmals verschärft. Dies bedeutete, dass jede legale und nicht sittenwidrige Arbeit angenommen werden musste, um keine Leistungskürzungen zu bekommen. Die Forderungen aus dem Wahlprogramm mit denen auch die Jusos im Wahlkampf auf die Straße gegangen waren, fanden sich in der Regierungspolitik nicht mehr wieder. Während es in der SPD durch die Agenda zu einer massiven Austrittswelle kam, blieben die Jusos davon bis auf wenige Ausnahmen verschont – möglicherweise deshalb, weil der Verband glaubwürdig eine innerparteiliche Opposition gegen diesen Kurs verkörperte.

Diese Opposition bekam auf dem nächsten Bundeskongress im Jahr 2004 in München besonders der neue Generalsekretär der SPD zu spüren. Ausgerechnet Klaus Uwe Benneter, der frühere Juso-Vorsitzende und Parteirebell, vertrat 35 Jahre nach der legendären Münchener Linkswende die Agenda-Linie gegenüber den Jusos. Neben den innenpolitischen Themen, bei denen die Jusos sich mehr und mehr darauf verlegten, konkrete Alternativen zu erarbeiten, war das Thema »Friedensmacht Europa« auf dem Kongress von Bedeutung. Die Jusos beschlossen in einem umfassenden Antrag, mit welchen Mitteln Frieden geschützt und wieder hergestellt werden sollte. Ausgehend von einer antimilitaristischen Haltung gab es große Einigkeit über präventive Maßnahmen und Armutsbekämpfung bis hin zur Ablehnung, Europa als Militärmacht auszubauen und stattdessen in ganz Europa Abrüstung voranzutreiben und langfristig die Bundeswehr und alle Armeen der europäischen Mitgliedsstaaten abzuschaffen. Unterschiedliche Positionen gab es in der Frage, ob es Situationen geben könne, in denen nach Ausschöpfung aller anderen Mittel, Friedenseinsätze auch durch Militäreinsätze begleitet werden müssten. Das Ergebnis war eine Bejahung. Die entscheidende Passage in dem Antrag lautete: »Priorität einer linken Sicherheitspolitik hat stets der Einsatz von zivilen Mitteln zu sein. Dort, wo es notwendig wird, können bewaffnete Polizeieinheiten oder Militär mit einem Mandat der Vereinten Nationen als Stabilisierungsinstrument zur Flankierung ziviler Konfliktlösungen eingesetzt werden. Wir lehnen einen solchen Einsatz allerdings ab, wenn damit geostrategische oder ökonomische Interessen, das heißt der freie Zugang zu Ressourcen, zu Märkten oder die Aufrechterhaltung von Handelswegen verfolgt werden.«[231]

Auf dem Münchener Bundeskongress standen außerdem Nachwahlen zum Bundesvorstand an. Niels Annen war nach drei Jahren erfolgreicher Arbeit zurückgetreten, ihm folgte Björn Böhning nach. Er erreichte als alleiniger Kandidat 69,5 Prozent. Damit gab es zum ersten Mal nach vielen Jahren einen geräuschlosen Wechsel an der Verbandsspitze, obwohl Böhning zum NWLZ gehörte und damit strömungspolitisch klar zuzuordnen war.

Kritik am Regierungshandeln der SPD gehörte mittlerweile zur Alltagsarbeit der Jusos. Dies machte sie auch in der Öffentlichkeit interessanter. Die Jusos beschränkten sich aber nicht nur auf reine Kritik. Sie erarbeiteten für viele Bereiche der Arbeitsmarkt- und Sozialpolitik umfassende Alternativkonzepte und starteten Initiativen und Kampagnen zu Themen, um damit als Anwalt und Interessenvertretung für die junge Generation in die Partei zu wirken. In einigen Punkten hatten sie bei der Parteiführung Erfolg. So verankerte die SPD unter anderem die Forderung nach einer Abschaffung der Wehrpflicht in ihrem Programm und sprach sich für die Unvereinbarkeit der SPD-Mitgliedschaft mit der Mitgliedschaft in bestimmten Burschenschaften aus. Weniger erfolgreich war der Verband beim Kampf für seine Vorstellungen für eine Weiterentwicklung der Sozialversicherungen. Eines ihrer wichtigsten Projekte war schon seit »Neue Zeiten denken« die Arbeitsversicherung. Ihm lag ein Konzept der Vermeidung und Abmilderung von Arbeitslosigkeit zugrunde, welches die bisherigen Elemente der Arbeitsmarktpolitik bündelte und unter einem Dach zusammenbrachte. Dabei besteht die Aufgabe der Arbeitsversicherung nicht nur aus der Absicherung der ökonomischen Existenzgrundlage sowie einer Hilfestellung bei der Reintegration in den Arbeitsmarkt im Falle der Arbeitslosigkeit. Sie soll vielmehr auch Chancen über die Brüche im Erwerbsleben hinweg eröffnen. Brüche im Erwerbsleben sind mehr als nur Zeiten der Arbeitslosigkeit. Auch Familienphasen, Weiterbildungszeiten, Leerphasen zwischen einem Arbeitsplatzwechsel und der Übergang vom Bildungssystem in die Beschäftigung sind häufige Gründe für eine Unterbrechung der Erwerbstätigkeit. Damit hatten die Jusos durchaus eine progressive Alternative zur Agenda-Politik im eigenen Angebot.

Beständiger als die Partei

Gerhard Schröder hatte mit seiner Politik als Bundeskanzler die SPD in eine Zerreissprobe geführt. In der Wählergunst war sie weit zurückgefallen. Schon seit dem Beginn der ersten Periode Rot-Grün hatte die Sozialdemokratie eine lange Liste mit verlorenen Landtagswahlen zu verkraften. Der traurige Höhepunkt war der 22. Mai 2005. Die SPD verlor mit ihrem Spitzenkandidaten Peer Steinbück Nordrhein-Westfalen. Kurz nach dem Schließen der Wahllokale verkündeten der Parteivorsitzende Franz Müntefering und Gerhard Schröder ihre Absicht, vorgezogene Bundestagswahlen auszurufen. Drei Wochen später trafen sich die Jusos zu ihrem Bundeskongress in Leipzig. Dort zogen sie unter großer medialer Aufmerksamkeit ein verheerendes Fazit der Regierungspolitik, aber auch ihren Willen, für einen erneuten Wahlsieg der SPD zu kämpfen. In einer Resolution zur aktuellen Situation hieß es: »Die Politik der Bundesregierung in ihrer bisherigen Form hat keine ausreichende Unterstützung bei den Wählerinnen und Wählern. Dies machen Stimmungsumfragen in der Bevölkerung und nicht zuletzt die neun verlorenen Landtagswahlen deutlich. Klar ist: Die Politik der Agenda 2010 hat die Verankerung der SPD in den ihr traditionell zugeneigten sozialen Milieus drastisch geschwächt. Gleichzeitig ist die neue Mitte – sofern es diese je gab – mittlerweile ab durch die Mitte. Eine Frage steht bei der Analyse der Regierungsarbeit an erster Stelle: Wo sind die Erfolge von Rot-Grün bei der Bekämpfung der Massenarbeitslosigkeit? Rot-Grün hat die Beschäftigungskrise nicht nachhaltig gelöst. Stattdessen ist die Schere zwischen Arm und Reich größer geworden. Statt eine notwendige nachfrageorientierte Politik zu verfolgen, hat die Fiskal- und Angebotspolitik der Bundesregierung antizyklisch und damit krisenverschärfend gewirkt. Hinzu kommt der massive Glaubwürdigkeitsverlust der SPD. Die Menschen verbinden die SPD nicht mehr mit sozialer Gerechtigkeit. Massiv dazu beigetragen hat die Politik der Agenda 2010. (...) Wir Jusos werden für die rot-grüne Regierung kämpfen. Wir nehmen die Entscheidungsschlacht über den Sozialstaat in Deutschland an. Die Marktradikalen um Merkel werden versuchen, im Schlafwagen an die Macht zu kommen. Das wird ihnen nicht gelingen: Den Schwarzen steht ein heißer Sommer bevor!«[232]

Der Leipziger Kongress war aber auch noch in anderer Hinsicht eine wichtige Wegmarke des Verbandes. Björn Böhning wurde mit 65 Prozent wiedergewählt und bei der Wahl der übrigen Vorstandsposten setzte sich eine neue, bis auf den heutigen Tag tragende Konstellation durch. Die Verbandslinke fand ein gemeinsames Personalticket für sieben der acht Stellvertreterinnen und Stellvertreter, drei für die Traditionalisten und vier aus den Reihen des NWLZ. Das NWLZ stellte damit die Mehrheit im Bundesvorstand. Der letzte Vorstandsplatz blieb unbesetzt,die Verbandsrechte verschwand aus dem Bundesvorstand. Ihrer Kandidatin schlug in den Vorstellungsrunden viel Widerstand in den linken Delegationen entgegen. Um den Verbandsfrieden zu erhalten, wählten diese sie aber trotzdem mit. Da sie im ersten Wahlgang nicht die gesamte Unterstützung ihres eigenen Lagers hatte, trat sie im zweiten Wahlgang nicht mehr an.

Der Bundestagswahlkampf gestaltete sich spannender als erwartet. Schröder lief zur Hochform auf, die CDU mit der Spitzenkandidatin Angela Merkel bot mit ihren marktradikalen Plänen eine große Angriffsfläche und mit der Anti-Mehrwertsteuererhöhungs-Kampagne »Merkelsteuer – das wird teuer« wurden Partei und Jusos mobilisiert. Es reichte aber nicht, um Rot-Grün fortzusetzen. Gerhard Schröder wurde abgewählt. Mit ihm verabschiedeten sich die Jusos der 1970er-Jahre aus der ersten Reihe der Bundespolitik. Schröder hatte in seinen sieben Jahren Kanzlerschaft nicht eine Veranstaltung der Jusos besucht. Bei den Jusos spottete man, dass er seine Überzeugungen als antirevisionistischer Juso im Grunde beibehalten hätte. Schließlich hätte er auch schon in seiner Juso-Zeit eine Position vertreten, in der die Partei für die Regierung keine Rolle gespielt hätte. Bei der Bundestagswahl landete die SPD mit 34,2 Prozent einen Prozentpunkt hinter der Union. Die Folge war eine Große Koalition. Diese startete gleich mit einer großen Enttäuschung; nicht nur für die Jusos. Die CDU hatte im Wahlkampf eine Erhöhung der Mehrwertsteuer um 2 Prozent angekündigt. Die SPD hatte eine Erhöhung vehement abgelehnt. Das Ergebnis der Koalitionsverhandlungen war eine Erhöhung um 3 Prozent. Dies wurde zum Synonym für die Unglaubwürdigkeit der SPD. Der Frust über diese Entscheidung wurde nur noch durch die Einführung der Rente mit 67 übertroffen. Die Probleme der SPD wuchsen. Mittlerweile strahlten die Jusos mehr Konstanz als die Partei aus. Von 2004 bis 2009 gab es im Schnitt jedes Jahr einen neuen Parteivorsitzenden. In der Zeit des Juso-Bundesvorsitzenden Björn Böhning gab es zwei Wechsel in der Parteiführung und seine Nachfolgerin Franziska Drohsel erlebte in ihrer dreijährigen Amtszeit sogar vier verschiedene Parteivorsitzende.

Trotzdem wurde auf dem Hamburger Parteitag im Oktober 2007 ein neues Grundsatzprogamm der SPD beschlossen. Dem Weg dorthin war ein langer Prozess vorhergegangen, in den sich die Jusos immer intensiv eingemischt hatten. Ihr Hauptvorwurf war, dass mit den Entwürfen mehr die aktuelle Regierungspolitik gerechtfertigt würde, als die Grundsätze der SPD zu beschreiben. Es gab Bestrebungen, den demokratischen Sozialismus von einer Vision zu einer veralteten historischen Idee zu degradieren. Dies war nur einer der Angriffe auf das Selbstverständnis der Jusos in der SPD. Schlussendlich wurden diese aber abgewehrt, und auf dem Parteitag konnten die Jusos noch Erfolge in Bezug auf die Themen Finanzmärkte und Gleichstellung erringen.

Im Schatten der Finanzkrise

Franziska Drohsel war mit 76 Prozent auf dem Bundeskongress im November 2007 in Wolfsburg gewählt worden. Ihr zur Seite stand ein Vorstand, der paritätisch vom NWLZ und den Traditionalisten besetzt war. Dieser Wechsel an der Spitze des Verbandes wurde begleitet von einem Generationswechsel bei den Jusos und einer stärkeren Orientierung an der gesellschaftlichen Linken. Zu den zentralen Projekten gehörte, bei den Jusos wieder grundsätzlichere Debatten zu führen. Dafür initiierte die neue Vorsitzende einen Papierprozess, an dessen Ende das Buch »Was ist heute links?« und große Basiskongresse als neues Angebot für die Mitglieder standen. Daneben beschäftigten sich die Jusos mit Fragen der öffentlichen Daseinsvorsorge und griffen damit der Kehrtwende der SPD zu einer Ablehnung weiterer Privatisierungen vor. Dies unterstrichen sie mit einer Kampagne gegen die Pläne der Großen Koalition, die Bahn an die Börse zu bringen. Doch wieder einmal mussten sie feststellen, dass Parteitagsbeschlüsse eine kurze Halbwertzeit haben. Der Verkauf der Bahn fand zwar nicht statt, aber nicht, weil die SPD es verhindert hätte, sondern weil in der Finanzkrise keine angemessenen Gewinne erzielt werden konnten.

Zu ihrem Bundeskongress 2008 in Weimar reisten die Jusos mit der Nachricht an, dass die Investmentbank Lehman Brothers zusammengebrochen wäre und die Weltwirtschaft vor ihrer größten Krise der Nachkriegszeit stehe. Auf einmal waren viele Diskussionen Realität, die die Jusos in den vergangenen Jahren theoretisch geführt hatten. Die internationalen Finanzmärkte konnten nur durch bis dahin unvorstellbar große staatliche Rettungsprogramme stabilisiert werden. Trotzdem sprang die Krise weltweit auf alle Bereiche der Wirtschaft über. Der Neoliberalismus schien am Ende zu sein und die von den Jusos seit Jahren immer wiederholte Forderung nach einer Regulierung der Finanzmärkte wurde zum Mainstream. Nur die Bundesregierung schlug keinen Weg ein, der über den Erhalt der Verhältnisse hinausging. Zu den beschlossenen Maßnahmen der Großen Koalition gehörte auch die Aufnahme einer Schuldenbremse ins Grundgesetz. Insbesondere diese Festschreibung neoliberaler Ideologie erzeugte bei den Jusos massiven Widerstand.

Mit der Entstehung der Partei Die LINKE und der Etablierung eines Fünf-Parteien-Systems in Deutschland war eine Mehrheitsfähigkeit von Rot-Grün nach der Bundestagswahl 2009 so gut wie ausgeschlossen. Der SPD fehlte eine Machtperspektive jenseits der Großen Koalition. Die Jusos forderten daher, den absoluten Ausschluss jeder Zusammenarbeit mit der LINKEN aufzugeben und nach der Wahl anhand der

Programme zu entscheiden, ob und in welcher Konstellation die meisten Forderungen der SPD umgesetzt werden könnten. Darauf ging die Partei aber nicht ein und setzte auf eine Abgrenzungsstrategie gegen die LINKE und die Verteidigung der eigenen Regierungsarbeit. Die SPD trat zur Bundestagswahl 2009 mit großen Hypotheken an. Die Wählerinnen und Wähler hatten nicht nur ihr Vertrauen in die Sozialdemokratie verloren, sie glaubten ihr einfach nicht mehr. Dementsprechend verheerend war das Ergebnis. Die SPD stürzte auf 23 Prozent ab, und die Union bildete mit der FDP die neue Bundesregierung.

Mit der Kampagne »SPD-Erneuern« meldeten sich die Jusos bei der Aufarbeitung der Wahlschlappe zu Wort. Franziska Drohsel forderte für die Jusos: »Unausweichlich ist es jetzt, dass eine radikale Erneuerung stattfindet. Wir brauchen eine schonungslose Analyse, wie dieses schlechte Ergebnis passieren konnte. Und wir brauchen mit Blick auf den Parteitag im November einen Prozess der Erneuerung in inhaltlicher und strategischer Hinsicht. Schon als Oppositionspartei müssen wir uns neu aufstellen. Zu einem Erneuerungsprozess gehört aber auch, dass damit personelle Konsequenzen verbunden sind. Hier müssen wir einen offenen und demokratischen Prozess einfordern. Ein ›Weiter so‹ darf es einfach nicht geben.«[233] Insbesondere die Selbstausrufung des verantwortlichen Kanzlerkandidaten Frank-Walter Steinmeier zum Fraktionsvorsitzenden stieß auf Unverständnis bei den Jusos. Bei dem folgenden Bundesparteitag in Dresden ging es neben der Wahl Sigmar Gabriels zum neuen Parteivorsitzenden darum, Pflöcke für die inhaltliche Neuaufstellung der SPD einzuschlagen. Dabei errungen die Jusos einen unerwarteten Erfolg. Der Parteitag beschloss die Wiedereinführung der Vermögenssteuer, und es wurde langsam möglich, die Auswirkungen der Arbeitsmarktpolitik kritisch zu hinterfragen. Die Neuaufstellung der SPD war und ist ein langer Prozess, den die Jusos begleiteten.

2010 trat Franziska Drohsel nach den beinahe üblichen drei Jahren vom Vorsitz zurück. Auf dem Essener Bundeskongress wurde Sascha Vogt mit knapp 70 Prozent der Stimmen als Nachfolger gewählt. Die Jusos intensivierten ihre Bündnisarbeit und gründeten gemeinsam mit der Grünen Jugend, den Verbänden der Gewerkschaftsjugend und den Umweltverbänden das »Änder das-Bündnis«, um gegen die Politik der schwarz-gelben Regierungspolitik vorzugehen. Im Juli 2011 sollte das IUSY-Festival am Attersee in Österreich der Höhepunkt des Jahres werden. Doch es wurde zu einer großen Solidaritätsveranstaltung in bedrückender Stimmung. Wenige Tage zuvor wurden während eines ähnlichen Camps 69 Genossinnen und Genossen der »Norwegischen Arbeiterjugend« (Arbeidernes Ungdomsfylking, AUF) auf ihrer Insel Utøya durch einen nationalistischen Attentäter ermordet.

Bei den Neuwahlen des Bundesvorstandes im Winter 2011 kam es erstmals nach zehn Jahren zu einer Kampfkandidatur. Sascha Vogt setze sich mit 218 von 299 Stimmen gegen seinen baden-württembergischen Gegenkandidaten von der Verbandsrechten klar durch. Im Mai 2013 feierten die Jusos in Dortmund den 150. Geburtstag der SPD mit dem internationalen »Workers Youth Festival«, zu dem mehr als 4000 junge Sozialistinnen und Sozialisten aus aller Welt anreisten.

Wessen Morgen ist der Morgen?

Die fast einhundertjährige Beziehungsgeschichte von JungsozialistInnen und Sozialdemokratie ist geprägt von Auseinandersetzungen, Brüchen, intensiven Diskussionen, aber auch von großen gemeinsamen Erfolgen. Längst nicht alle Themen, Debatten, Personen und Aktionen konnten auf dem gedrängten Platz dieses Buches dargestellt werden. Nicht immer betrafen die Auseinandersetzungen nur das Verhältnis von Partei und Jusos: Oft hatte die SPD Schwierigkeiten, politische Trends auf der Linken insgesamt zu verstehen und in das eigene Handeln zu integrieren. Besonders deutlich wurde dies mit der Studentenbewegung in den 1960er-Jahren, als innerhalb der Jusos und anderer Kreise bereits zehn Jahre vor Beginn der Ostpolitik Willy Brandts zumindest über ein unverkrampfteres Verhältnis zur DDR diskutiert wurde. Auch viele Diskussionen innerhalb der Jusos erscheinen in der Rückschau gar nicht so weltfremd wie oft behauptet: So wurde bereits in den 1970er-Jahren intensiv über Umweltpolitik debattiert, fanden in den 1980er-Jahren Debatten über die Vielfalt jugendlicher Lebensstile und ihre politischen Anknüpfungsmöglichkeiten statt und wurde in den 1990er-Jahren über die stattfindenden Veränderungen beim »Normalarbeitsverhältnis« debattiert. Für andere Debatten fiel schlicht der historische Kontext weg, an vorderster Linie der zur Abgrenzung herausfordernde »real existierende Sozialismus«.

Die Arbeit bei den JungsozialistInnen hat Generationen von Sozialdemokratinnen und Sozialdemokraten geprägt: Junge Menschen mit Leidenschaft und ausgezogen mit der Ambition zu verstehen, »wessen Welt« diese Welt eigentlich ist – oder vielmehr: Wessen Welt sie eigentlich sein sollte! Einigendes Band war über alle Jahre hinweg bis heute das Bekenntnis als sozialistischer, feministischer und internationalistischer Verband. Die Zukunft der Jusos ist offen, sie richten den Blick nach vorn. Mit der geballten linken Faust des Reichsbanners Schwarz-Rot-Gold und der Internationalen beenden wir dieses Buch.

DIE INTERNATIONALE (1871/1888/1910)

Worte: Eugène Pottier (1816–1887)
Melodie: Pierre Degeyter (1848–1932)
Deutsche Nachdichtung: Emil Luckhardt (1880–1914)

Wacht auf, Verdammte dieser Erde,
die stets man noch zum Hungern zwingt!
Das Recht, wie Glut im Kraterherde,
nun mit Macht zum Durchbruch dringt.
Reinen Tisch macht mit dem Bedränger,
Heer der Sklaven, wache auf!
Ein Nichts zu sein, tragt es nicht länger
Alles zu werden, strömt zuhauf!

Völker, hört die Signale,
auf zum letzten Gefecht!
Die Internationale
erkämpft das Menschenrecht.

Es rettet uns kein höh'res Wesen,
kein Gott, kein Kaiser noch Tribun
Uns aus dem Elend zu erlösen,
können wir nur selber tun.
Leeres Wort: des Armen Rechte!
Leeres Wort: des Reichen Pflicht!
Unmündig nennt man uns und Knechte!
Duldet die Schmach nun länger nicht!

Völker, hört die Signale,
auf zum letzten Gefecht!
Die Internationale
erkämpft das Menschenrecht!

In Stadt und Land, ihr Arbeitsleute,
wir sind die stärkste der Partei'n.
Die Müßiggänger schiebt beiseite!
Diese Welt muss unser sein!
Unser Blut sei nicht mehr der Raben
und der mächt'gen Geier Fraß!

Erst wenn wir sie vertrieben haben,
dann scheint die Sonn' ohn' Unterlass!

Völker, hört die Signale,
auf zum letzten Gefecht!
Die Internationale
erkämpft das Menschenrecht!

Hoch die internationale Solidarität!

Anmerkungen

1 Grundsatzerklärung der Jusos, Potsdam 1991, S. 1.
2 Beschlussbuch Juso-Bundeskongress 2011, www.jusos.de, S. 4
3 SPD-Parteivorstand, Grundsätze und Richtlinie für die Tätigkeiten der Arbeitsgemeinschaften in der SPD, Berlin 2012, S. 2.
4 Zitiert nach: Juso-Bezirk Braunschweig, Alternativer Rechenschaftsbericht 2004, Vechelde 2004, Filmminute 19.
5 Protokoll des SPD-Parteitages vom Oktober 1898, Berlin 1898, S. 125.
6 Zitiert nach: Helga Grebing, Geschichte der deutschen Arbeiterbewegung, München 1966, S. 115.
7 MEW, Die Lage der arbeitenden Klasse in England, Berlin 1972, Band 2, S. 374.
8 Zitiert nach: Reinhard Lüpke, Zwischen Marx und Wandervogel, Marburg 1984, S. 13.
9 Julian Gumperz (Hrsg.), Karl Liebknecht – Reden und Aufsätze, Hamburg 1921, S. 14.
10 Zitiert nach: Reinhard Lüpke, Zwischen Marx und Wandervogel, Marburg 1984, S. 13.
11 Protokoll des SPD-Parteitages vom September 1912, S.265
12 Zitiert nach: Reinhard Lüpke, Zwischen Marx und Wandervogel, Marburg 1984, S. 20 f.
13 Zitiert nach: Matusall/Frye, 100 Jahre IUSY, in: Argumente (2007)1, S. 25.
14 Erich Ollenhauer, Reden und Aufsätze, Hrsg. von Fritz Sänger, Hannover 1977, S. 99.
15 Zitiert nach: Matusall/Frye, 100 Jahre IUSY, in: Argumente (2007)1, S. 26.
16 Karl Liebknecht, Militarismus und Antimilitarismus, in: Gesammelte Reden und Schriften, Band 2, Berlin 1906 S. 57 f.
17 Zitiert nach: Gottfried Freiherr von Heydte, Die Geschichte der Auseinandersetzung der SPD mit ihrer Parteijugend, Würzburg 1978, S. 52.
18 Zitiert nach: Gottfried Freiherr von Heydte, Die Geschichte der Auseinandersetzung der SPD mit ihrer Parteijugend, Würzburg 1978, S. 54.
19 Protokoll des SPD-Parteitags 1919 in Weimar, S.508.
20 Protokoll des SPD-Parteitags 1920 in Kassel, S. 318f.
21 Zitiert nach: Bettina Irina Reimers, Die sozialistische Heimvolkshochschule Schloß Tinz in Gera, in: Heinrich Eppe/Ulrich Hermann (Hrsg.), Sozialistische Jugend im 20. Jahrhundert, Weinheim 2008, S. 92
22 Heinrich Lienker, Geist von Weimar, Bonn 1987, S. 36ff.
23 Erich Ollenhauer, Am Goethe-Schiller-Denkmal in Weimar, in: ders.: Reden und Aufsätze, Bonn 1977, S. 59f.
24 Zitiert nach: Reinhard Lüpke, Zwischen Marx und Wandervogel, Marburg 1984, S. 33f..
25 Jungsozialistische Blätter (JB) (1922)1, S. 2f.
26 August Rathmann, Vom neuen Wollen, in: JB (1922)1, S. 3f.
27 August Rathmann, Sinn und Wesen der Jugendbewegung, in: JB (1922)6, S. 107ff.
28 Vgl. Walter Spengler, Volksgemeinschaft, in: JB (1922)10, S. 162f.
29 Ebd.
30 Kurt Wegener, Jungsozialismus, in: JB (1922)10, S. 164ff.
31 Vgl. August Rathmann, Organisation oder Bewegung?, in: JB (1922)9, S. 155ff.
32 Wolfgang Abendroth, vgl. Heinrich Lienker, Geist von Weimar, S. 47.

33 Erich Fäse, Volk und Führer, in: JB, (1923)1, S. 17f.
34 Vgl. Walter Spengler, Volk und Jugend, in: JB, (1923)1, S. 29f.
35 August Rathmann, Deutsches Volk und Vaterland, in: JB, (1923)5, S. 68ff.
36 Karl Bröger, Deutschland, in: JB, (1923)6, S. 81.
37 Franz Lepinski, Volk und Kunst, in: JB, (1923)6, S. 24f.
38 Vgl. Karl Bröger, Deutsche Menschen und deutscher Geist, in: JB, (1923)5, S. 84ff.
39 Walter Kochs, Deutsches Volkstum und deutsche Kultur, in: JB, (1923)5, 91f.
40 Vgl. Alma d'Aigle, Volk und Staat, in: JB, (1923)5, S. 94ff.
41 Ebd.
42 Vgl. Gustav Radbruch, Volk im Staat, in: JB, (1923)5, S. 98ff.
43 Vgl. Hugo Sinzheimer, Sozialistische Politik im neuen Deutschland, in: JB, (1923)5, S. 105f.
44 Vgl. Paul Witthöft, Um den Jungsozialismus!, in: JB, (1923)12, S. 244ff.
45 Ebd.
46 Ebd.
47 Ebd.
48 Vgl. Franz Osterroth, Reformist und doktrinär, in: JB, (1924)3, S. 68f.
49 August Rathmann, Konstruktiver Sozialismus und orthodoxer Marxismus, in: JB, (1924)6, S. 139ff.
50 Otto Lamm, Konstruktionen, in: JB, (1924)7, S. 163f.
51 Vgl. Franz Lepinski, Wider den Chauvinismus!, in: JB, (1923)12, S. 229ff.
52 Vgl. JB, (1923)12, S. 231f.
53 Eine jungsozialistische Tagung, in: Sozialistische Politik und Wirtschaft, (1924)30, o. S.
54 Georg Engelbert Graf, Klassenkampf oder Volksgemeinschaft?, in: JB, (1924)8, S. 176ff.
55 Karl Sperling, National oder International, in: JB, (1924)8, S. 184ff.
56 Karl Sperling, Staat und Proletariat, Der junge Parteigenosse, in: Sozialistische Politik und Wirtschaft, (1924) 64 f.
57 Ebd.
58 Franz Osterroth, Zur Jenaer Reichskonferenz, in: JB, (1925)3, S. 98ff
59 Maria Hodann, Was wir wollen, in: JB, (1925)3, S. 103ff.
60 Ebd.
61 Ebd.
62 E. Nacken, Für die Mitte, in: JB, (1925)3, S. 105ff.
63 Dritte Reichskonferenz der Jungsozialisten April 1925 in Jena, Berlin 1925, S. 1.
64 Ebd., S. 7.
65 Ebd., S. 7f.
66 Ebd., S. 8.
67 Ebd., S. 12ff.
68 Ebd., S.22.
69 Ebd., S. 26
70 Ebd., S. 31.
71 Arbeitswoche des Hofgeismarkreises, in: JB, (1925)7, S. 220f.
72 Maria Hodann, Weibliche Jungsozialisten, in: JB, (1925)6, S. 177ff.

73 Vgl. Walter G. Oschilewski, Zum Problem der weiblichen Mitarbeit, in: JB, (1926)2, S. 45ff.
74 Ebd.
75 Ebd.
76 Anna Siemsen, Weibliche Mitarbeit ein Problem?, in: JB, (1926)2, S. 48ff.
77 Vgl. Georg Engelbert Graf, Die Vereinigten Staaten von Europa, in: JB, (1925)8, S. 226ff.
78 Ebd.
79 Vgl. JB, (1925)12, S. 353f.
80 Vgl. Otto Jensen, Die Liebe der heutigen Generation, in: JB, (1926)12, S. 354ff.
81 Adolf Koch, Das Liebesleben der Jugend, in: JB, (1926)12, S. 359ff.
82 Vgl. Helmut Wagner, Die Reichskonferenz der Jungsozialisten am 5. Juni 1927 in Dresden, in: JB, (1927)7, S. 194ff.
83 Vgl. JB,, (1928)9, S. 285.
84 Vgl. Fritz Lewy, Jungsozialistische Kleinarbeit, in: JB, (1929)12, S. 347f.
85 Ebd.
86 Vgl. Franz Lepinski, Zehn Jahre Jungsozialisten!, in: JB, (1930)11, S. 323ff.
87 Ebd.
88 Vgl. Franz Lepinski, Vor einem Jung-Sozialistengesetz, in: JB, (1931)1, S. 27.
89 Vgl. Hans Seigewasser, Wir geben Rechenschaft, JB, (1931)1, S. 29f.
90 Zitiert nach: Franz Lepinski, Vor einem Jung-Sozialistengesetz, in: JB, (1931)1, S. 28.
91 Vgl. Kurt Bienwald, Reorganisation der Jungsozialisten, JB, (1931)2, S. 60f.
92 Vgl. Franz Lepinski, Reorganisation, in: JB, (1931)3, S. 66ff..
93 Vgl. Anna Siemsen, Die Zukunft der Jungsozialisten, in: JB, (1931)3, S. 69f.
94 Vgl. Alexander Schifrin, in: JB, 3(1931)3, S. 71f.
95 Vgl. Dora Fabian, Haben wir »kapituliert«?, in: JB, (1931)3, S. 81f.
96 Clemens Seifert, Sind wir reorganisationsbedürftig?, in: JB, (1931)3, S. 81ff.
97 Vgl. Ollenhauer, S. 15ff..
98 Zitiert nach: Arno Wend, Reichskonferenz der Jungsozialisten Ostern 1931 in Leipzig, in: JB, (1931)5, S. 136.
99 Vgl. Wilhelm Sollmann, Jugend und Partei, in: Neue Blätter für den Sozialismus, (1931)4, S. 193ff.
100 Vgl. Erich Ollenhauer, Partei und Jugend, in: Arbeiterjugend, (1931)7, S. 155ff.
101 Ebd., S. 156.
102 Ebd.
103 Ebd.
104 Protokoll über die Verhandlungen des SPD-Parteitags Leipzig 1931, zitiert nach: Friedemann, P./Schledorn, W. (Hg,), Aktiv gegen Rechts. Der Rote Kämpfer – Marxistische Arbeiterzeitung 1930–1931, Essen 1994, S. 262.
105 Vgl. Georg Engelbert Graf, Partei und Jugend, in: JB, (1931)7, S. 197ff.
106 Vgl. Otto Jenssen, Parteidemokratie in Theorie und Praxis, in: JB, (1931)7, S. 205ff.
107 Vgl. Fritz Lewy, Parteitag, Partei und Jugend. Der Klassenkampf, (1931)12, S. 367ff.
108 Carl Mierendorff, Das Fazit von Leipzig. in: Neue Blätter für den Sozialismus, (1931)6, S. 324 ff.
109 Georg Engelbert Graf, Zum Geleit, in: Sozialistische Jugend, (1931)1, S. 2f.

110 Vgl. Georg Engelbert Graft, Parteitreue und Parteiopposition, in: Sozialistische Jugend, (1931)1, S. 66ff.
111 Zitiert nach: Zentralsekretariat der Jungsozialisten (Hrsg.): Berichte 1950, Bonn o.J., S. 1.
112 Zitiert nach: Karlheinz Schonauer, Als Jusos noch brav waren, Bonn 1978, S. 97f.
113 Zitiert nach: Karlheinz Schonauer, Als Jusos noch brav waren, Bonn 1978, S. 114.
114 Zitiert nach: Karlheinz Schonauer, Als Jusos noch brav waren, Bonn 1978, S. 152.
115 Zitiert nach: Karlheinz Schonauer, Als Jusos noch brav waren, Bonn 1978, S. 115.
116 Zitiert nach: Karlheinz Schonauer, Als Jusos noch brav waren, Bonn 1978, S. 112f.
117 Zitiert nach: Zentralsekretariat der Jungsozialisten (Hrsg.), Berichte 1950, Bonn o.J., S. 6.
118 Zitiert nach: Karlheinz Schonauer, Als Jusos noch brav waren, Bonn 1978, S. 109f.
119 Zitiert nach: Barbara Bortfeldt, 15 jahre jungsozialisten, in: Bundessekretariat der Jungsozialisten (Hrsg.), 15 Jahre Jungsozialistenarbeit. Von Hannover bis Düsseldorf, o.O. 1963, S. 48.
120 Vgl. Werner Buchstaller, Übertragt den Menschen politische Verantwortung, in: Zentralsekretariat der Jungsozialisten (Hrsg.): Berichte 1951, Bonn o.J., S. 2.
121 Vgl. Zentralsekretariat der Jungsozialisten (Hrsg.), Berichte 1951, Bonn o.J., 13f.
122 Klarer Kurs, (1953)1.
123 Zitiert nach: Zentralsekretariat der Jungsozialisten (Hrsg.), Berichte 1950, Bonn o.J., S. 21.
124 Zentralsekretariat der Jungsozialisten (Hrsg.): Arbeitsbericht 1954/55, Bonn o.J., S. 4.
125 Vgl. Bundessekretariat der Jungsozialisten (Hrsg.): Jungsozialistenarbeit 1958/59, Bonn o.J., S. 4ff.
126 Ebd., S. 7
127 Vgl. Bundessekretariat der Jungsozialisten (Hrsg.), Unsere Arbeit 1964/65, Bonn 1965, S. 9ff.
128 Ebd., S.11f.
129 Zitiert nach: Karlheinz Schonauer, Die ungeliebten Kinder der Mutter SPD, Bonn 1982, S. 187f.
130 Peter Corterier, Wo stehen die Jungsozialisten?, in: JS. Zeitschrift Junger Sozialdemokraten, (1968)1/2, S. 6.
131 SPD und Jungsozialisten, JS (1968) 1/2, S. 14.
132 Vgl. JS, (1968)5, S. 15.
133 Zitiert nach JS, (1968)6, S. 12.
134 Christian Richter, Die SPD ist noch die Hoffnung unserer Zeit, in: JS, (1968)7, S. 3.
135 Vgl. JS, (1968)7, S. 2ff.
136 Ebd.
137 Vgl. Herbert Ludz, Treten Sie zurück, Herr Minister!, in: JS, (1969)8, S. 3.
138 Herbert Ludz, Zwischen Auflehnung, Anpassung und Resignation, in: JS, (1969)12, S. 4
139 Zitiert nach: Karlheinz Schonauer, Die ungeliebten Kinder der Mutter SPD, Bonn 1982, S. 133.

140 Zitiert nach: Karlheinz Schonauer, Die ungeliebten Kinder der Mutter SPD, Bonn 1982, S. 134.

141 Zitiert nach: Karlheinz Schonauer, Die ungeliebten Kinder der Mutter SPD, Bonn 1982, S. 135.

142 Jungsozialisten und SPD, in: Bundesvorstand der Jungsozialisten (Hrsg.): Bundeskongressbeschlüsse. Jungsozialisten in der SPD 1969–1976. Bonn 1978, S. 2ff.

143 Vgl. Stenographische Bericht der 5. Sitzung des Deutschen Bundestages der 6. Wahlperiode, 28.10.1969, S. 20.

144 Vgl. Martin Oberpriller, Jungsozialisten – Parteijugend zwischen Anpassung und Opposition, Bonn 2004, S. 175.

145 Zitiert nach: Oberpriller, S. 173.

146 Zitiert nach: Emil-Peter Müller, Juso-Sozialismus, Köln 1972, S. 41.

147 Günther Müller, Rote Zelle Deutschland oder was wollen die Jungsozialisten wirklich?, Stuttgart 1972.

148 Norbert Gansel (Hrsg.), Überwindet den Kapitalismus oder Was wollen die Jungsozialisten?, Reinbek bei Hamburg 1971.

149 Emil-Peter Müller, Jungsozialisten zwischen Reform und Revolution, Köln 1974.

150 Roth, W. (Hrsg.), Kommunalpolitik – für wen?, Frankfurt am Main 1971, S. 7.

151 Forderungskatalog der Jungsozialisten zur Kommunalpolitik, beschlossen auf der Arbeitskonferenz am 24./25. April 1971 in Mannheim, S. 1.

152 JS,-magazin, Bremer Bundeskongress 1970, Januar 1971, S. 3

153 Vgl. Uwe Kremer, Der Hannoveraner Kreis – Die ersten 20 Jahre der Strömung, in: Sascha Vogt, Juso-Linke, Dortmund 2011, S. 16 ff.

154 Vgl. Karlheinz Schonauer, Die ungeliebten Kinder der Mutter SPD, Bonn 1982, S. 300f.

155 Beschlussbuch Juso-Bundeskongress 1972, S. 8.

156 Hamburger Strategiepapier, abgedruckt in: Duve, F. (Hrsg.), Der Thesenstreit um Stamokap, Reinbek 1973, S. 59.

157 Ebd., S. 59.

158 Ebd., S. 57.

159 Vgl. Duve, F. (Hrsg.), Der Thesenstreit um Stamokap, Reinbek 1973, S. 139 f.

160 Hamburger Strategiepapier, a.a.O., S. 68.

161 Vgl. Beschlussbuch Juso-Bundeskongress 1974, S. 2.

162 Ebd., S. 5.

163 Vgl. Beschlussbuch Juso Bundeskongress 1976, S. 58.

164 Beschlussbuch Juso-Bundeskongress 1976, S. 83.

165 Beschlussbuch Juso-Bundeskongress 1976, S. 4.

166 Zitiert nach: Oberpriller, S. 242.

167 Der Spiegel (1977)14, »Wir haben keine Berührungsängste«, S. 36f.

168 Zitiert nach: Die Zeit (1977)19, Jusos: Die Stunde schlägt.

169 Zitiert nach: Dieter Stephan, Jungsozialisten: Stabilisierung nach langer Krise?, Bonn 1980, S. 94.

170 Vgl. Beschlussbuch Juso-Bundeskongress 1978, S. 3.

171 Ebd.

172 Zitiert nach: Dieter Stephan, Jungsozialisten: Stabilisierung nach langer Krise?, Bonn 1980, S. 94.

173 Edgar Einemann, Juso-Strategiediskussion: Ende der Spaltung?, in: Bremer Beiträge (1978)1 , S. 29.

174 Ebd.

175 Vgl. Göttinger Thesen II, S. 117 f.

176 Vgl. ebd., S 113 ff.

177 Vgl. Peter von Oertzen, Konformismus – Gefahr für die Demokratie? Die Entpolitisierung einer Studentengeneration, in: Neue Gesellschaft 27 (1980)3, S. 225ff.

178 Zitiert nach: Heinz Packer, Bundeskongreß 1983: Jusos einig gegen Nachrüstung, in: Sozialistische Praxis (SP), 6(1983)32, S. 4f.

179 Dietmar Gatzmaga, Der Richtungsstreit um die Friedenspolitik, in: SP, (1983), S. 9ff.

180 Vgl. Richard Meng, Wer redet heute noch vom Sozialismus? 10 Thesen über das Ende der sozial-liberalen Ära, in: SP, (1983)32, S. 15ff.

181 Rainer Thiel, Ditmar Gatzmaga, Probleme und Aufgaben der Jungsozialisten nach dem Bruch der sozial-liberalen Koalition, in: SP, (1983)31, S. 13ff.

182 Malte Ristau, Thesen zum Selbstverständnis der undogamtischen Juso-Linken in: SP, Sondernummer JUSO-Bundeskongress Hagen 1986, S. 17ff.

183 Vgl. JUSO, (1985)10, S. 20f.

184 Vgl. JUSO, (1985)10, S. 22f.

185 Vgl. JUSO, (1985)10, S. 7ff,

186 Vgl. JUSO, (1985)10, S. 9

187 Ulf Skirke, Das Eis ist dünn, aber es kann tragen, in: juso-magazin, (1986)6, S. 6.

188 Ebd.

189 Vgl. Matthias Kollatz, Die provokative Kraft der Jusos wiedergewinnen!, in: juso-magazin, (1986)6, S. 7.

190 Vgl. Michael Guggemos, Thesen zur politischen Begründung meiner Kandidatur für den Juso-Bundesvorsitz, in: juso-magazin, (1986)6, S. 8

191 Vgl. Christina Ujma, in: Sozialist, (1987)1, S. 3f.

192 Vgl. Uwe Kremer, Moderner Sozialismus – Eckpunkte der Strategiebildung, in: spw, (1987)36, S. 274ff.

193 Ebd.

194 Vgl. Susi Möbbeck/Karsten Rudolph, Die »neue« Generation als Schnittstelle des Umbruchs, in: spw, (1987)37, S. 303ff.

195 Vgl. Uwe Rüger, Christina Ujma, Werner Nüßlein, Für einen gemeinsamen Neuanfang, in: Sozialist, (1988)3, S. 3ff.

196 Vgl. extra JUSO-Rundbrief, Bremen, 08.06.1988.

197 Ebd.

198 Ebd.

199 Doris Ahnen, Mehr Pep und Spontaneität, in: SP-info. Informationsblatt undogmatisch-reformsozialistischer JungsozialistInnen, o.O., o.J.

200 Arbeiten, um zu leben, in: juso-magazin extra (1988), S. 14.

201 Ebd., S. 16.

202 Ebd., S. 18.

203 Ebd., S. 20.

204 Der moderne Sozialismus und die Zukunft der Arbeit, in: juso-magazin extra (1988), S. 1–12.

205 Juso-AG-Rundscheiben, (1988) 9, S. 1ff.

206 Susi Möbbeck, Fiete Saß, Birgit Zoerner (Hrsg.), Projekt moderner Sozialismus. 53 Thesen, Berlin 1989, S. 12.

207 Ebd., S. 12f.

208 Ebd., S. 21

209 Ebd., S. 24

210 Ebd., S. 35

211 Vgl. Neue Osnabrücker Zeitung vom 30. März 1989

212 Vgl. Ingrid Haller, Von der Integration zur multikulturellen Gesellschaft, in: juso-magazin, (1990)2, S. 5ff.

213 Vgl. Susanne Gaschke/Matthias Schuldt/Hans-Peter Bartels, Über den Abschied vom Sozialismsus«, in: SP, (1990)81, S. 24ff.

214 Vgl. Ralf Ludwig, Der Sozialismus ist tot, das Leben geht weiter!, in: SP, (1990)84, S. 24ff.

215 Juso-Bundesausschuss, Deutschlandpolitische Stellungnahme, in: Argumente. Informationsdienst der JUSOS in der SPD, (1990) Juni, S. 1ff.

216 Potsdamer Erklärung, www.jusos.de, S. 1.

217 Ebd., S. 1.

218 Ebd., S. 2.

219 Ebd., S. 3.

220 Ebd., S. 5.

221 Grundsatzprogramm der SPD, Bonn 1998, S. 24.

222 Vgl. Herter, Rünker, Scholle, Zur Entwicklung der Strömung von 1989 bis 2011, in: Sascha Vogt, Juso-Linke, Dortmund 2011, S. 30

223 Beschluss des SPD-Parteivorstandes, Regelung zur Umsetzung des Modellversuchs Öffnung für Nichtmitglieder in der Arbeitsgemeinschaft der Jungsozialistinnen und Jungsozialisten, 21.03.1994, S. 1.

224 Der Spiegel, (1993)41, Jusos, Jasos, Alsos, S. 70.

225 Benjamin Mikfeld, Politischer Bericht des Bundesvorsitzenden, Köln 2001, S. 18.

226 Beschlussbuch Juso-Bundeskongress 1999, S. 17.

227 Spiegel Online, 15.09.1999, http://www.spiegel.de/politik/deutschland/juso-papier-die-spd-kuscht-vor-dem-shareholder-value-a-41682.html.

228 Ebd.

229 Vgl.ebd.

230 Spiegel Online, 28.06.2001, http://www.spiegel.de/politik/deutschland/juso-vorsitzender-annen-wir-muessen-uns-neu-aufstellen-a-141732.html.

231 Beschlussbuch Juso-Bundeskongress 2004, www.jusos.de, S. 48.

232 Beschlussbuch Juso-Bundeskongress 2005, www.jusos.de, S. 94.

233 Franziska Drohsel, Ein dramatisch schlechtes Ergebnis, in: Juso Blog 27.9.2009: http://blog.jusos.de/2009/09/ein-dramatisch-schlechtes-ergebnis/.

Abendroth, W.: *Gesammelte Schriften*, Band 1, Hannover 2006.
ders.: *Gesammelte Schriften*, Band 2, Hannover 2008.
ders.: *Aufstieg und Krise der deutschen Sozialdemokratie*, Frankfurt/Main 1969.
ders.: *Ein Leben in der Arbeiterbewegung*, Frankfurt/Main 1976.
ders.: *Die Aktualität der Arbeiterbewegung*, Frankfurt/Main 1985.
Adler, M.: *Ausgewählte Schriften*, Wien 1981.
Albers, D./Neumann, K./Wand, K.: »Anmerkung zu Theorie und Praxis des Juso-Bundesvorstands«, in: Duve, F. (Hrsg.): *Der Thesenstreit um Stamokap*, Reinbek 1973, S. 127–158.
Albers, D.: »Erfurter Programm und Herforder Thesen – Fünf Anmerkungen eines unentwegten (H)Erfurters«, in: *Neue Gesellschaft*, 31(1981)11, S. 998–1002.
ders.: »Warum sich Marxisten bis heute in der SPD organisieren«, in: *Neue Gesellschaft*, 30(1983)3, S. 247–252.
Amlacher, C.: »Anna Siemsen – eine Sozialistin zwischen den Stühlen«, in: Horn, G. (Hrsg.), *Entwurf und Wirklichkeit. Frauen in Jena 1900–1933*, Rudolstadt 2001, S. 267–285.
Annen, N./Böhning, B./Burmeister, K. u.a. (Hrsg.): *100 Years of International Socialist Youth*, Berlin 2007.

Bauer, L.: »›Hinter Godesberg zurück!‹ In München probten die Jungsozialisten den Aufstand«, in: *Neue Gesellschaft*, 17(1970)1, S. 85–88.
Bavaj, R.: *Von links gegen Weimar. Linkes antiparlamentarisches Denken in der Weimarer Republik*, Bonn 2006.
Benz-Overhage, K./Jüttner, W./Peter, H. (Hrsg.): *Zwischen Rätesozialismus und Reformprojekt. Lesebuch zum 70. Geburtstag von Peter von Oertzen*, Köln 1994.
Beradt, C. Paul Levi. *Ein demokratischer Sozialist in der Weimarer Republik*, Frankfurt/Main 1969.
Bernstein, E.: *Die Voraussetzungen des Sozialismus und die Aufgaben der Sozialdemokratie*, Stuttgart 1899.
Blievernicht, H.: *Wann wir schreiten Seit' an Seit'. Geschichte und Leistung der Arbeiterjugendbewegung*, Berlin 1983.
Börnsen, G.: *Innerparteiliche Opposition. Jungsozialisten und SPD*, Hamburg 1969.
Brandt, A./Kremer, U.: »Ziel: Marxistischer Flügel«, in: *Sozialist*, (1980)5, S. 12–15.
Brandt, P./Lehnert, D.: *»Mehr Demokratie wagen«*, Berlin 2013.
Bundesvorstand der JungsozialistInnen (Hrsg.): *100 Jahre Arbeiterjugendbewegung*, Argumente, Berlin 2004.
ders.: *Lesebuch zur Strategiedebatte*, Argumente, Berlin 2001.
ders.: *100 Jahre IUSY*, Argumente, Berlin 2007.
Butterwegge, C.: *Jungsozialisten und SPD*, Hamburg 1975.
ders.: »Otto Bauer – ja bitte! Aber welcher? Austromarxismus-Rezeption und Richtungskämpfe der Jungsozialisten«, in: *Zeitschrift für sozialistische Politik und Wirtschaft*, (1984)24, S. 275–284.

CIFTCI, R.: »Zwischen nationaler Romantik und Klassenkampf – Staatsdebatten im Weimarer Jungsozialismus«, in: *Zeitschrift für sozialistische Politik und Wirtschaft*, (2013)194, S. 31–35.

CORTERIER, P.: »Die SPD am Scheideweg«, in: *Neue Gesellschaft*, 17(1970)3, S. 371–376.

DIEHL, R.: »Linke Stabilisierung. Anmerkungen zum Juso-Bundeskongreß in Hannover«, in: *Neue Gesellschaft*, 27(1980)7, S. 724–730.

DOWE, D./KLOTZBACH,K. (Hrsg.): *Programmatische Dokumente der Sozialdemokratie*, Bonn 2004.

DROHSEL, F. (Hrsg.): *Was ist heute links?*, Frankfurt/Main 2009.

DUBOIS, W.: »Die ›Marxistische Tribüne für Politik und Wirtschaft‹ (1931/32). Ein Beitrag zum Selbstverständnis der Linken in der deutschen Sozialdemokratie«, in: *Arbeitshefte zur sozialistischen Theorie und Praxis*, (1985)64, S. 41–53.

DUVE, F. (Hrsg.): *Der Thesenstreit um Stamokap*, Reinbek 1973.

ECKERT, R./SEIDERER, A.: *Sozialdemokratie und Jungsozialisten*, Frankfurt/Main 1974.

EHRENBERG, C./JÜTTNER, W./PAPE, M./STEPHAN, D.: »Göttinger Kreis? So nicht!«, in: *Sozialist*, (1979)5, S. 19–24.

EICHLER, W.: *100 Jahre Sozialdemokratie*, Bonn 1963.

EINEMANN, E.: »Juso-Strategiediskussion: Ende der Spaltung?«, in: *Bremer Beiträge*, (1978)1, S. 29ff.

EMIG, D./BUCHSTEIN, H. (Hrsg.): *A.R.L. Gurland. Sozialdemokratische Kampfpositionen 1925–53*, Baden-Baden 1991.

EMIG, D.: »›Ist der Apparat tot, lebt die Bewegung?‹ Akadij Gurland (1904–1979)«, in: *Zeitschrift für sozialistische Politik und Wirtschaft*, (2013)195, S. 52–57.

EPPE, H./HERRMANN, U. (Hrsg.), *Sozialistische Jugend im 20. Jahrhundert*, Weinheim 2008.

EYL, D./VOIGT, K. D./WINKLER, R. (Hrsg.): *Links in Deutschland*, Marburg 1990.

FABIAN, A.-M./HENSCHE, D. (Hrsg.): *Walter Fabian. Mit sanfter Beharrlichkeit. Ausgewählte Aufsätze 1924–1991*, Frankfurt/Main 1992.

FAULSTICH, P./ZEUNER, C.: »Anna Siemsen (1882–1951)«, in: dies.: *Erwachsenenbildung und soziales Engagement*, Bielefeld 2001, S. 172–203.

dies.: Georg Engelbert Graf (1881–1952), in: dies.: *Erwachsenenbildung und soziales Engagement*, Bielefeld 2001, S. 138–171.

FISCHER-LESCANO, A./PERELS, J./SCHOLLE, T.: *Der Staat der Klassengesellschaft. Rechts- und Sozialstaatsverständnis bei Wolfgang Abendroth*, Baden-Baden 2012.

FRAENKEL, E.: *Zur Soziologie der Klassenjustiz und Aufsätze zur Verfassungskrise 1931–1932*, Darmstadt 1968.

FRIEDEMANN, P./SCHLEDORN, U.: *Aktiv gegen Rechts. Der Rote Kämpfer – Marxistische Arbeiterzeitung 1930–1931*, Essen 1994.

FRIEDEMANN, P.(Hrsg.): *Materialien zum politischen Richtungsstreit in der deutschen Sozialdemokratie 1890–1917*, Frankfurt/Main 1978.

GANSEL, N.: »Über Godesberg hinaus!« Die Jungsozialisten in der SPD nach dem Münchener Kongreß, in: *Neue Gesellschaft*, 17(1970)1, S. 81–84.

ders.: *Überwindet den Kapitalismus oder: Was wollen die Jungsozialisten?*, Reinbek 1971

GEBAUER, A.: *Der Richtungsstreit in der SPD*, Wiesbaden 2005.

GIESECKE, H.: *Vom Wandervogel bis zur Hitlerjugend*, München 1981.

GILCHER-HOLTEY, I., *Das Mandat des Intellektuellen. Karl Kautsky und die Sozialdemokratie*, Berlin 1986.

GORHOLT, M./VOIGT, K. D./WINKLER, R. (Hrsg.): *Wir sind die SPD der 80er Jahre. Zwanzig Jahre Linkswende der Jusos*, Marburg 1990.

GRAF, G. E.: »Klassenkampf oder Volksgemeinschaft?«, in: *Jungsozialistische Blätter*, 3 (1924), S. 176–179.

ders.: »Partei und Jugend«, in: *Jungsozialistische Blätter*, 10(1931), S. 197–200.

ders.: »Parteitreue und Parteiopposition«, in: *Sozialistische Jugend*, 3(1931), S. 66–68.

GRANSOW, V.:/KRÄTKE, M.: »Paul Levi oder das Problem, Linkssozialist in der Sozialdemokratie zu sein«, in: *Zeitschrift für sozialistische Politik und Wirtschaft*, (1983)18, S. 101–103.

GREBING, H. (Hrsg.): *Fritz Sternberg (1895–1963). Für die Zukunft des Sozialismus*, Frankfurt/Main 1981.

dies.: »Fritz Sternberg (1895–1963)«, in: Lösche, P./Scholing, M./Walter, F. (Hrsg.): *Vor dem Vergessen bewahren. Lebenswege Weimarer Sozialdemokraten*, Berlin 1988, S. 391–406.

dies.: *Geschichte der deutschen Arbeiterbewegung*, Berlin 2007.

GRÖSCHEL, R.: »Einheit oder Reinheit? – Die SAJ zwischen SPD-Treue und Linkssozialismus«, in: *...interventionen... Beiträge zur Geschichte und Gegenwart politischer Sozialisation und Partizipation*, 2(1991), S.141–183.

ders., (Hrsg.), *Auf dem Weg zu einer sozialistischen Erziehung. Beiträge zur Vor- und Frühgeschichte der sozialdemokratischen »Kinderfreunde« in der Weimarer Republik*, Essen 2006.

ders.: »Das Engagement in Arbeiterjugend-Organisationen in der Weimarer Republik – Bestandteil von Lebensgeschichten«, in: *Jahrbuch für Forschungen zur Geschichte der Arbeiterbewegung*, 6(2007), S. 58–66.

GRUBE, V./ZOERNER, B. (Hrsg.): *Kampagnen, Dialoge, Profile*, Dortmund 1995.

GUGGEMOS, M.: »Thesen zur politischen Begründung meiner Kandidatur für den Juso-Bundesvorsitz«, in: *juso-magazin*, (1986)6, S. 8.

GUMPERZ, J. (Hrsg.) *Karl Liebknecht – Reden und Aufsätze*, Hamburg 1921.

HÄGEL, H.: »Die Stellung der sozialdemokratischen Jugendorganisationen zu Staat und Partei in den Anfangsjahren der Weimarer Republik«, in: *Internationale Wissenschaftliche Korrespondenz zur Geschichte der deutschen Arbeiterbewegung*, 16(1976), S. 166–216.

HEIDENREICH, F./SCHOLZ, D.: »Thesen zur Juso-Entwicklung seit 1968«, in: *Hannoveraner Kreisblatt*, (1981)25, S. 1–8.

HEIMANN, H.: *Theoriediskussion in der SPD*, Frankfurt/Main 1975.

ders.: »Herforder Thesen zwischen Erfurter und Godesberger Programm«, in: *Neue Gesellschaft*, 28(1981)11, S. 990–997.

HERTER, M./RÜNKER, R./SCHOLLE, T.: »Zur Entwicklung der Strömung von 1989 bis 2011«, in: Vogt, S. (Hrsg.): *JusoLinke*, Dortmund 2011, S. 26–37.

von der Heydte, G.: *Die Geschichte der Auseinandersetzung der SPD mit ihrer Parteijugend*, Würzburg 1978.

Heydorn, H.-J. (Hrsg.): *Leonard Nelson. Ausgewählte Schriften*, Frankfurt/Main 1974.

Hilferding, R.: *Das Finanzkapital*, Berlin 1947.

Hodann, M.: »Weibliche Jungsozialisten«, in: *Jungsozialistische Blätter*, (1925)6, S. 177–180.

Internationale Tagung der HistorikerInnen der Arbeiter- und anderer sozialer Bewegungen (ITH) (Hrsg.): *Riten, Mythen und Symbole – Die Arbeiterbewegung zwischen Zivilreligion und Volkskultur*, Wien 1999.

Jakubeit, G./Jena, M,/Wendl, M./Krumbeim, W. u.a.: »Aus den politischen Kinderschuhen herausgewachsen«, in: *Sozialist*, (1979)6, S. 21–26.

Jax, S., *Der Hofgeismarer Kreis der Jungsozialisten und seine Nachwirkungen in der Weimarer Zeit*, Oer-Erkenschwick 1999.

Juso-Linke (Hrsg.), »Umbrüche des Kapitalismus und Herausforderungen für eine Neue Linke«, in: *Zeitschrift für sozialistische Politik und Wirtschaft*, (1999)106, S. 47–52.

Kautsky, K.: *Bernstein und das Sozialdemokratische Programm – Eine Antikritik*, Stuttgart 1899.

Kett, S./Scholz, M./Zintl, H. (Hrsg.): *Karl Bröger. Arbeiterdichter, Journalist und Politiker. Dokumentation zum Symposium am 4. Oktober 2008 in Nürnberg*, Bonn 2008.

Kollatz, M.: »Die provokative Kraft der Jusos wiedergewinnen!«, in: *juso-magazin*, (1986)6, S. 7.

Korn, K.: *Die Arbeiterjugendbewegung*, Berlin 1922.

Krätke, M.: »Die Vernichtung des Austromarxismus. Der jüngste Akt eines alten Trauerspiels«, in: *Zeitschrift für sozialistische Politik und Wirtschaft*, (1980)7, S.73–87 .

Krätke, M.: »Otto Bauer (1881–1938). Die Mühen des Dritten Wegs«, in: *Zeitschrift für sozialistische Politik und Wirtschaft*, Dortmund (1997)97, S. 55–59.

Krämer, R./Zoerner, B./Rudolph, K. (Hrsg.): *Was die Jugend zu sagen hat*, Köln 1990.

Krause, W./Wehr, A./Weinsen, H. W., *Zwischen Anpassung und sozialistischer Politik. Zur Geschichte der Jungsozialisten seit 1945*, Berlin 1975.

Kremer, U.: »Das Konzept des ›Dritten Weges zum Sozialismus‹ am Beispiel der Göttinger Thesen«, in: *Zeitschrift für sozialistische Politik und Wirtschaft*, (1981)11, S. 79–94.

ders.: »Moderner Sozialismus – Eckpunkte der Strategiebildung«, in: *Zeitschrift für sozialistische Politik und Wirtschaft*, (1987)36, S. 274–280.

ders.: »Geschichten aus dem Hannoveraner Kreis«, in: *Zeitschrift für sozialistische Politik und Wirtschaft*, (1997)98, S. 25–31.

ders.: »Der Hannoveraner Kreis – die ersten 20 Jahre der Strömung«, in: Vogt, S. (Hrsg.): *JusoLinke*, Dortmund 2011, S. 14–25.

Kruke, A./Woyke, M. (Hrsg.): *Deutsche Sozialdemokratie in Bewegung*, Bonn 2012.

Krumbein, W.: *die antimonopolistische demokratie. Kritik der strategie der kommunistischen parteien und ihrer begründung der stamokap-theorie. Beiträge zur marxistischen Theorie und Politik*, Sondernummer, Göttingen 1977.

ders.: »Neun Jahre Göttinger Kreis – Acht Jahre SOZIALIST. Rückblick und Bestandsaufnahme«, in: *Sozialist*, (1984)2, S. 5–8.

ders./Schmidt, C.: »Reise in die Vergangenheit. Ein Gespräch zwischen den ›Gründungsvätern‹ der Zeitschrift Sozialist Wolfgang Krumbein und Christian Schmidt«, in: *Sozialist*, (1991)1, S. 9–15.

Lehnert, D.: *Sozialdemokratie zwischen Protestbewegung und Regierungspartei 1848–1983*, Frankfurt/Main 1983.
Lehnert, D.: *Die Weimarer Republik*, Stuttgart 1999.
Lepinski, F.: Wider den Chauvinismus! in: *Jungsozialistische Blätter*, (1923)2, S. 229–231.
ders.: Zehn Jahre Jungsozialisten!, *Jungsozialistische Blätter*, (1930)9, S. 323–325.
Levi, P., *Zwischen Spartakus und Sozialdemokratie*, Frankfurt/Main 1969.
Liebknecht, K.: »Jugend im Kampf gegen den Militarismus (Bericht über die Rede auf der Ersten Internationalen Konferenz der Sozialistischen Jugendorganisationen in Stuttgart, 23. August 1907)«, in: ders.: *Gesammelte Reden und Schriften*, Band II, Berlin (Ost) 1960, S. 43–63.
Lienker, H., *»Geist von Weimar«. Partizipationsbestrebungen, kulturelle Orientierungen und politisch-pädagogische Handlungsfelder der mehrheitssozialistischen Jugendbewegung in der Frühphase der Weimarer Republik*, Bonn 1987.
ders.: »Sozialistische Proletarierjugend: Über das Experiment einer selbstverwalteten politischen Jugendbewegung«, in: Baake, D. (Hrsg.): *Jugend 1900–1970*, Opladen 1991, S. 26–44.
Ljubic, N.: *Genosse Nachwuchs. Wie ich die Welt verändern wollte*, München 2004.
Löwenstein, K.: *Sozialismus und Erziehung*, Bonn 1976.
Lüders, D.: »Gegen Krieg und Faschismus. Jungsozialisten in der Weimarer Republik 1925–1931«, in: *ergebnisse. Zeitschrift für demokratische Geschichtswissenschaft*, (1982)19, S. 1–118.
Ludewig, H.-U.: »Die ›Sozialistische Politik und Wirtschaft‹. Ein Beitrag zur Linksopposition in der SPD 1923–1928«, in: *Internationale Wissenschaftliche Korrespondenz zur Geschichte der deutschen Arbeiterbewegung*, 1(1981), S. 14–41.
Lüpke, R.: *Zwischen Marx und Wandervogel. Die Jungsozialisten in der Weimarer Republik 1919–1931*, Marburg 1984.
Luthardt, W. (Hrsg.): *Sozialdemokratische Arbeiterbewegung und Weimarer Republik. Materialien zur gesellschaftlichen Entwicklung 1927–1933* (2 Bände), Frankfurt/Main 1978.
Luxemburg, R.: *Gesammelte Werke, Band 1/1 und Band 1/2*, Berlin (Ost) 1974.

Machnig, M.: Ende des Modells Deutschland – am Beginn eines neuen Politik- und Hegemoniezyklus, in: *Zeitschrift für sozialistische Politik und Wirtschaft*, (1992)67, S. 18–23.
Mauersberger, V. (Hrsg.): *Wie links dürfen Jusos sein?*, Reinbek 1974.
Marx, K./Engels, F.: »Manifest der Kommunistischen Partei«, in: dies.: *Karl Marx/Friedrich Engels, Werke*, Band 4, Berlin (Ost) 1974, S. 459–493.
Mehring, F.: *Geschichte der deutschen Sozialdemokratie*, Stuttgart 1922.
Meier, F. (Hrsg.): *Felix Fechenbach Lesebuch*, Köln 2009.
Meyer, C.: »Aktionseinheit, Klatschmärsche und Grundlagenfetischismus. Ein Rückblick auf den SHB«, in: *Zeitschrift für sozialistische Politik und Wirtschaft*, (1997)98, S. 31–36.
Michal, W., *Die SPD – staatstreu und jugendfrei*, Reinbek 1988.

Müller, E.-P.: *Juso-Sozialismus*, Köln 1972.
ders.: *Jungsozialisten zwischen Reform und Revolution*, Köln 1974.
Mikfeld, B.: »›Das marktwirtschaftlichste Programm, das die SPD je hatte.‹ Knappe Anmerkungen zum Wahlprogrammentwurf der SPD«, in: *Zeitschrift für sozialistische Politik und Wirtschaft*, (1998)100, S. 5–7.
ders./Wischmeyer, J. : »Innovation, Arbeitspolitik und neues Sozialstaatsverständnis«, in: *Zeitschrift für sozialistische Politik und Wirtschaft*, (1998)102, S. 36–41.
Mikfeld, B./Westphal, T.: »Die neue Mitte im Hochgeschwindigkeitsleerlauf«, in: *Zeitschrift für sozialistische Politik und Wirtschaft*, (1999)106, S. 22–27.
Miller, S.: »Leonard Nelson – ein revolutionärer Revisionist«, in: *Neue Gesellschaft*, 29 (1982)6, S. 582–584.
Müller, G.: *Rote Zelle Deutschland oder Was wollen die Jungsozialisten wirklich?*, Stuttgart 1972.
Möbbeck, S./Sass, F./Zoerner, B. (Hrsg.): *Projekt Moderner Sozialismus – 53 Thesen*, Dortmund 1989.

Neumann, K./Wehr, A.: »Die Göttinger Thesen – Ein Beitrag zur Diskussion von Marxisten in der SPD«, in: *Zeitschrift für sozialistische Politik und Wirtschaft*, (1979)5, S. 26–45.
Notz, G.: »›... und dann war es die Arbeiterjugend, die mich geformt hat‹. Frauen aus der SAJ im Deutschen Bundestag«, in: Eppe, H./Herrmann, U. (Hrsg.), *Sozialistische Jugend im 20. Jahrhundert*, Weinheim 2008, S. 327–340.

Oberpriller, M.: *Jungsozialisten – Parteijugend zwischen Anpassung und Opposition*, Bonn 2004.
von Oertzen, P.: »Konformismus – Gefahr für die Demokratie? Die Entpolitisierung einer Studentengeneration«, in: *Neue Gesellschaft*, 27(1980)3, S. 225–231.
ders.: *Demokratie und Sozialismus*, Hannover 2004.
Ollenhauer, E.: *Reden und Aufsätze*, Bonn 1977.
Osterroth, F.: »Der Hofgeismarkreis der Jungsozialisten«, in: *Archiv für Sozialgeschichte*, 4(1964), S. 525–569.
ders.: »Reformist« und »Doktrinär«, in: *Jungsozialistische Blätter*, (1924)3, S. 68–69.
ders.: *Die Zeit als Jugendsekretär des Bergarbeiterverbandes in Bochum 1919–1924*, Bochum 1983.

Philipps, R.: *Sozialdemokratie, 68er-Bewegung und Gesellschaftlicher Wandel 1959–1969*, Baden-Baden 2013.
Piecyk, W.: »Sozialistische Positionen vertreten – Orientierungspunkt für die Jugend werden«, in: *JUSO* (1980)4, S. 2–3.
Potthoff, H./Miller, S.: *Kleine Geschichte der SPD. 1848–2002*, Bonn 2005.

Quack, S.: *Geistig frei und niemandes Knecht. Paul Levi/Rosa Luxemburg. Politische Arbeit und persönliche Beziehung*, Köln 1983.

Rathmann, A.: »Sinn und Wesen der Jugendbewegung«, in: *Jungsozialistische Blätter*, (1922)1, S. 107–111.

ders.: »Organisation oder Bewegung?«, in: *Jungsozialistische Blätter*, (1922)1, S. 155–160.
ders.: »Deutsches Volk und Vaterland«, in: *Jungsozialistische Blätter*, (1923)2, S. 68–70.
ders.: »Konstruktiver Sozialismus und orthodoxer Marxismus«, in: *Jungsozialistische Blätter*, (1924)3, S. 139–142.
ders.: »*Ein Arbeiterleben. Erinnerungen an Weimar und danach*«, Wuppertal 1983.
ders.: »Hofgeismarer und Hannoveraner Jungsozialisten«, in: *Neue Gesellschaft*, 31(1984)3, S. 988–993.
Reschke, M./Krell, C./Dahm, J./u.a.: *Geschichte der Sozialen Demokratie*, Bonn 2012.
Roth, W.: »Parteitag und Jungsozialisten«, in: *Neue Gesellschaft*, 17(1970)3, S. 376–379.
Roth, W. (Hrsg.): *Kommunalpolitik – für wen?*, Frankfurt am Main 1971.
Rudolph, K., Lennardt, S., Wilke, S.: *Linkswende – 25 Jahre linke Jusos*, Essen 1994.

Saage, S. (Hrsg.): *Solidargemeinschaft und Klassenkampf*, Frankfurt/Main 1986 .
Sänger, F. (Hrsg.): *Erich Ollenhauer – Reden und Aufsätze*, Hannover 1964.
Sandkühler, H.-J./de la Vega, R. (Hrsg.): *Austromarxismus*, Frankfurt/Main 1970.
Saran, M.: *Never give up*, London 1976.
Schley, C.: *Die Sozialistische Arbeiterjugend Deutschlands (SAJ)*, Frankfurt/Main 1987.
Schneider, M.: *Kleine Geschichte der Gewerkschaften*, Bonn 1989.
Schölders, R.: »Anna Siemsen (1882–1951)«, in: Lösche, P./Scholing, M./Walter, F. (Hrsg.): *Vor dem Vergessen bewahren. Lebenswege Weimarer Sozialdemokraten*, Berlin 1988, S. 332–361.
Schöler, U.: *»Otto Bauer – nein danke?« Austromarxismusdiskussion und historische Bezüge für eine Standortbestimmung marxistischer Sozialdemokraten*, Berlin 1984.
ders.: »60 Jahre Hannoveraner Kreis der Jungsozialisten (I)«, in: *Zeitschrift für sozialistische Politik und Wirtschaft*, (1984)25, S. 423–429.
ders.: »60 Jahre Hannoveraner Kreis der Jungsozialisten (II)«, in: *Zeitschrift für sozialistische Politik und Wirtschaft*, (1985)26, S. 11–16.
Scholing, M./Walter, F.: »Klassenkampf und Lebensreform«, in: *Neue Gesellschaft*, 31(1984)6, S. 548–554.
Scholle, T./Schwarz, J./Ciftci, R. (Hrsg.): *Zwischen Reformismus und Radikalismus. Jungsozialistische Programmatik in Dokumenten und Beschlüssen*, Bonn 2013.
Scholle, T./Schwarz, J.: »Staatsverständnis und Reformperspektive«, in: Vogt, S. (Hrsg.): *JusoLinke*, Dortmund 2011, S. 80–92.
dies.: »Am Ausgangspunkt von Stamokap – 40 Jahre Hamburger Strategiepapier«, in: *Zeitschrift für sozialistische Politik und Wirtschaft*, (2011)182, S. 7–60.
Scholz, D.: »Die Kernenergiediskussion auf dem Bundesparteitag der SPD und ihre Konsequenzen für die Partei-Linke«, in: *Zeitschrift für sozialistische Politik und Wirtschaft*, (1980)6, S. 56–66.
ders.: »Zwischen zwei Bundeskongressen: Hannover 1971 – Hannover 1980«, in: *Zeitschrift für sozialistische Politik und Wirtschaft*, (1980)8, S. 83–87.
Schonauer, K.: *Als Jusos noch brav waren. Jungsozialisten und SPD zur Zeit Kurt Schumachers*, Bonn 1978.
Schonauer, K.: *Die ungeliebten Kinder der Mutter SPD*, Bonn 1982.

Schueler Hermann: *Auf der Flucht erschossen. Felix Fechenbach 1894–1933*, Frankfurt/Main 1981.

Schwitanski, A. J. (Hrsg.): *»Nie wieder Krieg!« Antimilitarismus und Frieden in der Geschichte der Sozialistischen Jugendinternationale*, Essen 2012.

Siemsen, A.: »Die Zukunft der Jungsozialisten«, in: *Jungsozialistische Blätter*, 10(1931), S. 69–70.

Skirke, U.: »Das Eis ist dünn, aber es kann tragen. Zur Situation der Jungsozialisten«, in: *juso-magazin*, (1986)6, S. 6.

Stadelmaier, M.: *Zwischen Langemark und Liebknecht. Arbeiterjugend und Politik im 1. Weltkrieg*, Bonn 1986.

Stephan, D: *Jungsozialisten: Stabilisierung nach langer Krise?*, Bonn 1979.

Storm, G./Walter, F.: *Weimarer Linkssozialismus und Austromarxismus*, Berlin 1984.

Strasser, J.: »Zur Theorie und Praxis der »Stamokap«-Gruppe bei den Jungsozialisten«, in: Duve, F. (Hrsg.): *Der Thesenstreit um Stamokap*, Reinbek 1973, S. 101–126.

ders.: *Als wir noch Götter waren im Mai*, München 2007.

Thiel, R./Gatzmaga, D.: »Probleme und Aufgaben der Jungsozialisten nach dem Bruch der sozial-liberalen Koalition«, in: *Sozialistische Praxis*, (1984)31, S. 13–16.

Thörmer, H., *»... den Sozialismus haben wir nicht aufgebaut...« Eintrittsmotivationen, politisches Lernen und Erfahrungsbildung von Jungsozialisten in der SPD*, Marburg 1985.

ders./Einemann, E.: *Aufstieg und Krise der Generation Schröder*, Marburg 2007.

Tress, W.: »Über die von den Nationalsozialisten verfolgten Literaturen der Arbeiterbewegung«, in: *Zeitschrift für sozialistische Politik und Wirtschaft*, (2013)186, S. 68–71.

Vogt, S. (Hrsg.): *JusoLinke. 40 Jahre theoretische Orientierung der Jusos – Vom Hannoveraner Kreis zum Netzwerk linkes Zentrum*, Dortmund 2011.

Vogt, S., *Nationaler Sozialismus und Soziale Demokratie. Die sozialdemokratische Junge Rechte 1918–1945*, Bonn 2006.

Walter, F.: *Jungsozialisten in der Weimarer Republik*, Kassel 1983.

ders.: »Schloß Tinz: eine Schule der Jungsozialisten«, in: *Zeitschrift für sozialistische Politik und Wirtschaft*, (1984)25. S. 430–434.

ders.: »Siegfried Marck (1889–1957)«, in: Lösche, P./Scholing, M./Walter, F. (Hrsg.): *Vor dem Vergessen bewahren. Lebenswege Weimarer Sozialdemokraten*, Berlin 1988, S. 251–279.

ders.: *Die SPD. Vom Proletariat zur Neuen Mitte*. Berlin 2002.

ders.: *»Republik, das ist nicht viel«*, Bielefeld 2011.

ders./Marg, S.: *Von der Emanzipation zur Meritokratie. Betrachtungen zur 150-jährigen Geschichte von Arbeiterbewegung, Linksintellektuellen und sozialer Demokratie*, Göttingen 2013.

Westphal, T.; *Klassenpolitischer Realismus und radikale Reformpolitik, in: Zeitschrift für sozialistische Politik und Wirtschaft*, (1997)93, S. 19–22.

Wolf, K. P.: »Beendet die ›Halblinke Stabilisierung‹! Zur Situation der Jungsozialisten in der SPD«, in: *Hannoveraner Kreisblatt*, (1980)12, S. 5–10.

Zeitschrift für sozialistische Politik und Wirtschaft (spw): Sonderheft Nr. 3, *Linke Sozialdemokraten & bundesrepublikanische Linke. Diskussion am Beispiel der Herforder Thesen*, Berlin 1982.

ZIMMER, J.: »Wir haben früh erfahren ...«, in: *Sozialistische Tribüne*, 2(1981), S. 6–55.

ZIMMERMANN, R.: »Arkadij Gurland (1904 bis 1979). Marxistischer Theoretiker und Publizist«, in: SCHLIMPER, J. (Hrsg.): »*Natürlich – die Tauchaer Straße!*«, Schkeuditz 1997, S. 299–321.

Jahr- und Beschlussbücher:

Bundessekretariat der Jungsozialisten (Hrsg.): Berichte 1958/59, Bonn o. J.

Bundessekretariat der Jungsozialisten (Hrsg.): Berichte 1962/63, Bonn o. J.

Bundessekretariat der Jungsozialisten (Hrsg.): Berichte 1964/65, Bonn o. J.

Bundessekretariat der Jungsozialisten (Hrsg.): Jubiläumsbuch. 15 Jahre Jungsozialistenarbeit, Bonn 1963.

Bundesvorstand der Jungsozialisten (Hrsg.) : Bundeskongressbeschlüsse. Jungsozialisten in der SPD 1969–1976. Bonn 1978.

Dritte Reichskonferenz der Jungsozialisten April 1925 in Jena (Protokoll), Berlin 1925.

Zentralsekretariat der Jungsozialisten (Hrsg.): Berichte 1950, Bonn o. J.

Zentralsekretariat der Jungsozialisten (Hrsg.): Berichte 1951, Bonn o. J.

Zentralsekretariat der Jungsozialisten (Hrsg.): Berichte 1952, Bonn o. J.

Zentralsekretariat der Jungsozialisten (Hrsg.): Berichte 1954/55, Bonn o. J.

Zentralsekretariat der Jungsozialisten (Hrsg.): Berichte 1956/57, Bonn o. J.

Zeitschriften und Broschüren:

Arbeiter-Jugend

Argumente

Bezirksvorstand der Jungsozialisten in der SPD Ostwestfalen Lippe (Hrsg.): Herforder Thesen – Zur Arbeit von Marxisten in der SPD, Berlin 1980

Der junge Genosse. Beilage zur Zeitschrift Sozialistische Politik und Wirtschaft

Der Klassenkampf

Dito. Diskussion- und Theorieorgan der Juso-Linken

Feinde der Demokratie. Entstehung und Entwicklung der SRP, Bonn o. J.

Göttinger Kreis (Hrsg.): Göttinger Thesen. Arbeiterbewußtsein, Gewerkschaften und Sozialdemokratie, Sozialist-Sondernummer, Göttingen 1978

Göttinger Kreis (Hrsg.): Göttinger Thesen II. Die kapitalistische Krise und ihre sozialistische Überwindung, Göttingen 1980

Grundsätzliches zum Jungsozialismus, Im Auftrage der Leipziger Jungsozialisten herausgegeben von Fritz Betzelberger, Jena o. J.

Handbuch für sozialistische Jugendarbeit. Zusammengestellt von Max Westphal, Berlin 1930.

Hannoveraner Kreisblatt

Hannoveraner Kreis – Rundschreiben

JS – Zeitschrift junger Sozialdemokraten

JS – Informationsbrief. Zeitschrift für Funktionäre der Jungsozialistenarbeit

Jungsozialismus. Festschrift zur Bielefelder Jungsozialistentagung. Herausgegeben vom Zentralbildungsausschuss der Sozialdemokratischen Partei Deutschlands, Berlin 1921.

Jungsozialistische Blätter

Jungsozialisten Ostwestfalen Lippe (Hrsg.): Herforder Thesen zur Arbeit von Marxisten in der SPD, Berlin 1978

juso-magazin

JUSO. Zeitschrift der Jungsozialisten

Klarer Kurs. Monatsschrift der Jungsozialisten

Marxistische Tribüne für Politik und Wirtschaft

Menschenschmuggel für die Fremdenlegion, Bonn o. J.

Möbbeck, S./Saß, F./Zoerner, B. (Hrsg.) Projekt moderner Sozialismus. 53 Thesen, Berlin 1989

Jungsozialistische Schriftenreihe:

Braunthal, A.: *Die Entwicklungstendenzen der kapitalistischen Wirtschaft*, Berlin 1927.

Calhoun, A. W./Berenz, H.: *Die amerikanische Arbeiterbewegung im Lichte amerikanischer Kritik*, Berlin 1927.

Düwell, B.: *Rund um den Youngplan*, Berlin 1930.

Fabian, D.: *Arbeiterschaft und Kolonialpolitik*, Berlin 1928.

Fraenkel, E.: *Zur Soziologie der Klassenjustiz*, Berlin 1927.

Graf, G. E.: *England am Scheideweg*, Berlin 1927.

Hornung, H.: *Zur Soziologie der Bürgerfunktionäre*, Berlin 1928.

Jenssen, O.: *Der Kampf um die Staatsmacht. Was lehrt uns Linz?* Berlin 1927.

ders.: *Erziehung zum politischen Denken*, Berlin 1931.

Lepinski, F.: *Die jungsozialistische Bewegung. Ihre Geschichte und ihre Aufgabe*, Berlin 1927.

Kirchheimer, O.: *Weimar... und was dann?*, Berlin 1930.

Marck, S.: *Reformismus und Radikalismus in der deutschen Sozialdemokratie*, Berlin 1927.

Reinhard, E.: *Abrüstung... zum neuen Krieg*, Berlin 1927.

Siemsen, A.: *Religion, Kirche und Sozialismus*, Berlin 1927.

dies.: *Politische Kunst und Kunstpolitik*, Berlin 1927.

Stein, A.: *Jungsozialismus und Arbeiterbewegung*, Berlin 1928.

Zweiling, K.: *Aufstieg und Niedergang der kapitalistischen Gesellschaft*, Berlin 1927.

Die Autoren

THILO SCHOLLE ist Jurist und Referent im Ministerium für Arbeit, Integration und Soziales des Landes Nordrhein-Westfalen. Von 2008 bis 2011 war er Mitglied im Juso-Bundesvorstand.

JAN SCHWARZ studiert Politik- und Verwaltungswissenschaft und engagiert sich u.a. als Stellvertretender Juso-Bundesvorsitzender.

Abbildungsnachweis

Umschlag vorne:
Juso-Bundesvorstand

Buch innen:
AdsD: S. 23 (Rechteinhaber unbekannt); S. 33; S. 38 (IISG, Amsterdam); S. 50; S. 70, S. 103, S. 124 (Darchinger), S. 141 (Darchinger), S. 167 (Darchinger), S. 175 (Darchinger), S. 191 (Darchinger), S. 197 (Darchinger), S. 223 (bonn-sequenz),
Bundesarchiv: S. 33 (Bild 183-23042-0002); S. 149 (Plak 006-025-074)
Bundesregierung: S. 179 (B 145 Bild-00003950 – Ludwig Wegmann)
Juso-Bundesvorstand: S. 16
picture-alliance / dpa: S. 134
Jan Schwarz: S. 230
ullstein bild: S. 47, S. 112, S. 121, S. 184 (Rudolf Dietrich)

Liedernachweis

Bertold Brecht/Hanns Eisler, Solidaritätslied, S. 18
(c) C. F. Peters Musikverlag, Frankfurt a. M./Deutscher Verlag für Musik, Leipzig
Hermann Claudius/Michael Englert, Wann wir schreiten Seit' an Seit', S. 51
(c) Friedrich Hofmeister Verlag, Leipzig

150 Jahre SPD 150 Jahre SPD 150 Jahre SPD 150 Jahre SPD 150 Jahre SPD 150 Jahre SPD 150 Jahre SPD 150 Jahre SPD 150 Jahre SPD 150 Jahre SPD 150 Jahre SPD 150 Jahre SPD 1
re SPD 150 Jahre SPD 150 Jahre SPD 150 Jahre SPD 150 Jahre SPD 150 Jahre SPD 150 Jahre SPD 150 Jahre SPD 150 Jahre SPD 150 Jahre SPD 150 Jahre SPD 150 Jahre SPD 150 Jahr
150 Jahre SPD 150 Jahre SPD 150 Jahre SPD 150 Jahre SPD 150 Jahre SPD 150 Jahre SPD 150 Jahre SPD 150 Jahre SPD 150 Jahre SPD 150 Jahre SPD 150 Jahre SPD 150 Jahre SPD 1
re SPD 150 Jahre SPD 150 Jahre SPD 150 Jahre SPD 150 Jahre SPD 150 Jahre SPD 150 Jahre SPD 150 Jahre SPD 150 Jahre SPD 150 Jahre SPD 150 Jahre SPD 150 Jahre SPD 150 Jahr
150 Jahre SPD 150 Jahre SPD 150 Jahre SPD 150 Jahre SPD 150 Jahre SPD 150 Jahre SPD 150 Jahre SPD 150 Jahre SPD 150 Jahre SPD 150 Jahre SPD 150 Jahre SPD 150 Jahre SPD 1
re SPD 150 Jahre SPD 150 Jahre SPD 150 Jahre SPD 150 Jahre SPD 150 Jahre SPD 150 Jahre SPD 150 Jahre SPD 150 Jahre SPD 150 Jahre SPD 150 Jahre SPD 150 Jahre SPD 150 Jahr
150 Jahre SPD 150 Jahre SPD 150 Jahre SPD 150 Jahre SPD 150 Jahre SPD 150 Jahre SPD 150 Jahre SPD 150 Jahre SPD 150 Jahre SPD 150 Jahre SPD 150 Jahre SPD 150 Jahre SPD 1
re SPD 150 Jahre SPD 150 Jahre SPD 150 Jahre SPD 150 Jahre SPD 150 Jahre SPD 150 Jahre SPD 150 Jahre SPD 150 Jahre SPD 150 Jahre SPD 150 Jahre SPD 150 Jahre SPD 150 Jahr
150 Jahre SPD 150 Jahre SPD 150 Jahre SPD 150 Jahre SPD 150 Jahre SPD 150 Jahre SPD 150 Jahre SPD 150 Jahre SPD 150 Jahre SPD 150 Jahre SPD 150 Jahre SPD 150 Jahre SPD 1
re SPD 150 Jahre SPD 150 Jahre SPD 150 Jahre SPD 150 Jahre SPD 150 Jahre SPD 150 Jahre SPD 150 Jahre SPD 150 Jahre SPD 150 Jahre SPD 150 Jahre SPD 150 Jahre SPD 150 Jahr
150 Jahre SPD 150 Jahre SPD 150 Jahre SPD 150 Jahre SPD 150 Jahre SPD 150 Jahre SPD 150 Jahre SPD 150 Jahre SPD 150 Jahre SPD 150 Jahre SPD 150 Jahre SPD 150 Jahre SPD 1
re SPD 150 Jahre SPD 150 Jahre SPD 150 Jahre SPD 150 Jahre SPD 150 Jahre SPD 150 Jahre SPD 150 Jahre SPD 150 Jahre SPD 150 Jahre SPD 150 Jahre SPD 150 Jahre SPD 150 Jahr
150 Jahre SPD 150 Jahre SPD 150 Jahre SPD 150 Jahre SPD 150 Jahre SPD 150 Jahre SPD 150 Jahre SPD 150 Jahre SPD 150 Jahre SPD 150 Jahre SPD 150 Jahre SPD 150 Jahre SPD 1
re SPD 150 Jahre SPD 150 Jahre SPD 150 Jahre SPD 150 Jahre SPD 150 Jahre SPD 150 Jahre SPD 150 Jahre SPD 150 Jahre SPD 150 Jahre SPD 150 Jahre SPD 150 Jahre SPD 150 Jahr
150 Jahre SPD 150 Jahre SPD 150 Jahre SPD 150 Jahre SPD 150 Jahre SPD 150 Jahre SPD 150 Jahre SPD 150 Jahre SPD 150 Jahre SPD 150 Jahre SPD 150 Jahre SPD 150 Jahre SPD 1
re SPD 150 Jahre SPD 150 Jahre SPD 150 Jahre SPD 150 Jahre SPD 150 Jahre SPD 150 Jahre SPD 150 Jahre SPD 150 Jahre SPD 150 Jahre SPD 150 Jahre SPD 150 Jahre SPD 150 Jahr
150 Jahre SPD 150 Jahre SPD 150 Jahre SPD 150 Jahre SPD 150 Jahre SPD 150 Jahre SPD 150 Jahre SPD 150 Jahre SPD 150 Jahre SPD 150 Jahre SPD 150 Jahre SPD 150 Jahre SPD 1
re SPD 150 Jahre SPD 150 Jahre SPD 150 Jahre SPD 150 Jahre SPD 150 Jahre SPD 150 Jahre SPD 150 Jahre SPD 150 Jahre SPD 150 Jahre SPD 150 Jahre SPD 150 Jahre SPD 150 Jahr
150 Jahre SPD 150 Jahre SPD 150 Jahre SPD 150 Jahre SPD 150 Jahre SPD 150 Jahre SPD 150 Jahre SPD 150 Jahre SPD 150 Jahre SPD 150 Jahre SPD 150 Jahre SPD 150 Jahre SPD 1
re SPD 150 Jahre SPD 150 Jahre SPD 150 Jahre SPD 150 Jahre SPD 150 Jahre SPD 150 Jahre SPD 150 Jahre SPD 150 Jahre SPD 150 Jahre SPD 150 Jahre SPD 150 Jahre SPD 150 Jahr
150 Jahre SPD 150 Jahre SPD 150 Jahre SPD 150 Jahre SPD 150 Jahre SPD 150 Jahre SPD 150 Jahre SPD 150 Jahre SPD 150 Jahre SPD 150 Jahre SPD 150 Jahre SPD 150 Jahre SPD 1
re SPD 150 Jahre SPD 150 Jahre SPD 150 Jahre SPD 150 Jahre SPD 150 Jahre SPD 150 Jahre SPD 150 Jahre SPD 150 Jahre SPD 150 Jahre SPD 150 Jahre SPD 150 Jahre SPD 150 Jahr
150 Jahre SPD 150 Jahre SPD 150 Jahre SPD 150 Jahre SPD 150 Jahre SPD 150 Jahre SPD 150 Jahre SPD 150 Jahre SPD 150 Jahre SPD 150 Jahre SPD 150 Jahre SPD 150 Jahre SPD 1
re SPD 150 Jahre SPD 150 Jahre SPD 150 Jahre SPD 150 Jahre SPD 150 Jahre SPD 150 Jahre SPD 150 Jahre SPD 150 Jahre SPD 150 Jahre SPD 150 Jahre SPD 150 Jahre SPD 150 Jahr
150 Jahre SPD 150 Jahre SPD 150 Jahre SPD 150 Jahre SPD 150 Jahre SPD 150 Jahre SPD 150 Jahre SPD 150 Jahre SPD 150 Jahre SPD 150 Jahre SPD 150 Jahre SPD 150 Jahre SPD 1
re SPD 150 Jahre SPD 150 Jahre SPD 150 Jahre SPD 150 Jahre SPD 150 Jahre SPD 150 Jahre SPD 150 Jahre SPD 150 Jahre SPD 150 Jahre SPD 150 Jahre SPD 150 Jahre SPD 150 Jahr
150 Jahre SPD 150 Jahre SPD 150 Jahre SPD 150 Jahre SPD 150 Jahre SPD 150 Jahre SPD 150 Jahre SPD 150 Jahre SPD 150 Jahre SPD 150 Jahre SPD 150 Jahre SPD 150 Jahre SPD 1
re SPD 150 Jahre SPD 150 Jahre SPD 150 Jahre SPD 150 Jahre SPD 150 Jahre SPD 150 Jahre SPD 150 Jahre SPD 150 Jahre SPD 150 Jahre SPD 150 Jahre SPD 150 Jahre SPD 150 Jahr
150 Jahre SPD 150 Jahre SPD 150 Jahre SPD 150 Jahre SPD 150 Jahre SPD 150 Jahre SPD 150 Jahre SPD 150 Jahre SPD 150 Jahre SPD 150 Jahre SPD 150 Jahre SPD 150 Jahre SPD 1
re SPD 150 Jahre SPD 150 Jahre SPD 150 Jahre SPD 150 Jahre SPD 150 Jahre SPD 150 Jahre SPD 150 Jahre SPD 150 Jahre SPD 150 Jahre SPD 150 Jahre SPD 150 Jahre SPD 150 Jahr
150 Jahre SPD 150 Jahre SPD 150 Jahre SPD 150 Jahre SPD 150 Jahre SPD 150 Jahre SPD 150 Jahre SPD 150 Jahre SPD 150 Jahre SPD 150 Jahre SPD 150 Jahre SPD 150 Jahre SPD 1
re SPD 150 Jahre SPD 150 Jahre SPD 150 Jahre SPD 150 Jahre SPD 150 Jahre SPD 150 Jahre SPD 150 Jahre SPD 150 Jahre SPD 150 Jahre SPD 150 Jahre SPD 150 Jahre SPD 150 Jahr
150 Jahre SPD 150 Jahre SPD 150 Jahre SPD 150 Jahre SPD 150 Jahre SPD 150 Jahre SPD 150 Jahre SPD 150 Jahre SPD 150 Jahre SPD 150 Jahre SPD 150 Jahre SPD 150 Jahre SPD 1
re SPD 150 Jahre SPD 150 Jahre SPD 150 Jahre SPD 150 Jahre SPD 150 Jahre SPD 150 Jahre SPD 150 Jahre SPD 150 Jahre SPD 150 Jahre SPD 150 Jahre SPD 150 Jahre SPD 150 Jahr
150 Jahre SPD 150 Jahre SPD 150 Jahre SPD 150 Jahre SPD 150 Jahre SPD 150 Jahre SPD 150 Jahre SPD 150 Jahre SPD 150 Jahre SPD 150 Jahre SPD 150 Jahre SPD 150 Jahre SPD 1
re SPD 150 Jahre SPD 150 Jahre SPD 150 Jahre SPD 150 Jahre SPD 150 Jahre SPD 150 Jahre SPD 150 Jahre SPD 150 Jahre SPD 150 Jahre SPD 150 Jahre SPD 150 Jahre SPD 150 Jahr
150 Jahre SPD 150 Jahre SPD 150 Jahre SPD 150 Jahre SPD 150 Jahre SPD 150 Jahre SPD 150 Jahre SPD 150 Jahre SPD 150 Jahre SPD 150 Jahre SPD 150 Jahre SPD 150 Jahre SPD 1
re SPD 150 Jahre SPD 150 Jahre SPD 150 Jahre SPD 150 Jahre SPD 150 Jahre SPD 150 Jahre SPD 150 Jahre SPD 150 Jahre SPD 150 Jahre SPD 150 Jahre SPD 150 Jahre SPD 150 Jahr
150 Jahre SPD 150 Jahre SPD 150 Jahre SPD 150 Jahre SPD 150 Jahre SPD 150 Jahre SPD 150 Jahre SPD 150 Jahre SPD 150 Jahre SPD 150 Jahre SPD 150 Jahre SPD 150 Jahre SPD 1
re SPD 150 Jahre SPD 150 Jahre SPD 150 Jahre SPD 150 Jahre SPD 150 Jahre SPD 150 Jahre SPD 150 Jahre SPD 150 Jahre SPD 150 Jahre SPD 150 Jahre SPD 150 Jahre SPD 150 Jahr
150 Jahre SPD 150 Jahre SPD 150 Jahre SPD 150 Jahre SPD 150 Jahre SPD 150 Jahre SPD 150 Jahre SPD 150 Jahre SPD 150 Jahre SPD 150 Jahre SPD 150 Jahre SPD 150 Jahre SPD 1
re SPD 150 Jahre SPD 150 Jahre SPD 150 Jahre SPD 150 Jahre SPD 150 Jahre SPD 150 Jahre SPD 150 Jahre SPD 150 Jahre SPD 150 Jahre SPD 150 Jahre SPD 150 Jahre SPD 150 Jahr
150 Jahre SPD 150 Jahre SPD 150 Jahre SPD 150 Jahre SPD 150 Jahre SPD 150 Jahre SPD 150 Jahre SPD 150 Jahre SPD 150 Jahre SPD 150 Jahre SPD 150 Jahre SPD 150 Jahre SPD 1
re SPD 150 Jahre SPD 150 Jahre SPD 150 Jahre SPD 150 Jahre SPD 150 Jahre SPD 150 Jahre SPD 150 Jahre SPD 150 Jahre SPD 150 Jahre SPD 150 Jahre SPD 150 Jahre SPD 150 Jahr
150 Jahre SPD 150 Jahre SPD 150 Jahre SPD 150 Jahre SPD 150 Jahre SPD 150 Jahre SPD 150 Jahre SPD 150 Jahre SPD 150 Jahre SPD 150 Jahre SPD 150 Jahre SPD 150 Jahre SPD 1
re SPD 150 Jahre SPD 150 Jahre SPD 150 Jahre SPD 150 Jahre SPD 150 Jahre SPD 150 Jahre SPD 150 Jahre SPD 150 Jahre SPD 150 Jahre SPD 150 Jahre SPD 150 Jahre SPD 150 Jahr
150 Jahre SPD 150 Jahre SPD 150 Jahre SPD 150 Jahre SPD 150 Jahre SPD 150 Jahre SPD 150 Jahre SPD 150 Jahre SPD 150 Jahre SPD 150 Jahre SPD 150 Jahre SPD 150 Jahre SPD 1
re SPD 150 Jahre SPD 150 Jahre SPD 150 Jahre SPD 150 Jahre SPD 150 Jahre SPD 150 Jahre SPD 150 Jahre SPD 150 Jahre SPD 150 Jahre SPD 150 Jahre SPD 150 Jahre SPD 150 Jahr
150 Jahre SPD 150 Jahre SPD 150 Jahre SPD 150 Jahre SPD 150 Jahre SPD 150 Jahre SPD 150 Jahre SPD 150 Jahre SPD 150 Jahre SPD 150 Jahre SPD 150 Jahre SPD 150 Jahre SPD 1
re SPD 150 Jahre SPD 150 Jahre SPD 150 Jahre SPD 150 Jahre SPD 150 Jahre SPD 150 Jahre SPD 150 Jahre SPD 150 Jahre SPD 150 Jahre SPD 150 Jahre SPD 150 Jahre SPD 150 Jahr
150 Jahre SPD 150 Jahre SPD 150 Jahre SPD 150 Jahre SPD 150 Jahre SPD 150 Jahre SPD 150 Jahre SPD 150 Jahre SPD 150 Jahre SPD 150 Jahre SPD 150 Jahre SPD 150 Jahre SPD 1
re SPD 150 Jahre SPD 150 Jahre SPD 150 Jahre SPD 150 Jahre SPD 150 Jahre SPD 150 Jahre SPD 150 Jahre SPD 150 Jahre SPD 150 Jahre SPD 150 Jahre SPD 150 Jahre SPD 150 Jahr
150 Jahre SPD 150 Jahre SPD 150 Jahre SPD 150 Jahre SPD 150 Jahre SPD 150 Jahre SPD 150 Jahre SPD 150 Jahre SPD 150 Jahre SPD 150 Jahre SPD 150 Jahre SPD 150 Jahre SPD 1
re SPD 150 Jahre SPD 150 Jahre SPD 150 Jahre SPD 150 Jahre SPD 150 Jahre SPD 150 Jahre SPD 150 Jahre SPD 150 Jahre SPD 150 Jahre SPD 150 Jahre SPD 150 Jahre SPD 150 Jahr
150 Jahre SPD 150 Jahre SPD 150 Jahre SPD 150 Jahre SPD 150 Jahre SPD 150 Jahre SPD 150 Jahre SPD 150 Jahre SPD 150 Jahre SPD 150 Jahre SPD 150 Jahre SPD 150 Jahre SPD 1
re SPD 150 Jahre SPD 150 Jahre SPD 150 Jahre SPD 150 Jahre SPD 150 Jahre SPD 150 Jahre SPD 150 Jahre SPD 150 Jahre SPD 150 Jahre SPD 150 Jahre SPD 150 Jahre SPD 150 Jahr
150 Jahre SPD 150 Jahre SPD 150 Jahre SPD 150 Jahre SPD 150 Jahre SPD 150 Jahre SPD 150 Jahre SPD 150 Jahre SPD 150 Jahre SPD 150 Jahre SPD 150 Jahre SPD 150 Jahre SPD 1
re SPD 150 Jahre SPD 150 Jahre SPD 150 Jahre SPD 150 Jahre SPD 150 Jahre SPD 150 Jahre SPD 150 Jahre SPD 150 Jahre SPD 150 Jahre SPD 150 Jahre SPD 150 Jahre SPD 150 Jahr
150 Jahre SPD 150 Jahre SPD 150 Jahre SPD 150 Jahre SPD 150 Jahre SPD 150 Jahre SPD 150 Jahre SPD 150 Jahre SPD 150 Jahre SPD 150 Jahre SPD 150 Jahre SPD 150 Jahre SPD 1
re SPD 150 Jahre SPD 150 Jahre SPD 150 Jahre SPD 150 Jahre SPD 150 Jahre SPD 150 Jahre SPD 150 Jahre SPD 150 Jahre SPD 150 Jahre SPD 150 Jahre SPD 150 Jahre SPD 150 Jahr
150 Jahre SPD 150 Jahre SPD 150 Jahre SPD 150 Jahre SPD 150 Jahre SPD 150 Jahre SPD 150 Jahre SPD 150 Jahre SPD 150 Jahre SPD 150 Jahre SPD 150 Jahre SPD 150 Jahre SPD 1
re SPD 150 Jahre SPD 150 Jahre SPD 150 Jahre SPD 150 Jahre SPD 150 Jahre SPD 150 Jahre SPD 150 Jahre SPD 150 Jahre SPD 150 Jahre SPD 150 Jahre SPD 150 Jahre SPD 150 Jahr
150 Jahre SPD 150 Jahre SPD 150 Jahre SPD 150 Jahre SPD 150 Jahre SPD 150 Jahre SPD 150 Jahre SPD 150 Jahre SPD 150 Jahre SPD 150 Jahre SPD 150 Jahre SPD 150 Jahre SPD 1
re SPD 150 Jahre SPD 150 Jahre SPD 150 Jahre SPD 150 Jahre SPD 150 Jahre SPD 150 Jahre SPD 150 Jahre SPD 150 Jahre SPD 150 Jahre SPD 150 Jahre SPD 150 Jahre SPD 150 Jahr
150 Jahre SPD 150 Jahre SPD 150 Jahre SPD 150 Jahre SPD 150 Jahre SPD 150 Jahre SPD 150 Jahre SPD 150 Jahre SPD 150 Jahre SPD 150 Jahre SPD 150 Jahre SPD 150 Jahre SPD 1
re SPD 150 Jahre SPD 150 Jahre SPD 150 Jahre SPD 150 Jahre SPD 150 Jahre SPD 150 Jahre SPD 150 Jahre SPD 150 Jahre SPD 150 Jahre SPD 150 Jahre SPD 150 Jahre SPD 150 Jahr
150 Jahre SPD 150 Jahre SPD 150 Jahre SPD 150 Jahre SPD 150 Jahre SPD 150 Jahre SPD 150 Jahre SPD 150 Jahre SPD 150 Jahre SPD 150 Jahre SPD 150 Jahre SPD 150 Jahre SPD 1
re SPD 150 Jahre SPD 150 Jahre SPD 150 Jahre SPD 150 Jahre SPD 150 Jahre SPD 150 Jahre SPD 150 Jahre SPD 150 Jahre SPD 150 Jahre SPD 150 Jahre SPD 150 Jahre SPD 150 Jahr
150 Jahre SPD 150 Jahre SPD 150 Jahre SPD 150 Jahre SPD 150 Jahre SPD 150 Jahre SPD 150 Jahre SPD 150 Jahre SPD 150 Jahre SPD 150 Jahre SPD 150 Jahre SPD 150 Jahre SPD 1
re SPD 150 Jahre SPD 150 Jahre SPD 150 Jahre SPD 150 Jahre SPD 150 Jahre SPD 150 Jahre SPD 150 Jahre SPD 150 Jahre SPD 150 Jahre SPD 150 Jahre SPD 150 Jahre SPD 150 Jahr
150 Jahre SPD 150 Jahre SPD 150 Jahre SPD 150 Jahre SPD 150 Jahre SPD 150 Jahre SPD 150 Jahre SPD 150 Jahre SPD 150 Jahre SPD 150 Jahre SPD 150 Jahre SPD 150 Jahre SPD 1
re SPD 150 Jahre SPD 150 Jahre SPD 150 Jahre SPD 150 Jahre SPD 150 Jahre SPD 150 Jahre SPD 150 Jahre SPD 150 Jahre SPD 150 Jahre SPD 150 Jahre SPD 150 Jahre SPD 150 Jahr
150 Jahre SPD 150 Jahre SPD 150 Jahre SPD 150 Jahre SPD 150 Jahre SPD 150 Jahre SPD 150 Jahre SPD 150 Jahre SPD 150 Jahre SPD 150 Jahre SPD 150 Jahre SPD 150 Jahre SPD 1
re SPD 150 Jahre SPD 150 Jahre SPD 150 Jahre SPD 150 Jahre SPD 150 Jahre SPD 150 Jahre SPD 150 Jahre SPD 150 Jahre SPD 150 Jahre SPD 150 Jahre SPD 150 Jahre SPD 150 Jahr
150 Jahre SPD 150 Jahre SPD 150 Jahre SPD 150 Jahre SPD 150 Jahre SPD 150 Jahre SPD 150 Jahre SPD 150 Jahre SPD 150 Jahre SPD 150 Jahre SPD 150 Jahre SPD 150 Jahre SPD 1
re SPD 150 Jahre SPD 150 Jahre SPD 150 Jahre SPD 150 Jahre SPD 150 Jahre SPD 150 Jahre SPD 150 Jahre SPD 150 Jahre SPD 150 Jahre SPD 150 Jahre SPD 150 Jahre SPD 150 Jahr
150 Jahre SPD 150 Jahre SPD 150 Jahre SPD 150 Jahre SPD 150 Jahre SPD 150 Jahre SPD 150 Jahre SPD 150 Jahre SPD 150 Jahre SPD 150 Jahre SPD 150 Jahre SPD 150 Jahre SPD 1
re SPD 150 Jahre SPD 150 Jahre SPD 150 Jahre SPD 150 Jahre SPD 150 Jahre SPD 150 Jahre SPD 150 Jahre SPD 150 Jahre SPD 150 Jahre SPD 150 Jahre SPD 150 Jahre SPD 150 Jahr
150 Jahre SPD 150 Jahre SPD 150 Jahre SPD 150 Jahre SPD 150 Jahre SPD 150 Jahre SPD 150 Jahre SPD 150 Jahre SPD 150 Jahre SPD 150 Jahre SPD 150 Jahre SPD 150 Jahre SPD 1
re SPD 150 Jahre SPD 150 Jahre SPD 150 Jahre SPD 150 Jahre SPD 150 Jahre SPD 150 Jahre SPD 150 Jahre SPD 150 Jahre SPD 150 Jahre SPD 150 Jahre SPD 150 Jahre SPD 150 Jahr
150 Jahre SPD 150 Jahre SPD 150 Jahre SPD 150 Jahre SPD 150 Jahre SPD 150 Jahre SPD 150 Jahre SPD 150 Jahre SPD 150 Jahre SPD 150 Jahre SPD 150 Jahre SPD 150 Jahre SPD 1
re SPD 150 Jahre SPD 150 Jahre SPD 150 Jahre SPD 150 Jahre SPD 150 Jahre SPD 150 Jahre SPD 150 Jahre SPD 150 Jahre SPD 150 Jahre SPD 150 Jahre SPD 150 Jahre SPD 150 Jahr
150 Jahre SPD 150 Jahre SPD 150 Jahre SPD 150 Jahre SPD 150 Jahre SPD 150 Jahre SPD 150 Jahre SPD 150 Jahre SPD 150 Jahre SPD 150 Jahre SPD 150 Jahre SPD 150 Jahre SPD 1
re SPD 150 Jahre SPD 150 Jahre SPD 150 Jahre SPD 150 Jahre SPD 150 Jahre SPD 150 Jahre SPD 150 Jahre SPD 150 Jahre SPD 150 Jahre SPD 150 Jahre SPD 150 Jahre SPD 150 Jahr
150 Jahre SPD 150 Jahre SPD 150 Jahre SPD 150 Jahre SPD 150 Jahre SPD 150 Jahre SPD 150 Jahre SPD 150 Jahre SPD 150 Jahre SPD 150 Jahre SPD 150 Jahre SPD 150 Jahre SPD 1
re SPD 150 Jahre SPD 150 Jahre SPD 150 Jahre SPD 150 Jahre SPD 150 Jahre SPD 150 Jahre SPD 150 Jahre SPD 150 Jahre SPD 150 Jahre SPD 150 Jahre SPD 150 Jahre SPD 150 Jahr
150 Jahre SPD 150 Jahre SPD 150 Jahre SPD 150 Jahre SPD 150 Jahre SPD 150 Jahre SPD 150 Jahre SPD 150 Jahre SPD 150 Jahre SPD 150 Jahre SPD 150 Jahre SPD 150 Jahre SPD 1
re SPD 150 Jahre SPD 150 Jahre SPD 150 Jahre SPD 150 Jahre SPD 150 Jahre SPD 150 Jahre SPD 150 Jahre SPD 150 Jahre SPD 150 Jahre SPD 150 Jahre SPD 150 Jahre SPD 150 Jahr
150 Jahre SPD 150 Jahre SPD 150 Jahre SPD 150 Jahre SPD 150 Jahre SPD 150 Jahre SPD 150 Jahre SPD 150 Jahre SPD 150 Jahre SPD 150 Jahre SPD 150 Jahre SPD 150 Jahre SPD 1
re SPD 150 Jahre SPD 150 Jahre SPD 150 Jahre SPD 150 Jahre SPD 150 Jahre SPD 150 Jahre SPD 150 Jahre SPD 150 Jahre SPD 150 Jahre SPD 150 Jahre SPD 150 Jahre SPD 150 Jahr
150 Jahre SPD 150 Jahre SPD 150 Jahre SPD 150 Jahre SPD 150 Jahre SPD 150 Jahre SPD 150 Jahre SPD 150 Jahre SPD 150 Jahre SPD 150 Jahre SPD 150 Jahre SPD 150 Jahre SPD 1
re SPD 150 Jahre SPD 150 Jahre SPD 150 Jahre SPD 150 Jahre SPD 150 Jahre SPD 150 Jahre SPD 150 Jahre SPD 150 Jahre SPD 150 Jahre SPD 150 Jahre SPD 150 Jahre SPD 150 Jahr
150 Jahre SPD 150 Jahre SPD 150 Jahre SPD 150 Jahre SPD 150 Jahre SPD 150 Jahre SPD 150 Jahre SPD 150 Jahre SPD 150 Jahre SPD 150 Jahre SPD 150 Jahre SPD 150 Jahre SPD 1
re SPD 150 Jahre SPD 150 Jahre SPD 150 Jahre SPD 150 Jahre SPD 150 Jahre SPD 150 Jahre SPD 150 Jahre SPD 150 Jahre SPD 150 Jahre SPD 150 Jahre SPD 150 Jahre SPD 150 Jahr
150 Jahre SPD 150 Jahre SPD 150 Jahre SPD 150 Jahre SPD 150 Jahre SPD 150 Jahre SPD 150 Jahre SPD 150 Jahre SPD 150 Jahre SPD 150 Jahre SPD 150 Jahre SPD 150 Jahre SPD 1
re SPD 150 Jahre SPD 150 Jahre SPD 150 Jahre SPD 150 Jahre SPD 150 Jahre SPD 150 Jahre SPD 150 Jahre SPD 150 Jahre SPD 150 Jahre SPD 150 Jahre SPD 150 Jahre SPD 150 Jahr
150 Jahre SPD 150 Jahre SPD 150 Jahre SPD 150 Jahre SPD 150 Jahre SPD 150 Jahre SPD 150 Jahre SPD 150 Jahre SPD 150 Jahre SPD 150 Jahre SPD 150 Jahre SPD 150 Jahre SPD 1
re SPD 150 Jahre SPD 150 Jahre SPD 150 Jahre SPD 150 Jahre SPD 150 Jahre SPD 150 Jahre SPD 150 Jahre SPD 150 Jahre SPD 150 Jahre SPD 150 Jahre SPD 150 Jahre SPD 150 Jahr

150 Jahre SPD